传统经典通识教育读本

四书导读

王文娟 编著

武汉大学出版社
WUHAN UNIVERSITY PRESS

图书在版编目(CIP)数据

四书导读/王文娟编著.—武汉：武汉大学出版社，2020.1(2021.11重印)
传统经典通识教育读本
ISBN 978-7-307-21301-2

Ⅰ.四…　Ⅱ.王…　Ⅲ.①儒家　②四书—研究　Ⅳ.B222.15

中国版本图书馆 CIP 数据核字(2019)第 269007 号

责任编辑:程牧原　　责任校对:汪欣怡　　版式设计:马　佳

出版发行：**武汉大学出版社**　(430072　武昌　珞珈山)
(电子邮箱：cbs22@ whu.edu.cn　网址：www.wdp. com.cn)
印刷:武汉邮科印务有限公司
开本:720×1000　1/16　印张:19　字数:264 千字　插页:1
版次:2020 年 1 月第 1 版　　2021 年 11 月第 2 次印刷
ISBN 978-7-307-21301-2　　定价:49.00 元

前　言

《四书》是儒家的重要经典，蕴含儒家思想的核心内容，也是中华优秀传统文化的精髓，对中国文化思想和教育发展具有深远影响。本书作为大学通识教育课程“四书导读”的教学用书，其撰写初衷在于为非国学相关专业的本科生提供一个较为简要通俗的四书读本，既能引导学生初步领略四书原著之精华，掌握中国古代儒家思想的基本理念和核心观点，提升传统文化素养，又能启发学生思考人生意义与开展人格养成实践，培养其借助古代思想智慧分析和解决现实问题的能力。本书同时也对志在了解、学习、研究和弘扬中华优秀传统文化的广大读者具有参考价值。

本书依据朱熹所定《四书》学习之序，以《四库全书》所收《四书大全》为底本，同时参考其他版本，精选其中重要章节，根据文意择善而从，依次作《大学》《论语》《孟子》《中庸》的导读。其中《大学》全篇导读，《论语》分“圣人气象”“学”“孝”“仁”“礼乐”“君子”“为政”七个主题选章导读，《孟子》分“性善”“论修养”“政治思想”三个主题选章导读，《中庸》仅选择重要段落导读。每篇导读分概说、原文、注释、导读、思考与讨论五个部分，帮助学生全方位理解经典，在此基础之上再建立经典思想与现代社会及个人生活的意义关联。导读的结构如下：首先是概说，为对该书内容的主要概述，包括成书背景、版本、作者、思想要义；其次是抄录原文章节，标注重点、难点词汇的读音与含义；再次是简述章节大旨，分析所选章节必须掌握的内容，结合现代社会现象和问题反思并论述其引申含义；最后在一篇之末列出思考与讨论题，帮助学生回顾本篇内容，进而思考如何在现代社会中继承和发扬中华优秀传统文化。此外，本书还收录《史记·孔子世家》，朱熹《大学章句序》《中庸章句序》及《读论语孟子法》四篇附录，供读者参考。

目录

《大学》导读

《大学》概说

《大学》是《小戴礼记》中的第四十二篇，朱熹认为作者是曾子及其弟子。宋代以前没有单行本出现。北宋天圣八年，宋仁宗将《大学》单册赐予新科进士王拱宸等，这是《大学》得到官方提倡的标志。此后，司马光编撰《大学广义》，是《大学》独立成书之始。程颐说："《大学》，孔氏之遗书，而初学入德之门也。于今可见古人为学次第者，独赖此篇之存，而《论》《孟》次之。学者必由是而学焉，则庶乎其不差矣。"可见，他是将《大学》放在为学次第之首，作为儒学初学者的入门读物。朱熹继承了这一看法，将《大学》与《中庸》《论语》《孟子》并列，列为"四书"之首。《大学》一书帮助学者初步奠定学问规模，教人从内在的道德修养做起，逐渐扩展到家庭、社会、国家各个领域中的实践，是阐扬修己以达人、明体而达用的大学问。《大学》是儒家经典中非常重要的一篇文章，融儒家政治哲学与人生哲学于一体，议论精练通透，极具价值。

《大学》的版本主要有两个：一是按原有次序排列的"古本"，即十三经注疏本《小戴礼记》中的《大学》原文；二是经过朱熹改订次序并作"补传"一章后，按"经"一章、"传"十章的篇次划分的《大学章句》本，"经"是全书的总纲，"传"则分别阐述总纲之三纲领、八条目，这一版本流行最广，影响最大。有鉴于此，本书采用后一版本展开导读。

在分章导读之前，我们可以参考阅读朱熹所撰《大学章句序》(见附录)。这是帮助我们理解"大学"的内容及目标的重要篇章，这篇序文集中解决了两个问题：

第一，何谓大学。

朱熹说《大学》一书是古代太学教育的纲领。古代有完备的教育体系，大约八岁开始，王公以下，至于庶人之子弟，皆入小学，而教之以礼乐、射御、书数之文，洒扫、应对、进退之节；等长到十五岁左右，则自天子之元子、庶子，以至公、卿、大夫、元士之嫡子，与平民之俊秀子弟，皆入大学，而教之以穷理、正心、修己、治人之道。这就是大学与小学的分别。小学是启蒙教育，大学则是精英教育，在教授对象与内容上有严格的区别，其录取或者以身份为限，或者以才智为择取标准，内容是教授修己治人之道，目标是培养德才兼具、能够承担社会责任的人才。

第二，学的目标是什么及学以成圣何以可能。

学的目标是“复性”，回复天所赋予的本来之性。朱熹指出：“盖自天降生民，则既莫不与之以仁义礼智之性矣。然其气质之禀或不能齐，是以不能皆有以知其性之所有而全之也。一有聪明睿智能尽其性者出于其间，则天必命之以为亿兆之君师，使之治而教之，以复其性。此伏羲、神农、黄帝、尧、舜，所以继天立极，而司徒之职、典乐之官所由设也。”这是说，每个人本来具有天所赋予的仁、义、礼、智之性，但是人一生下来所禀受的气各有不同，加上后天成长中环境的各种影响，使得本来圆满的性不能在现实中得到完全显现，因此需要通过学习以回复本来之性，成圣成贤，这就是学的最终目标。为什么学能成圣呢？天所赋予我们的本来之性是复性的根本依据，再加上圣贤的教导，从而使得学以成圣成为可能。

章节精读

（一）

大学[1]之道，在明明德[2]，在亲民[2]，在止于至善[4]。知止而后有定[5]，定而后能静[6]，静而后能安[7]，安而后能虑[8]，虑而后能得[9]。物有本末，事有终始。知所先后，则近道矣。

古之欲明明德于天下者，先治其国；欲治其国者，先齐其家[10]；欲齐其家者，先修其身；欲修其身者，先正其心[11]；欲正其心者，先诚其意[12]；欲诚其意者，先致其知[13]；致知在格物[14]。

物格而后知至，知至而后意诚，意诚而后心正，心正而后身修，身修而后家齐，家齐而后国治，国治而后天下平。

自天子以至于庶人[15]，壹是[16]皆以修身为本。其本乱而末治者否矣[17]，其所厚者薄，而其所薄者厚，未之有也[18]。(经一章)

【注释】

(1)大学：古代最高的学府称为大学(“大”音 tài)。在古代，人自八岁开始，从王公到庶人子弟，皆入小学，而教之以洒扫、应对、进退之节，礼乐、射御、书数之文；十五岁开始，则自天子之元子、众子，以至公、卿、大夫、元士之嫡子，与凡民之俊秀，皆入大学，而教之以穷理、正心、修己、治人之道，培养治国经世的人才。

(2)明明德：修明内在光辉的德性。第一个“明”是动词，第二个“明”是形容词。

(3)亲民：指使人日新其德。程颐、朱熹依据后文认为“亲”当作“新”。《尚书·金滕》记载周成王说“惟朕小子其新逆”，这是说要亲自迎接周公，“亲逆”写作“新逆”，可见二字互通。

(4)止于至善：达到最完美的境地。

(5)定：志有定向。

(6)静：心不妄动。

(7)安：随其所处而安。

(8)虑：思虑精详。

(9)得：到达至善的境界。

(10)齐其家：家庭内父慈子孝、长幼有序，家族内部和爱相处，没有纷争。

(11)正其心：使心端正，不为私意杂念所干扰、蒙蔽。

(12)诚其意：使意念真实无妄，不自欺、不欺人，都合乎至善的要求。

(13)致其知：推致(扩充)自己的知识，使之更为丰富与深刻，知无不尽。

(14)格物：即物穷理，在事物上探求其本质及根源。格，至。

(15)庶人：平民。庶，众。

(16)壹是：一切。

(17)其本乱而末治者否矣：不修身而可以齐家、治国、平天下，那是不可能的。本，指修身。末，指齐家以至于平天下。

(18)其所厚者薄，而其所薄者厚，未之有也：应该重视的修身却不重视切实去做，而能做好治国平天下，这是从来没有过的。“所厚者”与“所薄者”，即前文所说的本与末。

【导读】

本章为《大学》的总纲，阐明三纲领、八条目的重要性与统贯性。由个人格物、致知、诚意、正心的修身功夫做起，进而齐家、治国、平天下，达到至善的目标。

“明明德”“亲民”“止于至善”是《大学》的纲领，也是大学教育人成才的总目标。三纲领是一个整体，不能孤立视之，“明明德”与“亲民”的目的是要达到“止于至善”的境界，“止于至善”也要以“明明德”与“亲民”作为前提性基础。“明明德”是从自身来说，“亲民”则是从他人的角度来看，也就是说，个体不仅要修明内心，充实光辉的德性，同时还要使天下所有人皆能自觉领会自己内心的明德，才能达到至善的境地。这意味着大学所教导的个体是具有高度社会责任感的精英，通过自身修为的成长成为他人效仿的楷模，从而启迪、引领其他人修明其内在的德性，从而日新其德，以至于内外兼修、德才兼备。

八条目即格物、致知、诚意、正心、修身、齐家、治国、平天下，其说法源于朱熹“此八者，大学之条目也”。要完成“明明德”“亲民”“止于至善”这三个纲领性目标，需要在这八个方面循序依次地展开努力。八条目遵循的是由内到外不断推扩的原则，从格物致知、诚意正心，也就是从具体的格致物理、获取知识出发，察识自身的意念，端正自己的心态，使之真诚无妄，一切皆以善为准则，然后推扩到家、国、天下，管理家族、治理国家以至于平定天下。个体是构成社会的细胞，只有个体具有道德的人格，才能为成就道德的家庭、社会和国家奠定坚实的基础。因此，个体的修身是齐家的根本，家是国的根本，国是天下的根本，身修才能家齐，家齐才能国治，国治才能天下平。

本章涉及一个重要问题，即个人与社会的关系。陈来先生指出，儒家伦理中个人不是原子式的存在，而是社会关系连续体中互相关联存在的一方，个人与社会的关系遵循个人—家庭—国家—世界(天下)的结构从内向外不断拓展，从而确认了人对不同层级的社群所负有的责任。因此儒家伦理不是个人本位的，而是社群本位的，强调责任意识，群体高于个人，以及义务先于权利。这种价值立场与现代社会的个人主义立场存在部分的冲突，但是可以在协同社群、对治过度的个人主义、加强政治沟通与合作方面发挥作用，与西方现代性价值形成互补。毕竟，过度讲求个人权利优先，将焦点放在个人对社会的要求上，将忽视个人对社会以及他人的责任。同时，现代社会公德和私德的截然区分，毁家非孝思潮的兴起，造成了个人与家的断裂，也造成了家与国、天下的断裂，个体意义的难以生成和实现。因此在尊重个体权利与自由的基础上，强调“社群”与“个人”、“责任”与“权利”的统一，追寻社会共同的善，培养社会责任感与有益社会公益的美德，不仅对个人来说是必要的，对社会和国家也有利。

【思考与讨论】

1. 在突出个性与自由的现代社会，个人的修身对社会有什么作用？

2. 你赞同现代社会仍然以“内圣外王”即内在德性完美与外在事功具备相统一为人格教育的最终目标吗？为什么？

3. 你是个有社会责任感的人吗？你认为青年人的社会责任感体现在哪些方面？请举事例说明。

（二）

《康诰》(1)曰：“克(2)明德。”《大甲》(3)曰：“顾諟天之明命。”(4)《帝典》曰：“克明峻(5)德。”皆自明也。（传一章）

【注释】

(1)康诰(gào)：《尚书》篇名，周公封康叔而作。诰，《尚书》六种体裁之一，用于告诫或勉励，其余为典、谟、训、誓、命。

(2)克：能。

(3)大甲：商王，汤之孙。

(4)顾諟天之明命：常常顾念天之所以赋予我的德性。顾，常常顾念。諟(shì)，古“是”字。

(5)峻：大。

【导读】

本章引用《尚书》中的文字阐发“明明德”的含义，揭示“明德”是天所赋予每个人的德性，每个人都可以自明其德。要像挂念关心的人或事一样，心中常常顾念天所赋予我的德性，时时提醒自己修德讲学，就能使德性的光辉常明。

（三）

汤之《盘铭》曰：“苟日新，日日新，又日新。”(1)《康诰》曰：“作新民。”(2)《诗》曰：“周虽旧邦，其命惟新。”(3)是故君子无所不用其极(4)。(传二章)

【注释】

(1)苟日新，日日新，又日新：如果能一日洗涤其旧染之污而自新，则能日日新之又新之，从不间断。苟，如果。

(2)作新民：振作鼓舞自新之民。作，振作鼓舞。

(3)周虽旧邦，其命惟新：周虽然已数百年，但是文王所受天命是使民众日新其德。出自《诗经·大雅·文王》。

(4)无所不用其极：无不尽心竭力去做。

【导读】

本章引用铭文、经典阐释“亲民”，“亲民”据此章来看，当作“新民”，更新之意。此章强调每个人必须依据天所赋予的德性，日新其德，才能达到止于至善的目标。

（四）

《诗》云："邦畿千里，惟民所止。"[(1)]《诗》云："缗蛮黄鸟，止于丘隅。"[(2)]子曰："於止，知其所止，可以人而不如鸟乎！"《诗》云："穆穆文王，於缉熙敬止！"[(3)]为人君，止于仁；为人臣，止于敬；为人子，止于孝；为人父，止于慈；与国人交，止于信。

《诗》云："瞻彼淇澳，绿竹猗猗。[(4)]有斐[(5)]君子，如切如磋，如琢如磨。[(6)]瑟兮僩兮，赫兮喧兮。[(7)]有斐君子，终不可諠兮！[(8)]"如切如磋者，道学也；如琢如磨者，自修也；瑟兮僩兮者，恂栗[(9)]也；赫兮喧兮者，威仪也；有斐君子，终不可諠兮者，道盛德至善，民之不能忘也。

《诗》云："于戏[(10)]，前王[(11)]不忘！"君子贤其贤而亲其亲，小人乐其乐而利其利，此以没世不忘也。（传三章）

【注释】

(1)邦畿千里，惟民所止：古时天子之国称邦畿，地方有一千里大，为人民所聚集居止之处。出自《诗经·商颂·玄鸟》。

(2)缗(mián)蛮黄鸟，止于丘隅：叫声微细的黄鸟，停在山丘的一隅。出自《诗·小雅·绵蛮》。缗，同"绵"。缗蛮，形容鸟的叫声微细不绝。

(3)穆穆文王，於(wū)缉熙敬止：文王能始终保持无不敬而安于所止，令人赞叹向往。出自《诗经·大雅·文王》。穆穆，深远。於，叹美辞。缉，继续也。熙，光明。

(4)瞻彼淇澳(yù)，绿竹猗(yī)猗：看那淇水边，绿竹长得十分茂盛。出自《诗·卫风·淇澳》。瞻，视。淇，水名。澳，水边弯曲处。猗猗，美丽茂盛的样子。

(5)斐：有文采貌。

(6)如切如磋，如琢如磨：君子修德就如同加工珠玉骨器一样切磋相正、精益求精。切、磋、琢、磨是四种雕刻加工玉石骨器的工艺。《毛传》："治骨曰切，象曰磋，玉曰琢，石曰磨。"

(7)瑟兮僩(xiàn)兮，赫兮喧兮：庄严武毅之貌，显赫盛大之貌。瑟，庄严、严密之貌。僩，武毅、勇猛之貌。赫，盛大。喧，显赫。

(8)终不可諠(xuān)兮：始终不忘。諠，忘。

(9)恂栗：恐惧战栗。

(10)于戏：呜呼，赞叹词。

(11)前王：文王、武王。

【导读】

本章首先引用经典阐释"止于至善"，进而赞美达到至善境界的君子。

鸟尚且知所止之地，何况人呢？本章首先以此类比教谕人应该知晓所当止之处，为人君，止于仁；为人臣，止于敬；为人子，止于孝；为人父，止于慈；与国人交，止于信。仁、敬、孝、慈、信是五种关系中基本的伦理道德，每个人应按照自身的角色从遵循基本的道德义务开始，一步一步逐渐达到至善境地。

接下来，引用《诗经》"瞻彼淇澳，绿竹猗猗。有斐君子，如切如磋，如琢如磨。瑟兮僩兮，赫兮喧兮"赞美君子孜孜于修明其德，让后世人始终不忘其德容。自古以来，竹就以其独立不倚、直而有节、坚韧不拔的品性成为士人喜爱、赞美的对象。以竹喻人，恰如其分地点出君子的风骨品节。君子不论是与人讲学论道，还是退而省察克治，都致力于完善自身道德，同时其显发在外的严密武毅、显赫盛大之貌让人惊叹乃至折服于其威仪，从而难以忘怀。文王、武王乃至后世的君子正是因为其自身德容表里一致，并且能鼓舞振作民众自新其德，使天下后世无一物不得其所，所以得后世人思慕而不忘。有志之人当以此为榜样，日进其德，止于至善。

【思考与讨论】

1. “知其所止”是什么意思？结合自身经历，谈谈什么是你所认可的“所止”。

2. 你是否见过这样一位“有斐君子”呢？谈谈你跟他(她)的相处以及你的感受。

(五)

子曰：“听讼，(1) 吾犹人也，必也使无讼乎！”无情者不得尽其辞。(2) 大畏民志，(3) 此谓知本。

【注释】

(1)听讼：审理案件。

(2)无情者不得尽其辞：使隐瞒真实情况的人不能够花言巧语。

(3)大畏民志：使民心畏服。

【导读】

朱熹认为本章是解释本末的，本就是自身修明其德，然后能使民心畏服，也就是末。但总的来看，本段与前后文的关系不甚清楚，大概是阙文所致。

本章以下古本即是“所谓诚其意者”，按八条目的内容来看，缺格物、致知的解释，因此朱熹借用程颐之语补作一章，云：“所谓致知在格物者，言欲致吾之知，在即物而穷其理也。盖人心之灵，莫不有知，而天下之物莫不有理，惟于理有未穷，故其知有不尽也。是以《大学》始教，必使学者即凡天下之物，莫不因其已知之理而益穷之，以求至乎其极。至于用力之久，而一旦豁然贯通焉，则众物之表里精粗无不到，而吾心之全体大用无不明矣。此谓物格，此谓知之至也。”朱熹所作补“格物致知”出于他对格物致知的重视，他认为学问之道须得从格物致知的知识获得开始，一点一滴积累，然后与诚意正心的涵养工夫相配合，最终实现二者的贯通，获得对天理的领悟。朱熹的思想对宋以后的儒家学者影响非常大。因而此处附上此段，供学习参考。

（六）

所谓诚其意者，毋自欺(1)也，如恶恶臭(2)，如好好色(3)，此之谓自谦(4)。故君子必慎其独(5)也。小人闲居(6)为不善，无所不至；见君子而后厌然(7)，揜其不善，而著其善(8)。人之视己，如见其肺肝，然则何益矣？此谓诚于中，形于外，(9)故君子必慎其独也。曾子曰：“十目所视，十手所指，其严乎！”(10)富润屋，德润身，(11)心广体胖，(12)故君子必诚其意。（传六章）

【注释】

(1)毋自欺：不要自我欺骗。

(2)恶(wù)恶臭(xiù)：厌恶不好的气味。前一个“恶”是动词，后一个“恶”是形容词。臭，气味。

(3)好(hào)好色：喜爱美好的容色。前一个“好”是动词，后一个“好”是形容词。

(4)自谦(qiè)：自我感到满足。谦，同“慊”，满足、快意。

(5)慎其独：自己独处的时候也要谨慎。

(6)闲居：闲暇居处。

(7)厌(yǎn)然：掩藏。厌，同“黶”，掩蔽、掩藏。

(8)揜(yǎn)其不善，而著其善：掩盖自己的坏处，显现自己好的一面。揜，通“掩”，掩盖。

(9)诚于中，形于外：内心有什么，外表就显示什么。

(10)十目所视，十手所指，其严乎：即使在独处的时候，也像有许多人看着自己，指着自己，真是严峻敬畏得很啊！

(11)富润屋，德润身：财富可以增美人的屋子，道德可以滋养人的身心。润，滋养。

(12)心广体胖(pán)：心胸宽广，身体舒泰。胖，安泰舒适。

【导读】

本章解释诚意，诚意之要在于慎独、不自欺。

朱熹认为，能否做到诚意是圣、凡最大的分别，若能做到诚意，从此迈向君子圣贤，不然就会沦为小人。这是因为诚意不仅要使意念真诚，更要无妄，无妄就是不妄作，也就是要以善为准则，为善去恶。诚意是对自身念虑的醒觉，觉察其真伪善恶，合乎道理的就是善，不合乎道理的就是恶。人之所以为人，就是因为有天所赋予的光明澄澈的本心，本心帮助人时刻察识意念，使“意”真实无妄地依理而发，这就是“诚其意”。诚意是自我修养首要之事，心正不正、身修不修，都在于意诚不诚。

人们往往会因为物欲蒙蔽、私意干扰而丧失本心，于是见善而不为、见不善而不能止，甚至伪装成善，这就是“自欺”。自欺并不会使人内心得到真正的满足与快意，而且自欺也不会达到欺人的效果，因为一个人的内心是什么样就会在外在呈现出什么样。所谓“诚于中，形于外”，自欺之人在明察秋毫的人那里，优点、缺点一目了然，毫无掩饰的余地。“毋自欺”就是要让内心的意念如同人喜爱美丽的容色就会自然趋近，厌恶不好的气味就会自然掩鼻走开那样，自然地、无造作地流露出来，没有一丝一毫的作伪。诚意的第一要务就在“毋自欺”。

这里我们适当延伸一下思考。“诚意”要求意念真诚，这一点从省察不好的念头、克治恶念的产生来说，很好理解。比如正直的意念与虚伪的意念，善良与暴戾的念头，这其中的差别是非常明显的，恶念的实际影响也是可以想见的，因此必须及时克治恶念，去恶为善。但是在现代生活中，有一些想法、念头并没有清晰的是非对错，或者说不是绝对的错，也没有伤害到他人，或者造成恶劣的影响，但是属于“自欺”，最终也演变成“欺人”，这些情况我们也需要注意。比如在学识渊博的人面前假装自己也很博学，不懂装懂，其结果往往是不被揭穿时成日提心吊胆，惶惶不可终日，被揭穿时尴尬不已，羞于见人。说到底还是要“毋自欺”，真实地面对自己，承认自己的不完美，这样既可以坦然地看到自己，同时也能知耻而后勇，徐徐而改之。不明白其中道理的人，或许认为承认自己的错误、缺陷、不完美是一件很丢脸的事情，事实上“认怂”恰恰是不自欺的真实体现。真诚地面对自己，承认自己的真实能力和不完美之处，才能放下一切包袱，为完善自身而努力。

此外，要做到诚意，最重要的是要“慎独”。“独”是人所不知而己所独知之地，在他人看不到的地方仍然保持谨慎，不随意、不妄作，这样的人才能始终做到内心意念真诚无妄并且表里一致。日常生活中，有太多的时刻需要我们切实地“慎独”。比如在无人的红绿灯路口，你会认真遵守交通规则吗？在拥挤的公交车上需要给老弱妇孺让座，你会装糊涂而视而不见吗？不说人是非，孝敬父母长辈，你都做到了吗？……当你自欺的时候，你会感到羞愧吗？慎独诚意就是要我们每时每刻都真实地对待自己的意念，即使没有外人的监督，也要督促自己做一个善人，内心始终保持善念，修养身性，为善去恶。

当然，“慎独”对我们的启发不仅仅是在独处之时克治妄念，“慎独”的意义还体现在“独”上。独，就是独处。独处之时是个人反思自我的最佳时机，但对现代人来说，社会工作节奏紧张，生活压力大，很多人连独处的时间和空间都没有，更不用说自我反思、修身养性了。独处是做更好的自己的开始，在自己的生活中适当地保留一些独处的时间，既可以释放高强度、快节奏生活所带来的压力，也能为自己的心灵留出一个空间，不被外界打扰。听听内心最真实的声音，审视自己最真实的想法，为忙碌或迷茫的自己找寻到正确的方向，这也是慎独的意义所在。

【思考与讨论】

1. “诚意”的具体内容是什么？

2. 你是否有经历过内心焦灼之后选择“毋自欺”的经历？有什么具体的感受？有怎样的收获？与同学们一起讨论。

3. 回忆并写下你最舒服的一段独处时光。

（七）

所谓修身在正其心者，身(1)有所忿懥(2)，则不得其正；有所恐惧，则不得其正；有所好乐，则不得其正；有所忧患，则不得其正。心不在焉，(3)视而不见，听而不闻，食而不知其味。此谓修身在正其心。（传七章）

【注释】

(1)身：朱熹认为“身”当作“心”。

(2)忿懥(zhì)：生气。懥，愤怒。

(3)心不在焉：心不存于此。心失去主宰，被其他的事情所牵扰，因此对眼前之事视而不见、听而不闻，食而不知其味。

【导读】

本章解释正心，正心是心有所主，不让忿懥、恐惧、好乐、忧患四种情绪干扰，就能端正其心，使之中正不偏。

本章承接上章之意，诚意是使意念真诚无妄、为善去恶，然而诚意的标准是什么？怎样才能做到诚意？心显然是最重要的一环。心中正不偏才能确保所发意念真诚无妄。心之所存是理，本来光明澄澈，不偏不倚，但是如果被私意所扰，则会不得其正。本章列举了四种干扰心的情绪。忿懥、恐惧、好乐、忧患，这四种最主要的情绪，常常会干扰人的判断，使其做出伤人伤己的行为。忿懥，就是生气愤怒；好乐，就是爱好、喜好。比如，夫妻吵架、父母教子，愤怒不已而恶语相向，甚至拳打脚踢；公共场所互相干扰、烦乱不堪，生气愤怒而争吵推搡……都是有所忿懥而不得其正，最终酿成悲剧。还有的人因心生恐惧而遭到骗子骗财勒索，有人因一时喜好而失去理智，掉进陷阱而不自知，有人因忧虑未来而心情郁闷、心胸狭窄，造成人际关系问题，种种情况，不一而足。可见，如果内心有私意不能觉察、纠偏，而任其发展，则必然会失其中正，不但妨碍自己的身心修养，还会影响他人和社会。

因此，我们要注意此心常存主宰，不为私意所夺，就能中正不偏，这就是正心。这里的私意就是个人情绪，不正的、恶的欲念。而正心的关键在于诚意，诚意也是使意念真诚，省察念头，所以说意诚而后心正，心正而后身修。

【思考与讨论】

1. 举出历史上不因忿懥、恐惧、好乐、忧患而失其正的事例。

2. 你在生活中有过情绪失控的时候吗？你当时是怎么处理的？如果是现在的你遇到这种情况，你会如何处理？

3. “正心”与“诚意”的关系是什么？

（八）

所谓齐其家在修其身者，人之其所亲爱而辟焉，[1]之其所贱恶而辟焉，之其所畏敬而辟焉，之其所哀矜[2]而辟焉，之其所敖惰[3]而辟焉。故好而知其恶，恶而知其美[4]者，天下鲜[5]矣！故谚有之曰：“人莫知其子之恶，莫知其苗之硕。”[6]此谓身不修不可以齐其家。（传八章）

【注释】

(1)人之其所亲爱而辟焉：人对于自身所亲近爱惜的人就有所偏。辟，偏。

(2)哀矜：怜爱同情。哀，怜爱。矜，怜悯。

(3)敖(ào)惰：傲慢怠惰。敖，通“傲”。

(4)好(hào)而知其恶(è)，恶(wù)而知其美：喜欢一个人但是能知道他的缺点，讨厌一个人但是能知道他的优点。好，喜爱。第一个恶，作名词用，缺点。第二个恶，作动词用，厌恶。

(5)鲜：少。

(6)人莫知其子之恶，莫知其苗之硕：人往往看不到自己孩子的缺点，看不到自己禾苗的丰硕。

【导读】

本章释修身。修身之道在无偏私，对人或事，无论亲近、厌恶、敬畏、怜悯、轻忽，都能秉持公正之心而断其是非，如此才能使家庭和睦、家族和谐。

现实生活中对于陌生的人或事，一般人大多能秉持公道，就事论事。但是一涉及与己相关的人事时，就难免失去公心。对于家人、亲友、同事，往往比较亲近，容易产生偏私；对于与自己意见不同的人，往往容易因原有的轻贱厌恶而否定对方的想法；面对领导或强劲的对手，往往容易因心生畏惧而丧失平常心，显得怯懦畏缩；面对喜欢的人、偶像、尊敬的长辈，往往容易忽视对方的缺点，甚至曲迎维护；对于处于弱势的人士，容易一味怜悯而忘其是非对错；对于才学、地位、身份、财富不如自己的人，则容易轻忽傲慢。这些情感上的偏颇都容易让人失去理性的判断，可能犯下难以挽回的错误。因此，我们待人接物要始终保持内心中正不偏私，喜欢一个人但是能发现并且不包庇他的缺点，讨厌一个人但是能不忽视甚至欣赏他的优点，这样于己于人都是莫大的帮助。

“人莫知其子之恶，莫知其苗之硕”，这句话是对现代很多人的提醒。比如，很多人因为偏爱子女所以看不到他们的缺点，明明自己孩子犯了错，却振振有词地维护自己的孩子，并责怪学校、社会不作为；另一些人总是不满足于自己所拥有的，羡慕、追逐别人获得的成就，最终弄得自己连身边的幸福都把握不了，狼狈不堪。这就是朱熹所说的“溺爱者不明，贪得者无厌”。溺爱和贪得，以及上文所说的因个人亲近、厌恶、敬畏、怜悯、轻忽而不得其正，都是导致身不修、家不齐的原因。

【思考与讨论】

1. 生活中你见过哪些“人莫知其子之恶，莫知其苗之硕”的事例？
2. “修身”为什么是“齐家”的根本？

（九）

所谓治国必先齐其家者，其家不可教而能教人者，无之。故君子不出家而成教于国(1)。孝者，所以事君也；弟(2)者，所以事长也；慈者，所以使众也。《康诰》曰“如保赤子”(3)，心诚求之，虽不中，不远矣。未有学养子而后嫁者也。(4)

一家仁，一国兴仁；一家让，一国兴让；一人(5)贪戾，一国作乱；其机如此(6)。此谓一言偾事，一人定国(7)。尧舜帅(8)天下以仁，而民从之；桀纣帅天下以暴，而民从之；其所令反其所好，而民不从(9)。是故君子有诸己而后求诸人，无诸己而后非诸人。所藏乎身不恕，而能喻诸人者，未之有也。(10)故治国在齐其家。

《诗》云：“桃之夭夭，其叶蓁蓁；之子于归，宜其家人。”(11)宜其家人，而后可以教国人。《诗》云：“宜兄宜弟。”宜兄宜弟，而后可以教国人。《诗》云：“其仪不忒，正是四国。”(12)其为父、子、

兄、弟足法，而后民法之也。[13]（传九章）

【注释】

(1)君子不出家而成教于国：君子不出家门，也能将教化推行至全国。

(2)弟(tì)：同“悌”，友爱兄弟。

(3)如保赤子：爱护民众如同保护婴儿。出自《尚书·康诰》。赤子，婴儿。

(4)未有学养子而后嫁者也：没有先学养育子女，然后再出嫁的女子。

(5)一人：国君。

(6)其机如此：其关键就像这样。机，本是弩箭的扳机，是发动的关键。

(7)一言偾(fèn)事，一人定国：一句错误的话就可以把事情办坏了，一个贤君就可以安邦定国。偾，覆败，败坏。

(8)帅：统帅，率领。

(9)其所令反其所好，而民不从：在上位者发出的命令与他所喜好的相反，人民就不会听从。

(10)所藏乎身不恕，而能喻诸人者，未之有也：自己本身不存有恕道，而能教他人讲求恕道，这是从来没有的。藏，怀藏。

(11)桃之夭(yāo)夭，其叶蓁(zhēn)蓁；之子于归，宜其家人：桃树长得很茂盛，桃叶生得很茂密；这位女子出嫁了，能使她的家族和睦亲善。出自《诗经·周南·桃夭》。夭夭，草木茂盛的样子。蓁蓁，草木茂盛。宜，和顺。

(12)其仪不忒(tè)，正是四国：仪行端庄没有差错，可以成为天下的模范。出自《诗经·曹风·鸤鸠》。忒，差错。四国，四方之国，指天下。

(13)其为父、子、兄、弟足法，而后民法之也：一个人为人父、为人子、为人兄、为人弟时，都足以成为他人效仿的对象，然后人民就会效仿他。

【导读】

本章阐释齐家以治国，分别阐述君子齐家，然后上行下效、施于四国的道理，最后征引诗句，佐证并收束本章内容。

齐家是治国的基础，家不齐而能治国，这是不可能会出现的情况。齐家的根本在于行孝、悌、慈，这三者同样可以推广至家以外的社会与国家。事君如事父，尊敬长辈、体恤部属，孝、悌、慈从一家之内扩展至其他家，乃至移风易俗，这样就可以理解“君子不出家而成教于国”了。齐家以治国，反映出古代儒家伦理中家国同构的理念，家族是家庭的扩大，国家则是家族的扩大，家庭中的父子关系与君臣关系类似，君父同伦，家国同构，因此一个人若能处理好家庭和家族关系，使家庭、家族和睦，也就有了治理国家的基础。反之，如果一个人连自己的小家庭都不能管理好，又何谈家族、国家呢？

治国最重要的是领导者的示范作用。所谓上行下效，领导者对于整个社会国家的影响不可谓不重要，领导者力行仁、让，一家人的仁爱、礼让之心都会兴起；一家人的仁爱、礼让之心都兴起来了，那么一个国家的人，也会兴起仁爱、礼让之心。如果领导者一人贪心狠戾，那么一个国家的人也会作乱，其中的重要性就是如此。至于一言可以败事，一人可以定国，更是证明了这一点。比如历史上的尧、舜以仁爱领导天下，老百姓也跟着他做仁爱之事；桀、纣以残暴领导天下，老百姓也会跟着他做残暴之事。因此君子一定要自己能行善事，然后可以求诸他人，自己不做恶事，然后可以责求他人不作恶。如果自己都做不到，而能教他人讲求恕道，这是从来没有的。所以说一定要强调个人的修身示范作用。

本章从家与国的同构性出发，指出齐家对于治国的重要性，又再次强调修身对于齐家的重要性。总的来看，《大学》倡导的是一种圣贤治国或者说精英治国模式，尤其重视在上位者的德性对于其他人的影响，有一定的理想性。

【思考与讨论】

1. 如何理解“孝者，所以事君也”？
2. 齐家何以能治国？

（十）

所谓平天下在治其国者，上老老而民兴孝，上长长而民兴弟，上恤孤而民不倍[(1)]，是以君子有絜矩[(2)]之道也。所恶于上，毋以使下；所恶于下，毋以事上；所恶于前，毋以先后；所恶于后，毋以从前；所恶于右，毋以交于左；所恶于左，毋以交于右，此之谓絜矩之道。《诗》云：“乐只君子，民之父母。”[(3)]民之所好好之，民之所恶恶之，此之谓民之父母。《诗》云：“节彼南山，维石岩岩，赫赫师尹，民具尔瞻。”[(4)]有国者不可以不慎，辟则为天下僇矣[(5)]。

《诗》云：“殷之未丧师，克配上帝；仪监于殷，峻命不易。”[(6)]道[(7)]得众则得国，失众则失国。是故君子先慎乎德。有德此有人，有人此有土，[(8)]有土此有财，有财此有用。德者本也，财者末也。外本内末，争民施夺。[(9)]是故财聚则民散，财散则民聚。是故言悖而出者，亦悖而入；货悖而入者，亦悖而出。[(10)]《康诰》曰：“惟命不于常！”道善则得之，不善则失之矣。《楚书》曰：“楚国无以为宝，惟善以为宝。”舅犯[(11)]曰：“亡人无以为宝，仁亲以为宝。”[(12)]

《秦誓》曰：“若有一个臣，断断兮无他技，其心休休焉，其如有容焉。[(13)]人之有技，若己有之，人之彦圣，其心好之，不啻若自其口出，寔能容之，[(14)]以能保我子孙黎民，尚亦有利哉。人之有技，媢疾以恶之[(15)]，人之彦圣，而违之俾不通[(16)]，寔不能容，以不能保我子孙黎民，亦曰殆哉。”唯仁人，放流之，迸诸四夷[17]，不与同中国。此谓唯仁人，为能爱人，能恶人。见贤而不能举，举而不能先，命[18]也；见不善而不能退，退而不能远，过也。好人之所恶，恶人之所好，是谓拂人之性，菑必逮夫身[19]。是故君子有大道，必忠信以得之，骄泰以失之。

生财有大道，生之者众，食之者寡，为之者疾，用之者舒，则财恒足矣。仁者以财发身，不仁者以身发财。[20]未有上好仁而下不好义者也，未有好义其事不终者也，未有府库财非其财者也。孟献子曰：“畜马乘不察于鸡豚，伐冰之家不畜牛羊，[21]百乘之家不畜聚敛之臣，与其有聚敛之臣，宁有盗臣。”此谓国不以利为利，以义为利也。长国家而务财用者，必自小人矣。彼为善之，小人之使为国家，菑害并至。虽有善者，亦无如之何矣！此谓国不以利为利，以义为利也。（传十章）

【注释】

（1）上老老而民兴孝，上长长而民兴弟，上恤孤而民不倍：在上位者敬养老人，人民就会受到感召而生孝心；在上位者敬重长者，人民就会受到感召而生友爱心；在上位者体恤孤儿，人民就会受到感召而不违背上令。前一个“老”“长”字均作动词用。孤，幼儿无父。倍，通“背”。

（2）絜（xié）矩：以己之心推度他人之心。絜，度量；矩，画方形的用具，引申为法度规矩。

（3）乐只君子，民之父母：和乐的君子，像人民的父母。出自《诗经·小雅·南山有台》。只，语词。

（4）节彼南山，维石岩岩，赫赫师尹，民具尔瞻：高峻的南山，岩石层层高耸，显赫的太师和尹氏，人民都在仰望你。出自《诗经·小雅·节南山》。节，高峻。岩岩，山石高耸。维，语词。赫赫，显赫的样子。具，俱。尔，你。

(5)辟则为天下僇(lù)矣：邪僻则将被天下人所戮。辟，通“僻”，邪僻。僇，通“戮”，刑戮。

(6)殷之未丧师，克配上帝；仪监于殷，峻命不易：殷还没有丧失民众的拥护时，君王的德行还可与上帝相配。所以我们应该以殷的兴亡为鉴，因为保有天命是不容易的。出自《诗经·大雅·文王》。师，众。克，能。仪，今本《毛诗》作“宜”，应该。监，今本《毛诗》作“鉴”。峻，大。

(7)道：言，说。

(8)有德此有人，有人此有土：有德行就能有支持你的民众，有支持你的人，才有土地。

(9)外本内末，争民施夺：把作为根本的德行看得轻忽，把作为末节的财物看得很重，就会与人民争财物，施行劫夺之政。外，轻忽。内，重视。

(10)言悖而出者，亦悖而入；货悖而入者，亦悖而出：对别人说不合理的话，别人也会对你说不合理的话；财货以不合理的方式聚敛得来，也会以不合理的方式散出。悖，乱，违背常理。

(11)舅犯：晋文公舅狐偃，字子犯。

(12)亡人无以为宝，仁亲以为宝：流亡在外的人没有什么宝物，只有仁爱亲人才是宝。

(13)若有一个臣，断断兮无他技，其心休休焉，其如有容焉：比如有一个臣子，诚笃专一的样子，没有其他技能，心胸宽广，有容人的气量。出自《尚书·秦誓》，该篇是秦穆公派兵伐郑，被晋襄公率师败于崤，事后所作自我警惕的文章。断断，诚笃专一的样子。休休，宽容有气量的样子。

(14)人之彦圣，其心好之，不啻(chì)若自其口出，寔(shí)能容之：别人德才出众，他心悦诚服，不只是在口头上表示，而且真的能宽容、优待他。彦圣，善美明达之士。啻，但、仅、止。寔，实。

(15)娼(mào)疾以恶之：嫉妒而厌恶。娼，嫉妒。疾，妒忌。

(16)俾(bǐ)不通：使之不能通达显赫。俾，使。

(17)迸诸四夷：摒弃到四方文化落后的地方。迸，通“摒”，摒弃、驱逐。

(18)命：郑玄认为当作“慢”，怠慢。

(19)菑(zāi)必逮夫身：灾祸一定会降临到身上。菑，同“灾”。逮，及。

(20)仁者以财发身，不仁者以身发财：仁爱的人把财物疏散给百姓以得到崇高的声誉，不仁的人不惜牺牲声誉去增加财富。发，发扬、增加。

(21)畜马乘不察于鸡豚，伐冰之家不畜牛羊：养了四匹马用来拉车的士大夫之家，就不需再去用心计较养鸡养猪的小利；祭祀用冰的卿大夫家，就不要再去蓄养牛羊。畜，蓄养。察，计较。

【导读】

本章解释“平天下”必须先治理好国家。掌理国家的人要懂得絜矩之道，要爱民亲仁，宽容有量，以德为本，以财为末，以义为利。

本章分四段。首段承接上文齐家而后治国，在上位者敬养老人、尊重长者、体恤孤儿，人民必定受此感发而生孝悌之心，不生违逆。这就是絜矩之道，先修养自身的品德，然后推己及人。在上位者要以人心之所同，推人度物，己所不欲，勿施于人。如果不想在我之上的人无礼于我，那么我也要以此来推度在我之下的人，不能无礼对待他；如果不想在我之下的人不忠于我，那么我也要以此来推度在我之上的人，不敢对他不忠。至于前后左右，无不如此，无论身处何方，都要以此心此理推之。同时在上位者要体察民心，以民心为己心，民之所好好之，民之所恶而恶之，爱民如子，如此方能为民之父母。在上位者为人所瞻仰，须得谨言慎行，若不能絜矩而徇一己之偏私好恶，则有身弑国亡的危险。

第二段主要围绕以德为本、以财为末的道理展开，如果国君轻忽德行而重视外在的财物，必然会与民争利，而施行恶政。这样不仅得不到民心，最终还会失去国家。第三段则申明国君要宽容有气量，善用贤达之人，贬斥恶人。做国君的人忠诚信义便会获得一切，骄奢放纵便会失去一切。最后一段则论述一个国家不应该以财货为利益，而应该以仁义为利益，在上位者好行仁义，人民会自然地愿意跟随他，财富也就随之而来。如果国君喜爱钱财，以利为利，与民争利，则这个国家离灾祸也就不远了。

从孔子“君子喻于义，小人喻于利”的分别开始，“义利之辨”就是儒家非常重视的一个问题，董仲舒说“正其谊不谋其利，明其道不计其功”，之所以成为千古名句流传于世，正是由于彰显了儒家的义利观。“义利之辨”不仅是判别个人品质的重要尺度，也是考察在上位者治国之效的主要因素。在上位者对“义”与“利”的倾向不同，必然引发社会范围内风尚喜好的更迭。在上位者喜爱钱财、骄奢淫逸，百姓则趋利避害、贪婪无度；在上位者喜好仁义、视民如伤，百姓则好礼守法、慈爱忠孝。因此，义利之辨不可不慎。

现代社会，随着社会生产力的提高，经济发展在国家层面受到重视，人们也越来越看重“利”。但是在基本物质生活需要被满足的前提下，过多地追求钱财利益并没有给人带来对等的幸福，相反，食品医药安全、环境污染等问题日益突出，其背后折射出过度重视利益而忽视了基本伦理道义这一社会心理。因此在重视经济发展的同时，我们还需要重视文化层面人的需求的满足和提升、道德和价值观念层面的涵养以及社会风尚的引领，这样才能使得整个社会和谐有序地发展。

大学之教最后想要实现的是“平天下”，实质上是要实现儒家理想的大同社会。《礼记·礼运》篇提出了“大同”理想社会：“大道之行也，天下为公。选贤与能，讲信修睦。故人不独亲其亲，不独子其子，使老有所终，壮有所用，幼有所长，矜寡孤独废疾者皆有所养，男有分，女有归。货恶其弃于地也，不必藏于己；力恶其不出于身也，不必为己。是故谋闭而不兴，盗窃乱贼而不作，故外户而不闭，是谓大同。”正是因为对大同社会的共同憧憬，才使得齐家、治国、平天下成为儒家士人的始终追求，也仍然激励我们积极汲取古代优秀传统智慧而为之努力。

总的来看，经一章点明三纲领，传前四章解释纲领旨趣，后六章细论八条目功夫。其中诚意、正心为修身之本，在初学者尤为当务之急，读者不可以其近而轻忽。而从治国来看，《大学》重视领导者的修身齐家，以德为本，以财为末，其次则是选贤举能，最后是以义为利。这样，个人的修身与整体的治国之道便打通为一了。

【思考与讨论】

1. 什么是“絜矩之道”？
2. 什么是“以义为利”？在现代社会，如何处理义与利的关系？

《论语》导读

《论语》概说

《论语》是主要记载孔子及其弟子言行的一本书，较为集中地反映了孔子的思想，是儒家学派的经典著作之一。班固《汉书·艺文志》指出："《论语》者，孔子应答弟子、时人及弟子相与言而接闻于夫子之语也。当时弟子各有所记，夫子既卒，门人相与辑而论纂，故谓之《论语》。""论"是论纂、编纂的意思。

《论语》的作者与成书的准确时间已不可考，但其成书非一人之作，亦非一时之成。有人认为成书于战国初期，也有人认为是战国末期，孔子逝世后数十至二百年间。《汉书·艺文志》最早确切记载《论语》一书，到西汉时期《论语》有三种版本：鲁人口头传授的《鲁论语》20 篇，齐人口头传授的《齐论语》22 篇，从孔子住宅夹壁中发现的《古论语》21 篇。西汉末年，张禹以《鲁论语》为基础，参照《齐论语》《古论语》，融合成一论，称为《张侯论》。此本成为当时的权威读本，据《汉书·张禹传》记载："诸儒为之语曰：'欲为《论》，念张文。'由是学者多从张氏，余家寖微。"后汉灵帝时所刻的《熹平石经》就是用的《张侯论》，《齐论语》《古论语》不久亡佚。东汉末，郑玄又以"张侯论"为底本，参照《齐论语》《古论语》作《论语注》，郑玄的注本遂成为后世《论语》流传版本的基础。

自汉代以来，《论语》与《孝经》是汉初学习者必读之书，是汉人启蒙书的一种。唐代将《论语》列为太学必修课程。宋代朱熹将《论语》与

《中庸》《孟子》《大学》合称“四书”，又与《诗经》《尚书》《礼记》《周易》《春秋》并称为“五经”。

注解《论语》之书真是汗牛充栋，不胜枚举。其中比较重要的有：《论语注疏》，北宋魏何晏集解、邢昺疏，收入《十三经注疏》；宋代朱熹《论语集注》，清代刘宝楠《论语正义》；还有程树德《论语集释》、杨树达《论语疏证》、钱穆《论语新解》、杨伯峻《论语译注》等可供参考。

章节精读

一、圣人气象

本部分选录孔子自述、弟子对孔子的观感及时人对孔子的评论等章节，从不同侧面展现孔子的人格魅力与圣人气象。

（一）

子曰：“吾十有五而志于学(1)，三十而立(2)，四十而不惑(3)，五十而知天命(4)，六十而耳顺(5)，七十而从心所欲不逾矩(6)。”(《为政》第二·四)

【注释】

(1)志于学：志，是指心之所向。志于学，是说有志于学。

(2)而立：立，成立、确定。而立，是指有所自立。

(3)不惑：对外部事物的道理明白晓澈，无所疑惑。

(4)知天命：领会天所赋予我的。

(5)耳顺：自己听闻的事情，就能够明白其中的道理。

(6)从心所欲不逾矩：内心的自由与外在的规则法度完全一致。

【导读】

本章孔子自述进德修业的过程，提示学者也应该循序渐进，成己成德。

从孔子的自述来看，进德修业是一个循序渐进的过程，在这一过程中获得各个层面的收获与成长。从十五岁立定志向，一心向学以成圣，经过十余年的积累，到三十岁而有所立，就是做人与学问初具规模，大本立定。四十岁左右能在复杂的现象中坚守原则而有所权衡。“不惑”是一个非常难达到的境界，这个年龄段对个人来说也是非常重要而充满考验的。因为“惑”并非一般的无知，疑惑者并非不知道对象的表现，也并非不知道行为的一般准则(如仁)，问题在于把原则运用到特定对象时如何做到恰到好处，这恰恰是一种实践的智慧。“立”是立“经”，“不惑”是“达权”。对于价值领域中那些需要判断的问题，“惑”者容易迷失于多种可能性中，似是而非，似非而是，从而导致无所适从，进退失据。比如说孔子论管仲之事。对于孔子来说，所谓解惑，就是依仁的精神实质，在礼与实际环境脱节或多条原则相冲突的情况下，在运用中调节取舍。在这样持续的实践中，人的身心得到充分的锤炼，到五十岁能逐渐领会天所赋予我的，行事也渐渐依循于天命，因此到六十岁对自己听闻的事情就能明白其中的道理，七十岁时内心的自由与外在的规则法度完全一致，从心所欲而不逾矩。要注意的是，德行修养本身是与日俱进的，学习进展越深入，德行修养也越完善，不能半途而废。

(二)

子曰：“若圣与仁，则吾岂敢？抑(1)为之不厌(2)，诲人不倦，则可谓云尔(3)已矣。”公西华(4)曰：“正唯弟子不能学也。”(《述而》第七·三三)

【注释】

(1)抑：表示转折的连词，犹“但”。

(2)厌：满足。

(3)云尔：如此说。

(4)公西华：名赤，孔子弟子。

【导读】

本章孔子不敢以仁和圣自居，而谦虚地认为自己只是有为之不厌与诲人不倦的品质。

孔子心中的最高典范是“圣人”，是道德完满，同时可以博施济众、安顿天下的人，比如尧舜；而“仁人”则是次于圣人的人，他不一定如圣人般道德完满，但实际上也能达成立人、达人的事功，比如管仲。圣与仁是极高的评价，孔子的弟子大概想要将这两样归于孔子身上以示尊重，但是孔子回答说，仁与圣自己都不敢当，但可以说是不懈地朝着圣智与仁德的要求去做，并且以圣智与仁德之道传授他人。“为之不厌”是学圣人之学，行圣人之事，不断地扩充自己的德性，追求完美的人格。“诲人不倦”则是将自我所拥有的道德与知识，传授于人，协助他人人格的养成，也即推己及人；在教授他人的过程中，也可以同时提升自己的认知与境界。虽然还没有达到圣人、仁人的境界，但是始终以此为目标，不断地修德而日进。

这里也同样体现出孔子身上始终保持谦虚与敬意的特点。这一点在“则吾岂敢”“何有于我哉”等话语中体现无遗。此外也体现在他说“躬行君子，则吾未之有得”(《论语·述而》)，或者“入太庙，每事问”(《论语·八佾》)的态度中，对别人所说的品质，躬行实践，总是承认自己做得还不够，对已知的也始终保持敬畏。孔子正是以好学、谦虚、仁爱这样的品德自期，也同样激励我们为此而努力。

学习本章，最重要的是体会孔子这里所说的“不厌”“不倦”之深意。孔子在《论语·述而》中也说“默而识之，学而不厌，诲人不倦，何有于我哉”，与本章的意义相近。“学而不厌，诲人不倦”，这里的“学”实际上也包含了“行”的意义，因为孔子所说的“学”是知行合一的，将所学用于实践、用于生活是“学”的一部分。表面上看，孔夫子说自己只是“学而不厌，诲人不倦”，这没有什么了不起的。“学”和“诲人”似乎是我们当下就可以做的。但“不厌”“不倦”这两个看似平常的词，是不容易做到的。很多时候，人会因为外在的环境和压力，或者一些令人泄气的事情，而产生“厌”“倦”的情绪。当事事不顺，而我们又找不到一丝鼓励的时候，厌倦就会如影随形，什么仁者境界的追求，“学而不厌，诲人不倦”都谈不上了。我们若从这个层面了解“学而不厌”“诲人不倦”这两句话，就能知道其意义深长，而且也不容易做到。

“厌”“倦”用现代话语来说，就是我们听得非常多的“倦怠感”。这种倦怠感会时时产生，使你对学习和工作丧失兴趣。根据一些社会心理学家的研究，如果细致分析学习、工作或者生活中的倦怠心理，通常有以下两种情况：一种是情绪问题，大概是工作上或者人际关系中负面的情绪积累太多，这些积累的情绪得不到宣泄，就会产生心理的倦怠感；另一种是缺乏成就感，可能源于工作缺乏创造性，无意义的重复让人丧失了工作和学习的兴趣，或者是一种相反的情况，即缺乏自信，认为自己无法胜任学习和工作，付出之后没有看到回报，从而丧失继续前进的动力。我们对比自己的生活和学习，会发现倦怠感离自己很近，因此真正做到如孔子一般“为之不厌，诲人不倦”是一件非常了不起的事情。牟宗三先生曾经指出，真正的仁者就是不管这个世界怎样令人泄气，生活中遇到怎样的困难和阻力，也不厌不倦，在不厌不倦中呈现真实生命之“纯亦不已”。我们可能不能如仁者天生具有坚强的意志，但是我们可以朝着这个方向努力，当出现倦怠感的时候，以此为契机，审视自己的生命和职业规划，找到自己真正热爱的方向或者具有优势、能够突破的维度，提升自己的信心和成就感，将倦怠感转化为积极的情绪。

（三）

叶公[1]问孔子于子路，子路不对[2]。子曰："女[3]奚[4]不曰，其为人也，发愤忘食，乐以忘忧，不知老之将至云尔。"(《述而》第七·十八)

【注释】

(1)叶(shè)公：沈诸梁，字子高，楚国叶县尹，僭称公。孔子见叶公，在孔子去鲁大司寇之职后，周游列国期间。叶，地名，蔡国故地，当时已属于楚国。

(2)不对：没有回答。

(3)女：通"汝"。

(4)奚：何。

【导读】

本章孔子自述其好学的特点，以及好学之乐。

孔子对自身形象的描绘，最看重的是自己的勤勉好学，所以《论语·公冶长》中孔子说"十室之邑，必有忠信如丘者焉，不如丘之好学也"。忠信这种品德固然为人所称赞，但是忠信也需要好学来拓展，如果不能好学不已，徒守忠信之名而不知变通，不能明辨是非道义，也可能会沦为愚忠、徒信。因此，"好学"背后隐含的意义很多，如孔子不固守于一德，始终保持对世界的好奇，以旺盛的求知欲和坚定的实行，努力拓展自身；又如孔子谦虚不自满，始终以无知无得的心态面对自己与他人，日新其德。

当然，更重要的是孔子享受和满足于从学习中获得的巨大快乐，这种以学为乐，到了"发愤忘食，乐以忘忧"的地步，也就是终生孜孜以求，不知饥饿忧愁，不知自己年岁将老。为什么会这样呢？学习真的有这样快乐吗？如何获得这种快乐呢？

首先，孔子学习的目的非常单纯而富于内省性，致力于道德生命的拓展，因此能真正领悟学习的快乐。孔子并没有将知识与生命割裂开来，没有把学习当作单纯获取知识、技能，也没有把学习作为得到名利、财富的工具，而是将学习与生命相连接，将学习视作生命的必须，以学习砥砺道德生命。从这样的目的出发，自然不会把学习看作强迫之事，也不会因为学习的枯燥或者困难而却步，而是真正地从内在的需求、好奇出发，在追求生命的学问中感受学习的快乐。

其次，学的快乐在于发自内心的喜好，喜爱才能专注。做自己热爱的事情，会觉得时间过得非常快，无论爱运动还是音乐、阅读，一旦沉浸其中，就会忘记其他事情，时间、忧愁什么的都被抛在脑后，内心充盈着满足和快乐。对孔子来说，进德修业就是他最热爱的事，所以他能发愤忘食，乐以忘忧，甚至连老了都不觉得。能将道德生活的追求内化为生命的快乐，这是孔子能成为圣人的根本原因。

（四）

子曰："学而时(1)习(2)之，不亦说(3)乎？有朋自远方来，不亦乐乎？人不知而不愠(4)，不亦君子乎？"(《学而》第一・一)

【注释】

(1)时：时常。

(2)习：反复练习。

(3)说：假借为"悦"，愉悦。

(4)愠：恼怒，怨恨。

【导读】

本章孔子指出为学、交友之乐，以及君子人不知而不怒的德性。

第一句话，孔子以"好学"自道，在他看来，学习是一件非常快乐的事情。这种快乐可以从经常反复地练习获得，为什么会这样呢？在普通人眼里，反复练习一件事情，不是很枯燥无趣吗？况且重复已经学过的内容又有什么益处呢？这里有两个原因：首先，在孔子看来，其所从事的学习在内容上不是简单的知识获取，在目标上也不是名利、富贵等外在的功利，而是成就人格与德性的为己之学，因此这种学习不是一次性的，而是需要终生沉潜于其中，在日常生活中不断地汲取与锤炼。同时，这一反复练习的过程是充满愉悦的。在这种不间断的汲取与锤炼中，个体获得新的领悟，这与孔子说“温故而知新，可以为师矣”(《论语·为政》)是一致的。而且在这一过程中，个体的心性越发成熟与坚定，对道德体悟也越加真实与洞彻，其中所收获的愉悦也在不断地沉淀与升华，因此孔子说“不亦说乎”。

第二句话讲朋友从远方而来，大家聚在一起论道讲学，这不是一件非常愉快的事情吗？所谓“方以类聚，物以群分”，孔子所说的朋友是志同道合的朋友，也是可以“以友辅仁”的朋友，可以一起切磋学问，互相砥砺，共同奋进，而不是没有是非原则、只在一起享受取乐的狐朋狗友、酒肉朋友。志同道合的朋友是生活中重要的伙伴，是生命中最好的安慰，所谓“同声相应，同气相求”(《易经·乾卦文言》)，享受朋友互相激励、共同成长的快乐，这不也是人生中非常有价值和意义的一部分内容吗？

第三句话则是阐述由上述二者而自然产生的君子风度。有内在的对学以成人的关注，有志同道合的朋友互相砥砺，又怎么会因为不被他人知晓而恼怒呢？这里的他人指的是大多数不理解、不知道君子的人。其一，被他人知晓不过是一种外在的名声，并不值得君子追求和贪恋；其二，君子对自身的肯定并不来自外在，而是依凭于自身对生命的理解和道德境界的提升，因此“人不知而不愠”也就在情理之中了。《论语》中有多处孔子强调不要忧愁不为人知，而要反求诸己，思考自己有什么真才实学，如何才能实至名归，如“不患莫己知，求为可知也”(《论语·里仁》)，“君子病无能焉，不病人之不己知也”(《论语·卫灵公》)。还有说“不患人之不己知，患不知人也”(《论语·学而》)，不要总是考虑自己，也要将目光放在他人身上，欣赏他人的长处，知人而善任。

总之，我们可以从孔子的言论看到一个好学不已、以友辅仁、善于自我省察而极具君子风度的孔子形象。

(五)

子曰：“德之不修，[1] 学之不讲，[2] 闻义不能徙，[3] 不善不能改，[4] 是吾忧也。”(《述而》第七·三)

【注释】

(1)德之不修：不修养德性。

(2)学之不讲：不讲明知识、道理。

(3)闻义不能徙：听闻了正确的道理，不能在言行中遵守。

(4)不善不能改：知道了不对的地方，不能改正。

【导读】

本章孔子讲述其学的重点是修德、讲学、行义、改过。

孔子说，德性必须经过修养才能日臻完善，学问必须经过讲习辨析才能透彻明了，听闻了正确的道理，就必须在言行实践中遵守，知道了不对的地方就必须改正。做不到这些，是其忧虑所在。从孔子的许多论述中，我们可以看出他对自身人格修养与学问的看重，他并不关心别人对他的评价，而是将注意力放在自己的进德修业上。这是一种不一般的品质，很多圣贤之人并非天生比常人具有更出众的才华，而是他们比一般人更专注、更有毅力，始终坚持将时间花在一件最值得投入的事情上，注重自我的提升。

修养品德、讲求学问、闻义而行、迁善改过，这些都是自我提升的重要内容。而首要的前提则是自省，只有拥有自觉地反省自我的能力，才能开启通往有意义的生活的大门。人们往往意识不到，人的一生所能拥有的时间是有限的，在度过一段浑浑噩噩的岁月之后，到垂垂老矣才猛然悔悟自己的虚度，是可悲的。如此，何不趁早开启对人生意义的追问，将精力收归于自己的内心，专注于自己的选择，坚定地走自己的路，而不将时间花在应对他人的目光、追逐外界的诱惑之上呢？自省可以说是儒家最看重的一种品质。不忧人之不知己，而患己之所当立，不去担忧思虑他人看不到自己的优点和长处，而是思考自己要做的事情是什么，如何才能立得住，这才是成熟的人格应有的样子。

（六）

子曰："盖有不知而作(1)之者，我无是也。多闻，择其善者而从之，多见而识(2)之，知之次也。"(《述而》第七·二十七)

【注释】

(1)作：创作。

(2)多见而识：多闻多见并且记住古人的礼法制度和嘉言善行。

【导读】

本章孔子强调自己的治学态度与方法。

孔子认为自己不是生而知之的圣人，同时也不是不明白准确意义就穿凿附会、自创观点的人，这佐证了孔子在别的场合对自己的描述，比如"述而不作，信而好古"(《论语·述而》)，"我非生而知之者，好古，敏以求之者也"(《论语·述而》)。孔子说自己不是生来就知道，而是乐于学习上古传下来的知识，其所知道的是通过勤勉的学习得来的。这与孔子一贯的治学态度有关，他尊重周朝以来的传统，尊重和学习上古圣贤的言行法度，并选择其中好的方面传承发扬，而不愿意妄自造作。在具体的治学方面，孔子则认为行重于知，首先是择其善者而从之，其次才是多见而默记于心。

【思考与讨论】

1. 孔子自己最看重的品质是什么？

2. 孔子对于古代传统是什么态度？你认为传统在今天的社会可以发挥什么作用？

（七）

子曰："富而可求也，虽执鞭之士(1)，吾亦为之。如不可求，从吾所好。"(《述而》第七·十一)

【注释】

(1)执鞭之士：卑贱的职务。

【导读】

本章孔子强调外在的富贵名利与内在的喜好产生冲突的情况下，他将义无反顾地选择内心的喜好。

孔子说，如果富贵可以求得，虽然是卑贱的职位，他也愿意去做；如果富贵不可求得，他愿意安于内心真正的喜好。这里的"所好"并非是别的，而是孔子所珍视的"道"和仁义。"道"和仁义是孔子真正热爱并追求的，孔子并非完全摒弃富贵，但富贵与时运有很大关系，并非自己努力就能求取，所以有德君子不以富贵为乐，不盲目追求富贵，而是在不能求得外在富贵的情况下，就听从内心的意志和喜好，以守道、行道为乐。

孔子的这段话，对我们有什么启示呢？孔子所追求的"道"的内容不一定完全适合我们，因为道德是历史性的，会随着时代的改变而改变。孔子以道义为准则来对待富贵名利，所谓"生财有道""取之有道"，这一点对于现代社会仍然是适用的，但是"杀身成仁""舍生取义"则并不一定适用。尽管现代社会对个体的要求不再如传统社会一样千篇一律，也赋予个人更多的权利和自由，但是一个人行走于世间，一定要找到自己安身立命的“道”，才能真正获得身心的安顿。

什么是个人安身立命的“道”？每个人的“道”有不同的呈现方式，但是每个人的“道”有必须包含的几个要素：首先是符合社会的基本价值取向，其次是符合个体的定位和意愿，能最大程度地发挥个人的潜能，实现个人的价值和意义。否则就不能称之为“道”。这样来看，尽管个体在现代社会有很大的权利和自由，但也不能任性妄为，只顾及自己利益的实现而不考虑社会中其他的个人，这就是“不以其道得之，不处也”(《论语·里仁》)。在符合社会基本价值取向的范围内，则一定要遵从自己内心真正的意志，选择从事符合自己意志、原则、喜好和定位的事情，这样才能充分地发挥自己的才能。如果一个人爱好篮球，就可以从事与篮球相关的职业，从篮球运动员、教职人员到相关媒体从业人员、项目推广人；如果一个人爱好艺术，可以从事音乐、绘画等艺术类的相关工作；如果一个人爱好学术，可以从事与学术相关的研究、编辑、科学传播等方面的工作；如果一个人喜欢孩子，就可以从事教育方面的工作。跟随自己内心的喜好，既可以发挥优长，也能使身心得到安顿。即使回报并非是即时的，甚至可能回报不高，但只要是“从吾所好”所得，再难的工作，也愿意努力去完成。这才是真正的热爱。

现在有一些人面临的问题是，在长期的、外在的高压式学习之后，并不知道自己喜欢什么，选择学习的专业与从事的工作也只是出于日后生活所需，长此以往，难免对工作、对生活感到倦怠。很多人即使很忙，也依然摆脱不了心里的空虚和无意义感，就是由于这个原因，能够“从吾所好”，并且“乐在其中”，在这些人看来，像是上天的恩赐。实际上，这种恩赐每个人都可以获得，只需要多一点勇敢，面对真实的自己，听从内心的声音，舍去那些多余的杂音。

（八）

子曰："饭疏食[(1)]、饮水，曲肱而枕之[(2)]，乐亦在其中矣。不义而富且贵，于我如浮云。"(《述而》第七·十五)

【注释】

(1) 饭疏食：吃粗糙的饭食。

(2) 曲肱(gōng)而枕之：弯曲手臂当枕头睡。肱，手臂。

【导读】

本章孔子自述安贫乐道的境界。

孔子的日常生活非常简朴，粗茶淡饭，弯曲手臂当枕头睡，即使这样也觉得很快乐。富贵是大部分人追求和向往的，但是对孔子来说，不符合道义得来的富贵，就如同天上的浮云一般，完全不能打动他，他根本不会去理会。这是因为通过不正当的手段获得的钱财富贵，不仅经不起实践的考验，也会带来心灵上的负担，让人内心不安，也就不会过得舒适踏实，更不会体验到生活的快乐了。

孔子能够安于简朴的生活，不向往不正当的富贵，主要来自内心对道与义的坚守。这种坚守让他能够"素富贵，行乎富贵，素贫贱，行乎贫贱，君子无入而不自得"(《中庸》)。此外，有德行的人内心充盈，自然会快乐，这种充盈与快乐是外在的境遇很难改变的。

现在很多人以快乐为生活的目标，却忘了快乐本身并不是目的，快乐往往是我们实现某一目标之后所获得的附加感受。快乐是建立在价值、意义的实现等追求之上的。因此单纯以快乐为目的，寻求一种依靠外在物质维持或者感官上的刺激，可能并不会带来真正的内心自足与持续幸福。同时，快乐是一种内心感受，它往往是一种平衡与心安的感觉，通常伴随着疑难与抉择，来自对复杂情境下发生的冲突的择取，因此最终的快乐往往是遵循内心与坚守道义的统一。孔子在本章中描述的快乐就包含这一意义。

（九）

子曰："莫我知[1]也夫！"子贡曰："何为[2]其莫知子也？"子曰："不怨天，不尤人。[3]下学而上达。[4]知我者，其天乎！"（《宪问》第十四·三十五）

【注释】

(1)莫我知：即"莫知我"，没有人知道我。

(2)何为：犹"何谓"，为什么说。

(3)不怨天，不尤人：不抱怨天，不责备他人。怨，抱怨；尤，归咎于。

(4)下学而上达：下学通于人事，上达于知天命。

【导读】

本章孔子感叹世人不知道自己，他通过不断的学习而得知天命，希望天知道自己。

孔子说这段话的时候大概是晚年，《史记·孔子世家》就是这样记载的，这时候孔子周游列国不得重用后，回到鲁国整理典籍，同时教学授徒。就世俗的抱负来说，孔子当然是心存遗憾的，没有使其道行于世，天下仍然混乱不堪，因此他感叹世上之人不理解他。但是从理想道义的层面来看，他并没有太多的遗憾，因为他通过不断的学习以上达天命，其所作所为仰不愧于天，俯不怍于人，所以他既不怨天，也不归咎于别人。这种豁达开朗的胸襟令人赞叹。

这一章可以联系《论语》其他章节来看孔子对天命与自我的理解，如《论语·述而》第二十二章。孔子说："天生德于予，桓魋其如予何！"他说天把德给了自己，其所说、所做都是符合天命的，桓魋（宋国司马)能把他怎么样呢？在匡地被围困时，孔子说：“文王既没，文不在兹乎？天之将丧斯文也，后死者不得与于斯文也；天之未丧斯文也，匡人如予何！”(《论语·子罕》)在遇到危难或者不可抵抗的灾害时，孔子将人力不可及的因素归于天命，其他则诉于主观努力，相信自己所行是天所赋予的使命。

德福之道向来是人们重视的一个话题，一个德性完满的人是否能够得到相应的事功与福报？现实中德福不一致的情况也时有发生，即使是孔孟这样的圣人亦有不见用于世的例子，因而德福不一致并不是圣人的过错，也无损于其光辉形象。真正的价值判别标准不因现实中的福报程度而改变，“君子惟修身正己以俟命”。孔子正是这样做的。这并不是由于“福”的决定因素众多，不是人为所能干涉的，而是由孔子所抱持的价值优先立场和理性精神所决定的。首先，他认为“德”优先于“福”，他更看重内在的德性，而不是外在事功与福报，或者单纯依靠外在之“天”的肯定。其次，他认为改变世界、转换自我的力量来自人的内心，因此他希望每个人都能发挥主体性力量，下学而上达，建立与天命的真正沟通。

(十)

颜渊、季路侍，子曰：“盍(1)各言尔志?”子路曰：“愿车马、衣轻裘与朋友共，敝(2)之而无憾。”颜渊曰：“愿无伐(3)善，无施劳(4)。”子路曰：“愿闻子之志。”子曰：“老者安之，朋友信之，少者怀之。”(《公冶长》第五·二十六)

【注释】

(1)盍：何不。

(2)敝：破敝。

(3)伐：夸。

(4)施劳：施劳于民。

【导读】

本章阐述孔子“老者安之，朋友信之，少者怀之”的志向。

孔子与弟子讨论志向，子路说愿意与朋友共同使用车马衣裘，直到用破了也没有什么遗憾。颜渊则说希望自己有善德而不沾沾自喜，不施劳于民。子路、颜渊的志向不可谓不善，一个是与人共甘苦，另一个是不夸耀、无施劳，两人都有些孔子所谓“仁”的风范，但是都还不够，所涉及的范围不够广，境界不够高。而孔子的愿景则是一个老者安居、朋友守信、少年有所感怀的社会，不同年龄层次与阶层的人能互相体贴、感怀他人，和乐共居。这是一个令人憧憬的理想社会的形态，而有志促成这种社会的人则是一个真正心怀天下的仁者。后世有志于孔子之学者，都非常重视本章内容，因此我们也应该细细体味其中深意。

（十一）

子路、曾皙(1)、冉有、公西华侍坐。子曰：“以吾一日长乎尔，毋吾以也。(2)居则曰：‘不吾知也！’如或知尔，则何以哉(3)？”

子路率尔(4)而对曰：“千乘之国，摄(5)乎大国之间，加之以师旅，因之以饥馑；由也为之，比及三年，可使有勇，且知方也。”

夫子哂(6)之。

“求，尔何如？”

对曰：“方六七十，如五六十，求也为之，比及三年，可使足民。如其礼乐，以俟君子。”

“赤，尔何如？”

对曰：“非曰能之，愿学焉。宗庙之事，如会同(7)，端章甫(8)，愿为小相(9)焉。”

“点，尔何如？”

鼓瑟希[10]，铿尔，舍瑟而作，对曰：“异乎三子者之撰[11]。”

子曰：“何伤乎？亦各言其志也！”

曰：“莫[12]春者，春服既成，冠者五六人，童子六七人，浴乎沂[13]，风乎舞雩[14]，咏而归。”

夫子喟然叹曰：“吾与[15]点也！”

三子者出，曾皙后。曾皙曰：“夫三子者之言何如？”

子曰：“亦各言其志也已矣！”

曰：“夫子何哂由也？”

曰：“为国以礼，其言不让，是故哂之”。

“唯求则非邦也与？”

“安见方六七十，如五六十，而非邦也者？”

“唯赤则非邦也与？”

“宗庙会同，非诸侯而何？赤也为之小，孰能为之大？”(《先进》第十一·二十五)

【注释】

(1)曾皙：名点，曾参的父亲。

(2)以吾一日长乎尔，毋吾以也：我虽然年长于你们，但不要因为我(而不敢说话)。

(3)何以哉：用什么来(实现自己的抱负)。以，用。

(4)率尔：轻率。一说急促。

(5)摄：夹处。

(6)哂：微笑。

(7)会同：古代天下四方诸侯毕至朝见天子之礼。《周礼·春官·大宗伯》：“春见曰朝，夏见曰宗，秋见曰觐，冬见曰遇，时见曰会，殷见曰同。”

(8)端章甫：穿着礼服，戴着礼帽。端，古代的礼服，多用于丧祭场合。章甫，冠名。

(9)相：赞礼者。

(10)希：稀疏。

(11)撰：才具。

(12)莫：暮。

(13)沂：沂水，源出山东邹县西北，西经曲阜与洙水合，入于泗水。

(14)舞雩(yú)：祭天祷雨之处。雩，古代为祈雨而举行的祭祀。

(15)与：赞同。

【导读】

本章的内容是孔子与弟子讨论志向，并赞同曾点的观点。

子路、曾皙、冉有、公西华四位弟子侍坐，孔子开门见山地问四人的志向。子路的志向是治理“千乘之国”，也就是当时一个中等规模的国家，他希望即使是在外有侵侮、内有饥荒的危急情况下，他也有能力使之转危为安，过不了几年工夫，就可使这个国家强盛起来，百姓都懂得礼义。冉有则是希望在“方六七十，如五六十”这样一个小诸侯国或大夫封地里从事具体事务管理，能使百姓富足。但是如果要使百姓懂得礼乐，他自认为还有欠缺，需要另请高明。公西华也比较谦虚，说“愿为小相”，从事一些宗庙礼仪、外交事务等。三人都希望在政治方面有所作为。曾皙所说与三人不同，他希望在暮春的时候，与众人在沂水边闲游，在舞雩台上吹风，然后唱着歌回家，从而刻画出一幅自得其乐、富有诗意的场景，引起了孔子的无限赞叹。孔子说：“吾与点也!”实际上肯定并且表明自己有共同的志向。表面上，曾点的理想似乎与政治无关，实际上则是融政治追求与道德修养于一体，因为曾皙所向往的春风沂水、一片和煦春光的景象，背后是以孔子“老者安之，朋友信之，少者怀之”的社会理想为依托。因此这一章在后世尤其是宋明时期受到重视，理学家纷纷表达愿意效仿这种乐道遂志的高明境界。

通过本章我们可以看到，孔子所追求的境界是融道德生命与政治追求于一体的，而前者更是直接体现了对乐境的追求。在《论语》中有数章体现了同样的观点，如“乐以忘忧，不知老之将至云尔”(《论语·述而》)，“饭疏食、饮水，曲肱而枕之，乐亦在其中矣”(《论语·述而》)等。通过自身所向往的境界以及存在状态，孔子向我们展示了一个富于乐观精神、积极进取的乐感生命存在，引导着我们去过一种内心充满喜乐的生活。

(十二)

子禽(1)问于子贡(2)曰：“夫子至于是邦也，必闻其政(3)。求之与？抑与之与？”子贡曰：“夫子温、良、恭、俭、让(4)以得之。夫子之求之也，其诸异乎人之求之与！”(《学而》第一·十)

【注释】

(1)子禽：陈亢，字子禽，即原亢，孔子弟子。

(2)子贡：端木赐，字子贡，孔子弟子。

(3)闻其政：与闻该国的政事。

(4)温、良、恭、俭、让：温和、善良、庄敬、节制、谦逊。

【导读】

本章子贡以温、良、恭、俭、让描绘孔子形象。

孔子周游列国，每到一国都会与闻该国政事，这一事实让弟子产生疑问，到底是孔子自己打听到的呢，还是人家自愿对他说的呢？子贡则认为，孔子具备温、良、恭、俭、让的品质，与他接触的人自然会被他所打动，从心底产生敬服，因此，即使是孔子有心求之，也是不同于别人的。从子贡的描述来看，孔子始终心怀天下，希望获得当时的君王的重用而大行其道于世，这是毫无疑问的。但是与其他汲汲于为世所用的人不同，孔子不是费尽心机，阿谀逢迎，甚至拉帮结派，而是通过自身的品格与行事让人敬服，因而有不求而得之之效。

温、良、恭、俭、让是非常全面的品质，直到今天仍然值得我们尊重和效仿。“温”是对人温和，“良”是内心善良，“恭”是庄敬恭谨，“俭”是不慕富贵、为人节制，“让”是谦逊礼让。五者既表现为外在的仪态，也是内心涵养修德所至。孔子能以此自修，因此能不言而信，从容中道，人皆仰之。

（十三）

子温而厉(1)，威而不猛(2)，恭而安(3)。(《述而》第七 · 三十七)

【注释】

(1)温而厉：温和而又严肃。

(2)威而不猛：威严但不刚烈、凶猛。

(3)恭而安：有礼而安泰。

【导读】

本章描述了孔子温和而又严肃、威严而不刚烈、有礼而安泰的气象。

这是记述孔子平日的仪容，不偏不倚、中正和善，让人望之即生亲近之心，但是又不失严肃，有威严又不过于刚烈威猛，庄严有礼但是又很安详。这段话与子夏所说“君子有三变：望之俨然，即之也温，听其言也厉”(《论语 · 子张》)意义接近，都是赞美性情中和、文质彬彬的德容。而外在的仪容、气象是内在的德性修养所致，不是特意模仿可以得来的。这也正是孔子被称为圣人的原因。

（十四）

子绝[1]四：毋意[2]，毋必[3]，毋固[4]，毋我[5]。(《子罕》第九·四)

【注释】

(1)绝：断绝。

(2)意：臆测。

(3)必：必定、绝对。

(4)固：固守。

(5)我：不自以为是。

【导读】

本章指出孔子断绝主观臆测、绝对、固执己见、自以为是四种毛病。

无论是对待学问，还是处理问题，孔子始终保持谦虚谨慎的态度，“知之为知之，不知为不知”(《论语·为政》)，不是主观臆断或者自以为是，更不会独断专行、固执己见来加重错误，而是通过广博的学习和实践来扩充认知，慎言慎行，以减少谬误。这与孔子所说的“多闻阙疑”“多见阙殆”(《论语·为政》)，“学而知之”(《论语·季氏》)是一致的。

（十五）

叔孙武叔[1]毁[2]仲尼，子贡曰：“无以为[3]也，仲尼不可毁也。他人之贤者，丘陵[4]也，犹可逾也；仲尼，日月也，无得而逾焉。人虽欲自绝[5]，其何伤于日月乎？多见其不知量也。”(《子张》第十九·二十四)

【注释】

(1)叔孙武叔：姓叔孙，名州仇，谥武，鲁国大夫。

(2)毁：非议毁伤。

(3)无以为：无用。

(4)丘陵：土高为丘，大阜为陵。

(5)自绝：自己绝弃日月，比喻非议毁伤孔子便是自绝于孔子。

【导读】

本章子贡赞美孔子的德性，讽刺那些毁谤中伤孔子的人，无论怎样毁谤中伤也无损于孔子的伟大形象。

子贡与孔子相处的时间非常长，对孔子道德学问、人格气度和德性修养的魅力深有感触，并大为叹服。每当有人妄图中伤毁谤孔子时，子贡都会义正词严地为孔子澄清，义不容辞地捍卫孔子的名誉。在《论语·子张》中，连续三章都是围绕这一主题展开的。这里他采取的方式是，用日月的光辉来比喻孔子的崇高和伟大，其中隐含的意义就是：就像普通人对日月无法企及一样，人们对孔子的崇高与伟大也是无法感知的，也如同普通人对日月不能造成任何伤害一样，人们想要非议毁伤而自绝于孔子，对孔子来说也是毫无影响的，只是反衬出这些人的不自量力罢了。

在《论语·子张》第二十五章中，子贡说“夫子之不可及也，犹天之不可阶而升也”，他说如果孔子能有治理国家的机会，那么就会“立之斯立，道之斯行，绥之斯来，动之斯和，其生也荣，其死也哀，如之何其可及也”。可见，在子贡心中，孔子是一个不可企及的对象，无论从他的言语、行动还是学问、做人来看，如果他能被委以重任，那么一定会有很好的政绩，在世时受到广泛的尊敬，去世后人们为他哀伤、感怀。因此，绝不能仅仅以自己的一偏之见来妄自揣测孔子。

《论语·子张》第二十四章中，也有子贡一段回应叔孙武叔的话。

叔孙武叔说"子贡贤于仲尼"，子贡听了并没有感到开心，反而指出叔孙武叔的错误，子贡以宫墙来比喻人的才学，"譬之宫墙，赐之墙也及肩，窥见室家之好；夫子之墙数仞，不得其门而入，不见宗庙之美，百官之富"。意思是自己的才学不过及肩高，孔子则数仞高(七尺或八尺为一仞)，为什么一般人却只看到自己的长处，而对数倍于自己的孔子视而不见呢？这是因为这些人没有得入孔子之门，自然不能看见门内的风景。言外之意是孔子的人格与德性的光辉，非得其门而入者不能知，而恰恰在世上能自知其无知，而能虚心向学，亲身感受孔子的学问与风范，进而得其门而入的人实在是太少了！

这里有两个问题：第一，我们能认识到高出或者超出我们理解能力的人或者事吗？第二，应该怎样对待那些我们无法企及的智慧？前者反映的是认识能力的问题，即对圣人和"道"的觉知；后者则是如何认识的问题，即如何才能觉知圣人和"道"。这里已经隐含了后来宋明理学以及佛教所讨论的人性的问题。

对于第一个问题，从孔子思想的整体来看，可以得出肯定的结论。也就是说，从理想的层面来看，孔子肯定每个人都能认识道，都能为圣人的德性所感动，这是每个人都存在的可能性，所以孔子说"我欲仁，斯仁至矣"。子贡也是这样认为的，每个人都有认识圣人和"道"的能力和可能，但是现实中有人就像叔孙武叔一样，不认同道，更不用说从事于"道"了；他们不能认识到圣人的崇高，反而对孔子这样的人随意贬低，这是因为他们丧失了对自我的觉知，也没有接触孔子，学习孔子之道，所以无从理解圣人之道。这对他们来说，真是非常可惜的。那我们应该如何才能认识到高出自身的智慧？谦虚是必要的条件。对超出自身或者以往从未接触过的人或事应该保持内心的谦虚，对未知的人和事保持好奇，而不要在不了解之前就妄下判断。先了解，先学习，再评判。了解、学习之后，才会懂得其伟大。我们应善于向超过自己的人学习，择其善者而从之，而不是嫉妒怨恨他们，否则只会囿于自己的无知与局限，永远得不到提升。

（十六）

颜渊喟然[(1)]叹曰："仰之弥高，钻之弥坚。[(2)]瞻之在前，忽焉在后。[(3)]夫子循循然善诱人，[(4)]博我以文，约我以礼[(5)]。欲罢不能，既竭吾才，如有所立卓尔[(6)]，虽欲从之，末由[(7)]也已。"(《子罕》第九·十一)

【注释】

(1)喟然：叹息声。

(2)仰之弥高，钻之弥坚：仰不可及，钻不可入，形容孔子之道不可穷尽。

(3)瞻之在前，忽焉在后：恍惚不可捉摸。

(4)循循：有次序的样子。

(5)博我以文，约我以礼：以文学教化使我博学，通过礼仪实践使我节制。

(6)既竭吾才，如有所立卓尔：穷尽自己的所能去学习，仍觉得它高不可及。

(7)末由：末，没有；由，道路。

【导读】

本章颜渊赞叹孔子道德与学问之高明。

在孔子的弟子中，孔子对颜渊最为赞赏，而颜渊也同样对孔子的道德与学问认知最深。他说："老师的道德与学问，越仰慕越觉得崇高，越钻研越感到博大精深，老师一步步地教导我，以文学教化使我博学，通过礼仪实践使我节制，但我竭尽全力仍感觉有座高峰矗立在我面前，想要攀登上去，却又不知道从哪条路走才好。"这段话不但表达了他对孔子的崇敬，也点明了孔子之学"博学于文、约之以礼"的特征。只有像颜渊这样专注而自谦的人，才能真正对孔子的道德学问与为人有深刻的认知。当然，我们从中也可以看到，孔子以自身高贵的人格来感召、教导学生，让学生真正投入其中并领略道德与学问的魅力。

【思考与讨论】

1. 在他人眼中，孔子是一个怎样的人？
2. 孔子如何评价自己？
3. 你见过像孔子这样的人吗？谈谈你与他(她)相处的切身感受。

二、学

重视“学”是孔子思想的一大特点，本节选择出一些相关的章节展现孔子关于学习的目标、方法及其他需要注意的内容的言论。

（一）

子曰：“兴于诗[(1)]，立于礼[(2)]，成于乐[(3)]。”(《泰伯》第八·八)

【注释】

(1)兴于诗：学诗以兴起、鼓舞心志。

(2)立于礼：学礼以立身。

(3)成于乐：学乐以成人。

【导读】

本章指出诗、礼、乐是立身、成德的必由之路。

诗、礼、乐是儒家之学的重要内容。诗本于性情，文义简洁明晰而朗朗上口，在吟咏唱和之间，鼓舞人的心志，涵养人的情操，这是学诗的最大功用。孔子说“兴于诗”，就是通过学诗感发人心，使人兴起向善的念头，鼓舞人的志气。礼以恭敬谦让为本，规范和制约个人与群体在社会上的行为，学礼可既以端正人的行为，也能帮助人立身于社会，所谓“不学礼、无以立”(《论语·尧曰》)。乐包括歌和舞的部分，既可以涤荡心灵，活动筋骨，又可以涵养性情，变化气质，最终成就完美的人格。诗、礼、乐的学习是一体的，从内到外，从情感、心志的培养到与理性、节度的统一，最后完成于人格的养成。

儒家“学以成人”的教育目标对于今天的教育具有启示意义，对青少年的培养不能只专注于学业、技能的养成，而应该归结到独立个体的人格与素质的综合锻造。在经济建设取得重大成就的今天，人们同样希望能在文化和精神上获得更加充实、更为丰富的感受和体验，这就要求教育必须转向对人的内在精神世界的关注，注重完整人格的养成，同时促进人在文学、道德、艺术方面的全面追求，最终帮助人丰富内心，提升意义感和整体幸福度。

（二）

子曰："志于道[1]，据于德[2]，依于仁[3]，游于艺[4]。"(《述而》第七·六)

【注释】

(1)志于道：有志于体认和实践人伦日用中应当遵守的道理。

(2)据于德：执守学道所应有的德性。

(3)依于仁：不离开、不违背仁。

(4)游于艺：练习优游于礼、乐、射、御、书、数等"六艺"之中。

【导读】

本章阐述孔子之学包括道、德、仁、艺四个方面的内容。

"道"是总体目标，是人伦日用中应当遵守的道理，心中立定求道的志向，才会有不懈的动力去行动、去追求。德者，得也，是实得于心的德性，存心不已，固守不失，人心所有之德才会真正显现出来。仁是日常人伦生活的准则，平日与人相处、交流，片刻都不能违背仁。然后再兼习礼、乐、射、御、书、数六艺，在其中涵泳优游，自得其乐。

道、德、仁、艺四个方面有先后次第、轻重之别。就小学而言，先学六艺书数，然后教之以洒扫应对之礼；大学则先立志求道，求道而有德，发之于外为仁，道、德、仁之间并无先后，不过从不同的方面而言罢了。总的来看，志于道、据于德、依于仁都是注重心性修养，从立志成就符合"道"的人格做起，逐步达成道德、知识与审美的统一。

儒家对道与艺的追求，始终是坚持以道统艺，也就是用道来指导对艺的追求，使人不至于沉溺于对某种技艺的过度追求而玩物丧志。但同时儒家又注重道与艺的统一，注重"游于艺"这种融知识、道德的学习与审美于一身的最佳境界，在学习中感受凝神专注、从吾所好而悠然自得的快乐。这种境界既是道德的，也是快乐的，更是美的。

（三）

子曰："弟子入则孝，出则弟(1)，谨而信，泛爱众(2)而亲仁(3)。行有余力，则以学文。"(《学而》第一・六)

【注释】

(1)弟：同"悌"，友爱兄弟。

(2)泛爱众：博爱众人。泛，广泛、普遍。

(3)亲仁：亲近有仁德的人。

【导读】

本章是强调为学以孝悌等伦理道德实践为先，其次才是学文。

孔门之学的一贯主张是德性与学问并重，《论语・述而》篇"子以四教：文，行，忠，信"，概括了孔子教学的主要内容。"文"是学习先王典籍，"行"是践行礼义，"忠""信"是品德养成，将道德培养与读书学问都囊括进来。在道德与学问二者之间，孔子始终以德性为先，知识的学习为后。孔子教人有先后，首先强调孝悌是行仁的基础，加上做事谨慎，为人诚实，博爱他人，亲近有仁德的人，这些都是在伦理道德方面的努力，以培养道德高尚的有德君子为目标。然后才是在有余力的时候学习诗、书、礼、乐等六艺之文，这些学习相较于道德的养成是第二位的。

道德品格的养成是为人的基础，如果没有这个基础，读再多的书，有再多的学问，也是有瑕疵的。有一句话是这样说的："如果你的技术能力不强，你是个废物，这无所谓；如果你的身体不好，你是一个次品，这也无所谓；但是如果你的思想不好，你就是一个危险品。"尽管措辞有些严厉，但是却深刻地道出了思想品德、人格养成的重要性。有才而无德，对他人、对社会都是一件危险的事情。因此虽然教育的目标是培养德才兼备的人，但道德教育要始终放在首位。

（四）

子曰："君子博学于文，约之以礼，亦可以弗畔[(1)]矣夫！"（《雍也》第六·二五）

【注释】

(1)弗畔：不违背。畔，通"叛"。

【导读】

本章强调博文与约礼的配合及其功用。

博文是要广博地学习以往的典籍、制度，汲取文化经验，只有具备较为完备的背景性知识，才能作出合理而正确的判断。礼的核心精神是"仁义"，礼是"仁义"的外化，约礼则是用礼来规范和制约，使之不违背正道。不违背正道，在社会上站稳脚跟，与社会的规则、文化相融，利用自己所学在社会上发光发热，人才会找到自己的生命价值和意义所在，从而安顿自己的身心性命。

那么，如何才能不违背正道呢？充实自己，了解和适应社会是必要的内容。博学于文就是从充实自己的角度说的，广泛地阅读和学习诗书礼乐、典章制度、著作义理，汲取以往的社会和文化知识、经验与智慧。博学才有融会贯通的基础，融会贯通才能知晓真义，知晓真义才能激发出自我的力量。同时将自己所学躬行于实践，使个人、家庭、社会范围内的事情都符合礼的规范，这样也就不会违背正道了。

这里的“约”与“博”是相对的。博学是必要的，约礼也是必要的。博学是尽可能地扩充自己，约礼则是将所学进行归约。首先是归约于自身，将广博的知识与自身建立起联结，这是一种融会贯通，也是一种“一以贯之”，实际上是以自我为核心，建立起自身对于世界与社会的理解。其次是归约于实践，使所学、所思见于行事，在现实生活中接受检验。博学是学问，是知，约礼是实践，是行。如果能博约并进，知行合一，文礼兼修，自然就不会违背正道。

【思考与讨论】

1. 孔子之学包含哪些内容？
2. 孔子之学最重要的部分是什么？
3. “博文”与“约礼”是什么关系？

（五）

子曰：“赐(1)也，女以予为多学而识(2)之者与？”对曰：“然，非与？”曰：“非也，予一以贯之(3)。”（《卫灵公》第十五·二）

【注释】

(1)赐：端木赐，字子贡，孔子弟子。

(2)识(zhì)：记住。

(3)一以贯之：以“一”来贯通。

【导读】

本章孔子自述其学是一以贯之。

“多学而识之者”大概是孔子在当时给人留下的深刻印象，这一点他的弟子子贡非常肯定，并且很佩服孔子的博学与多闻强记。在一般人眼里，多闻强记是一种并不普通的能力，其中除了自身才质如极佳的记忆力之外，还需要持续的好学精神与非凡的思维能力来支撑。因此，仅从个人能力来看，孔子也是一位佼佼者。然而孔子并不认为多学强记是自己的特殊之处，自己并非“多学而识之”，而是“一以贯之”。

什么是“一以贯之”呢？“一以贯之”就是用“一”来贯通所有知识、所有事情，把握万事万物中最高的原则——道，以一统万。道的内涵无比丰富，却是一以贯之的。仅仅是多学强记能让孔子超拔于众人，成为万世师表吗？显然不能。孔子的独特之处在于他对道一以贯之的认识，并且将其运用于实践。这并非只要聪明、记性好就可以做到，把握“道”并一以贯之比“多学而识之”要困难得多。

在孔子这里，“道”的具体内涵是什么呢？是“仁”。“仁”是把握“道”并能一以贯之的核心。而“仁”是什么呢？仁的内容是“忠恕”。朱熹说“尽己之谓忠，推己之谓恕”，“忠”是尽自己的能力，“恕”是推己及人。《论语·里仁》中孔子告诉曾参“参乎！吾道一以贯之”，曾子对道的理解就是“忠恕而已矣”。《论语·卫灵公》中，孔子回答子贡“有一言而可以终身行之者乎？”，指出：“其恕乎！己所不欲，勿施于人。”由此可见，这些章节都是可以贯通起来的，仁道是至高之德，不易理解，所以求之于忠恕。忠恕之道是人人都可在当下尽力为之的，尽己之忠信，由己及人，己所不欲而勿施于人，能贯彻这些于平日所学所行，胜过“多学而识之”太多，更是成就自身之人格的必由之路。

至于如何一以贯之，以及“忠恕之道”如何与博闻多学贯通，对此的回答是如上文所说的“博学于文，约之以礼”，将所学、所思归约到自身的人格成长，归约到实践的圆融合礼、无所滞碍，而这一切都要以为学者自身的自觉省察为基础。

（六）

子夏曰："博学而笃志[(1)]，切问而近思[(2)]，仁在其中矣。"(《子张》第十九·六)

【注释】

(1)笃志：志向诚笃而坚定。

(2)切问而近思：急切地发问，从切近的问题思考。

【导读】

本章说明博学、笃志、切问、近思是成就仁德的方法。

"博学"是广博地学习古代经典、制度与文化；"笃志"就是志向诚恳而坚定；"切问"是急切地、恳切地对自己有疑惑的地方发问；"近思"就是从切近处，也就是自己身边的事情出发，反身思考力所能及的事情。博学、笃志、切问、近思包含学问思辨在内，囊括了学的主要内容，这四者之间也是紧密配合、缺一不可的。苏辙曾经指出："博学而志不笃，则大而无成；泛问而远思，则劳而无功。"博学而不笃志，没有一个统一的志向来指引学习的方向，可能沦为大而无成；不仅如此，没有笃切的志向，则不能持之以恒，容易因为外在压力或挫折半途而废。博学而不切问，不经拣择而盲目地接受书里或他人的观点，不能形成独立的思考和辨别力，最终也会因为知识的繁复纷纭而不知所措；博学而不近思，就不能将所学用于自身、切于事理，泛问远思，最终将白费心力，劳而无功。而空有一腔志向，不努力学习，不切近地思考与发问，言行不符，也不会有真正的成长。因此，博学、笃志、切问、近思，四者要齐行而并进，不可有所偏废。这四者与孔子所说的学思并重也有继承的关系。

为什么能够博学、笃志、切问、近思，就是"仁在其中"呢？这大概是由于从这四者做起，日新其德，操存不已，始终不违背正道，自然也就离仁不远了。“仁”是一种全德，当学、问、思、辨、行具体各个方面都能奉行如一，这种全德自然就能彰显出来。己立而立人，己达而达人，自己成长了，再推扩出去做有利于他人的事情，就事半功倍了。

（七）

子曰：“君子食无求饱，居无求安，敏于事而慎于言，就有道而正焉[(1)]，可谓好学也已。”（《学而》第一·十四）

【注释】

（1）就有道而正焉：亲近有道之人，改正自己的不足。

【导读】

本章是强调一心向道、改正己过就是好学。

什么是好学？好学只是专注于学问，精益求精吗？这显然是不够的，专注于学问只是学之一偏。不以饮食饱足、居处安适为目的，聪敏地做事，谨慎地说话，亲近有德之人，不断地改正自己的不足，这也是好学，而且比学问的讲求更加重要。学习的首要内容是做人，是人格和德性的养成。因此在日常生活中锤炼品性、日新其德，好学莫过于此了。

子夏曾经说：“贤贤易色；事父母，能竭其力；事君，能致其身；与朋友交，言而有信。虽曰未学，吾必谓之学矣。”（《论语·学而》）意思是：一个人能见贤改色，侍奉父母竭尽其力，事君能奉身尽职，交朋友能有诚信，这样的人即使他说自己没有积极向学，我必定说他已经有学问了。可见儒门向来将德行放在首位，轻易将德行与学问割裂是十分寡陋的做法。

孔子这段话非常平易，但就是这样的平易，无论在过去还是今天都显得弥足珍贵。一般人都以为道是极为高明的，要获得一定的成就，达到一定的地位才可以追求高远的道，因此不断地给自己施压，期待自身有超卓他人的才能与表现，却忽视了生活中处处都是道，处处都是学问。只要以一颗求道之心，虚心向学，从日常的生活做起，从身边的小事做起，必定能日进不已。

（八）

子夏曰："日知其所亡(1)，月无忘其所能，可谓好学也已矣。"（《子张》第十九·五）

【注释】

(1)亡：无。

【导读】

本章指出好学的境界是持守自己所学到的有益的东西，并且越发知道自己的不足。

真正的好学不是为了获得外在的目标、荣誉而学习，比如为了拿到一个学位、完成一个项目而充实、提升自我，或者为了收获别人的称赞与嘉奖而努力钻研、完成工作。如果是为了这些外在的目的，在完成任务、满足自己的虚荣心之后，就会将学习抛在一边。因为这些外在的目的不会给予一个人真正的求知动力，也很难让人真正感受到学习的魅力和乐趣，因此也就不可能真正地爱上学习了。

真正好学的人对知识、智慧充满好奇，即使不为了什么目的，甚至没有任何回报，也愿意去学习。因为，对他来说，从学习中获得的乐趣就是最大的回报。也因此，真正好学的人，可以在任何环境下自动自发地学习，在任何一个他不知道的方面，他都保持着旺盛的求知欲。这也与他对自己始终保持一种自知有关，这种自知就是知道自己的无知，知道自己的局限。苏格拉底最大的智慧，就是知道自己的无知。能够得出这种认知的人，往往是真正具有智慧的人，他拥有非常多的知识，但是他也深知：对于知识的海洋、智慧的宇宙来说，他所知道的不过沧海一粟，因此他始终保持一种对真知的谦虚。

除了保持对真知的追求，还要做到学而勿忘，持守不失。如果学习了一种新知，过不多久就忘了，或者不去实践，这和没有学习又有多大差别呢？也许有些人会有不同意见：对于那些信息类的知识，在今天这个时代用现代的技术工具检索获得就非常方便，为什么还要花力气去牢记呢？对于这个问题可以这么回答：所学一定要成为我的，为我所用，才是真正的学习的完成，否则只不过是走马观花。电脑、网络等工具可以帮我们检索、记录，但是不会帮我们思考。解决一个问题，需要的不仅仅是知识与信息，而是综合运用知识与信息分析与判断的能力。而那些与个体、与生活相关的智慧，则更是需要加以运用和实践，才能获得意义的拓展。如果没有这一层深化、内化，所谓的学习都不过是学习过罢了，没有留下任何痕迹。因此，“月无忘其所能”应该在学而勿忘、持守不失、日修不已这层意义上来理解。

（九）

子曰：“由也，女闻六言六蔽(1)矣乎？”对曰：“未也。”“居(2)，吾语女。好仁不好学，其蔽也愚；好知不好学，其蔽也荡(3)；好信不好学，其蔽也贼(4)；好直不好学，其蔽也绞(5)；好勇不好学，其蔽也乱；好刚不好学，其蔽也狂(6)。”（《阳货》第十七·八）

【注释】

(1)六言六蔽：六言是指仁、知、信、直、勇、刚六种德性。六弊是指愚、荡、贼、绞、乱、狂六种障蔽。

(2)居：坐。

(3)荡：恣纵，放荡不羁。

(4)贼：伤害。

(5)绞(jiǎo)：急切。

(6)狂：轻率激进。

【导读】

本章通过六言六弊来阐述“学”的重要性。

本章孔子直接问“六言六弊”，不知是当时的流行用语，还是孔子的独特用语，不管怎样，我们可以看到仁、知、信、直、勇、刚这六种德性在当时是颇受大众肯定的。在此基础上，孔子指出如果没有学问辅助支持，这六种德性将会走向一偏，反而成为一种障蔽。

为什么“学”可以帮助我们避免这六种德性走向六种障蔽呢？因为“学”通古今，帮助我们从经典、历史和典章制度中积累经验智慧，明辨是非，同时也帮助我们与他人积极沟通，合乎社会规范，最终成事。相反，“仁”而不好学，则空有一腔爱心或者徒讲仁义之名，却不能洞悉人情，反而被假仁假义之徒蒙骗，这就是“愚”。“知”而不好学，则自以为高，傲慢骄纵，恣纵放荡，既不尊重他人，也不礼贤下士，这就是“荡”，这样的人最终也得不到他人的尊重，难于成事。“信”而不好学的人，或者徒守信义而不知变通，自身受到伤害，如尾生抱柱之事；或者只为守信而为之，不明辨是非道义，最终容易造成无意识的集体作恶，这就是“贼”。“直”而不好学的人，凡事以正直之名，不问事情缘由，不考虑具体情况，急切地苛责于人，这样的人所犯的弊病就是“绞”，不通情理，自然也得不到他人的肯定和信赖。“勇”而不好学的人，容易冲动行事，最终容易造成祸乱，这样的人所犯的弊病就是“乱”。“刚”而不好学的人，一味奋发担当，容易犯的弊病就是“狂”，轻率激进。

仁、知、信、直、勇、刚这六种德性在人而言，是应当遵奉的，但是如果不好学以增益其心，也会走向其反面。所谓“学则不固”是非常有洞见的，即使是好的德性也不可偏执，偏则蔽，蔽则不明。要想求得其备，需要取其中道，不陷极端，方得其正。而这种中正的获得，需要通过不断的学习与实践来增进对美德的理解，不断打破对某一德性的固守，从而在现实生活真正实现从心所欲而不逾矩。

（十）

子曰："知之者，不如好之者；好之者，不如乐之者。"(《雍也》第六·十八)

【导读】

本章言学，亦言道。知道它，不如喜好它；不喜好，那么志向就不会诚笃而坚定。喜好它，又不如从心里为它而悦乐；不从心里感到悦乐，就没有真实的收获；没有真实收获的快乐，也就不会喜好得深沉而久远。这三个层次有所不同，只有细细品味其中的差别，才能真正有所得。

知道仅仅是心知其意，是知识层面的理解。喜好则是情感上的偏向，会自然产生学习与行动的动力，但是情感的驱动不是恒定的，要有持之以恒的动力，须得真正有所得，有所乐。悦乐是融理性、感性与审美于一体的感受，是一种高层次的学的状态，也是一种人人希望达到的理想状态。

（十一）

子曰："学而不思则罔(1)，思而不学则殆(2)。"(《为政》第二·十五)

【注释】

(1)罔：迷惘。

(2)殆：危殆。

【导读】

本章主旨是学思并重。

思与学同等重要。思考的好处在于明辨、贯通，如果只是盲目地吸收、灌输，而丝毫不反思其中的真正含义，明辨彼此之间的不同关联，贯通复杂多样的变化，又怎么能成就独立思考的人格？学而不思，终究不过长成个不知世事的糊涂书呆罢了。这些人只会死记硬背，不去理解知识与信息背后的逻辑与方法，最终不能活学活用。现在的知识付费就是典型例子。不少人买了非常多的知识课程，每天拼命努力地吸收知识，但是却并没有真正的才干上的增长，反而产生了更多的焦虑。这是为什么呢？最重要的原因还是在于没有根据自己的实际情况，对碎片化的知识深入思考辨析，整合成为一套为我所用的体系，更不用说触类旁通或者举一反三了。在众说纷纭中反而失去了判断力，变得无所适从，这就是学而不思的坏处。

而学的好处则是显而易见的，能增长见闻，扩大经验，广泛摄取他人智慧，打破自身局限。孔子曾经说“学则不固”(《论语·学而》)，就是指出“学”能帮助人破除固陋的识见，走出自己的舒适区迈步向前。孔子还说过：“吾尝终日不食，终夜不寝，以思，无益，不如学也。”没有扎实的学识作基础，思考往往流于浅薄，或者漫无天际、毫无头绪，没有一点益处，最终变成浪费时间的胡思乱想。作家杨绛曾经在对一个青年的回信中写道“你的问题主要在于读书不多而想得太多”，这句话其实适用于很多人。有些人自认为很有见地而沾沾自喜，实际上他的想法，前人早已说过而且有更深入的剖析；有些人把精力耗费在胡思乱想上，却完全不去寻找答案，或者脑子里已经有了成千上万种可能却迟迟不付诸现实的行动，迈不出那第一步，这种情况下，脑子里的思绪反而成了他的累赘。

此外，想得太多的人容易焦虑，也会牵制原本的计划，甚至使人错失良机。因此这样的“思而不学”是很危险的，它不仅耗费人的时间、精力，催生许多负面的情绪，让人停滞不前，而且在盲目莽撞地用于实践时，也容易错误百出。所以说如果百思不得其解，“不如学也”，放下心中的思虑，放下骄傲的身段，不一定是找书本学习，向他人学习，向生活学习，都是会让人受益良多的。

西方著名学者以赛亚·柏林曾经用刺猬和狐狸来比喻两种不同类型的学者。刺猬型的学者有着极强的洞察力，往往能一针见血，在纷繁的现象中洞穿本质，并且融会贯通成自己的知识。狐狸型的学者则像是一部大百科全书，对世间万态有敏锐的体察，学识涵养足以让接触过他的人汗颜。前者是善于“思”的楷模，后者则是善于“学”的典范，将二者结合起来就是学思并重的极致代表。有志于道者，当以此自期。总之，孔子这句话虽然大家已经非常熟悉，但还是值得一再强调的。

（十二）

子曰：“见贤思齐(1)焉，见不贤而内自省(2)也”。(《里仁》第四·十七)

【注释】

(1)见贤思齐：看到贤德之人就想做到和他一样。

(2)内自省：内心自我反省。

【导读】

本章孔子强调要效法贤德之人以及善于自我反省。

孔子之学不单纯是知识、技能的获取，也是道德之学、生命之学。因此，学的一个重要的方面就是培养德性，提升道德水准与人格素养，方法就是不断地效法贤德之人以及善于省察。看到品德高尚、贤能谦让的人，就思考如何能像他一样；看到不贤德的人，则要及时省察自身，看自己是否也存在这样的缺点，或者是否犯过同样的错误。这是从正反两个方面督促自己择善而从，有过则改，与孔子所说“三人行，必有我师焉，择其善者而从之，其不善者而改之”(《论语·述而》)表达了同一意义。三人同行，我在其中，其他两人的言语行为对于我来说是良好的参照，对于好的，就学习并且跟从，对于不好的，探究不好的原因并且自己改正。

《中庸》说“道不远人”，日用常行之中，都有道德规范和价值判断，能够随时观察发现并且反思自己，就是善学。效法他人的长处，学习他人的经验，能够帮助自己少走弯路，迅速提升自己，而见不善而内自省，则可以避免犯错，有错即改。

孔子非常重视改过，他说“过则勿惮改”(《论语·学而》)，毕竟人无完人，大家都是一步一步成长起来的，在这个过程中难免犯错。犯错并不可耻，可耻的是知错而不改，“知错而不改，是谓过矣”(《论语·卫灵公篇》)。不反省过错进而改正自己的过失，不仅会重复犯错，使之变成一种习性，而且会减损已经积累的德性与成就，要改也不容易了。

孔子曾经指出，从一个人对待错误的方式可以看出他的品性。所谓“人之过也，各于其党，观过，斯知仁矣”(《论语·述而》)，每个人对待错误的方式不同，从他对待自己错误的方式，就可以给他打出“仁”的分数。比如子路“闻过则喜”，曾子“日三省吾身”，颜渊“不贰过”，他们的分数都很高。君子对于自己所犯的过错坦然视之，勇于承担，则他改过之后，依然能得到他人的信任。心地光明、坦荡的人不担心犯错，也不害怕让人看见犯错，更不羞于改错，而是将改过当作提升自己的契机，激励自身加强修养，这才是真正的君子。而“小人之过也必文”(《论语·子张》)，小人害怕暴露自己的缺点和错失，喜欢文过饰非、抵赖闪躲，甚至嫁祸他人，最终引起他人的鄙视也就不足为奇了。

不论“见贤思齐”还是“见不贤而内自省”，都要有一个前提，即对自己的关注，以及自我觉知和省察的能力。如果没有这种关注和能力，是不可能时刻要求自己的。缺少自我反省的能力，也就缺乏自我纠错的契机和自我提升的动力。孔子感叹说“已矣乎！吾未见能见其过而内自讼者也”(《论语·述而》)，实际上就是对现实生活中能时常反省自身的人太少而感到失望。当然，凡事要讲求中庸，自我反省也要有个限度，就事论事，量体裁衣，不能不论是非将过错完全揽在自己身上，这不仅不公平，也会加重自身的负担，最终造成对自我人格的挤压和扭曲，这就得不偿失了。要将反省的事情与反省自身区别开来，因为一件错误的事情而否定一个人的价值，则是犯了以偏概全的错误。

（十三）

子曰：“诵诗三百[(1)]，授之以政，不达；使于四方，不能专对[(2)]；虽多，亦奚以为[(3)]？”(《子路》第十三·五)

【注释】

(1)诗三百：指代《诗经》，《诗经》有三百零五篇，取其整数而名之。

(2)专对：单独做主应对。

(3)亦奚以为：又有何用。

【导读】

本章强调学以致用。

学诗便要有诗之用，如果不能用，即使学得很多，也没有意义。《诗经》所记载的有兴、观、群、怨，事父事君、鸟兽草木之名等丰富的内容，也有一地之民俗土风，学习《诗经》可以帮助人们察见风俗民情的盛衰，考察政治的得失，为治理政事提供历史借鉴。此外，学习《诗经》也是提升个体语言表达能力和交流沟通能力的重要手段，起到语言交流、礼节沟通的作用。《诗经》是春秋时期非常重要的交流沟通工具，人们在朝会、盟誓、宴享时利用“赋诗言志”谈政治、办外交、通款曲、观志向。学诗的一部分目的便是在于交流沟通、互致尊重之意，尤其在政治、社会交往当中，诗体现的是一种重要的礼节。“赋诗言志”代表着古人的身份、教养、知识、能力、智慧、风采，善于通过赋诗沟通礼节的人会得到大家的尊重，反之则会被耻笑，甚至会给自己和国家带来灾难。因此，一个学习过《诗经》的人，授他以政事，他却不能通达；派他出使四方之国，他也不能单独做主应对，这样的人虽然说学过《诗经》，但和其他没有学的人没有什么不同。由此可见，孔子并非不强调功用，功用是检验学习成教的重要方法，只不过孔子不把功用摆在第一位罢了。

【思考与讨论】

1. 《论语》为什么以“学而时习之”开篇？
2. 在孔子这里，学习的目标是什么？
3. 孔门之学的主要内容是什么？什么是最应该学习的？
4. 孔子重视知识吗？知识与道德的关系是什么？
5. 你认为学习是快乐的还是艰苦的？什么是最佳的学习境界？

三、孝

孔子非常重视孝道，“孝”是做人的根本，孝道有慎终追远、移风易俗的重要意义。我们选取孔子及其弟子对“孝”的不同论述，揭示“孝”的本质与内涵。

（一）

有子(1)曰：“其为人也孝弟(2)，而好犯上者，鲜(3)矣！不好犯上，而好作乱者，未之有也(4)。君子务(5)本，本立而道生。孝弟也者，其为仁之本与！”(《学而》第一·二)

【注释】

(1)有子：姓有，名若，孔子弟子。

(2)弟(tì)：同“悌”，友爱兄弟。

(3)鲜：少。

(4)未之有也：没有这样的事。

(5)务：专心，致力于。

【导读】

本章阐述孝悌是为仁的根本。

仁道宽广深邃，没有止境，想要面面俱到，反而会有种无所适从之感，不如从日用人伦之中体会、实践仁道，从身边较为浅近处着手比较容易把握，所以有子指点弟子从孝敬父母、友爱兄弟做起，专心致力于最基本的工作，根本树立了，实践“仁”的途径也就从此打通了。家庭是社会的缩影，如果家庭内部不能和谐共处，那么何以协同社会、安定国家？从孝敬父母、友爱兄弟开始存养仁心，日常侍奉父母孝顺敬谨，兄弟相处和乐同心，言行举止合乎礼节，社会事务上也自然循规蹈矩，不会有违反法令的举动，当然也就更不会有犯上作乱的可能了。因此，孝悌不仅是做人的基本道德，也是家庭和谐、社会稳定的基础。由己及人，这才符合“仁道”，所以说孝悌是为“仁”的根本。

（二）

曾子曰：“慎终(1)追远(2)，民德归厚矣。”(《学而》第一·九)

【注释】

(1)慎终：慎重地举行丧礼。

(2)追远：祭祀时追怀先辈。

【导读】

本章强调丧祭礼仪在移风易俗上的功用。

孔子和儒家不重视鬼神，但是对丧祭之礼十分看重。丧祭之礼是内心孝亲情感的寄托和表现。慎终追远则指的是慎重对待丧礼、祭礼，在丧祭礼仪中尽其哀与诚。《礼记·祭义》指出家族祭礼的本质和内容是“君子反古复始，不忘其所由生也。是以致其敬，发其情，竭力从事以报其亲，不敢弗尽也”。因此，孝道不仅包含对血亲的孝顺敬养，同时也包含对一脉相承之祖先的追思缅怀，其中所蕴含的感恩与回报之心是一致的。慎终追远也是孝道的内容，父子血亲的慈爱与感恩、回报的情感，通过代际的传递持续影响至父代身后，并体现在立敬、主诚的丧葬祭祀之礼中，“敬其所尊，爱其所亲，事死如事生，事亡如事存，存之至也”(《中庸》)。这样通过亲代之间、祖先与子孙之间的生命情感相互感通，结合丧葬祭祀之礼发挥慎终追远的深层意义，进一步塑造和巩固生命根源意识，最终发挥凝聚宗族、确保家族稳定与延续的作用。如果家家都能如此，那么一地之风俗人情一定会逐渐发生变化，民风淳朴而人情浓，一国之中则人民朴实而淳厚。这样通过丧祭之礼潜移默化地培养人们的道德情感，实现家族和社会的凝聚，这就是慎终追远的政治和社会现实意义。

现代社会在礼仪风俗方面虽然发生了许多变化，但是基于自然性的血缘关系永远无法解除，而由此生发的原初情感也无可替代，在慈孝情感的长期影响与强烈的生命情怀、生命根源意识的感召下，传统中国的文化认同与社会心理，依然可以成为现代中国礼乐文化奠立与运行的潜隐机制与内在逻辑。这一机制与逻辑在现代社会以根亲文化、同乡文化等不同方式发挥建立认同、凝聚社会的作用，意义不可谓不大。

（三）

子游[1]问孝，子曰："今之孝者，是谓能养[2]。至于犬马，皆能有养。不敬，何以别乎？"（《为政》第二·七）

【注释】

(1)子游：姓言名偃，字子游，吴人，孔子晚年弟子。

(2)能养：能供养父母。

【导读】

本章孔子强调孝道最重要的是敬养。

孔子论孝，最重要的是在衣食富足之余对父母恭敬，这叫作"敬养"。犬、马之类的动物都能照顾自己的父母，如果没有发自内心的尊敬，人类和动物在照管父母方面又有什么区别呢？有些人认识不到这一点，以为满足父母一些物质上的需求，就是尽到了孝道，生活之中对父母不闻不问，甚至呼来喝去，完全没有感恩和关爱之心，这能算是"孝"吗？显然是不能的。更不用提那些完全不养父母的人了，是丧失了为人基本的道德和人性。所以孝敬父母，不但要养口体，满足父母在物质生活上的需求，更要在精神上尊重父母，体贴父母的意愿，这才是真正的实践孝道。

当今时代发展迅速，科技进步等因素导致观念和生活方式发生剧烈变动。在我们逐渐成人的时候，父母慢慢老去，父母不但对新时代的科技手段不甚熟悉，也难以理解年轻人的生活方式，甚至会产生一些意见上的分歧和情感上的隔膜。这时候我们应该耐心对待父母的这些变化，尤其不能对父母的一些旧的观念和行为模式嗤之以鼻，而应该始终保持对父母的恭敬之心，与父母积极沟通，帮助他们适应新科技、新生活。想想我们年幼时，父母是如何不厌其烦地包容我们的无知、任性，尽心尽力地抚育我们成长，我们为什么不能在他们年老时心存一份敬意，多尽一些子女的义务呢？

（四）

子夏问孝，子曰："色难。[(1)] 有事，弟子服其劳[(2)]。有酒食，先生馔[(3)]；曾是[(4)]以为孝乎？"（《为政》第二·八）

【注释】

（1）色难：和颜悦色是相当难的。一种观点认为，让亲人有愉悦的脸色比较难。此处取前说。

（2）弟子服其劳：后辈（为长辈）效劳。

（3）馔（zhuàn）：饮食。

（4）曾是：就算是。

【导读】

本章孔子强调孝养父母要"色"养，即和颜悦色对待父母。

子女对父母的依恋和关心应该是发自内心的，因此在与父母相处时自然会在脸上呈现出一种和悦之气，使父母身心愉悦，这就是"色养"。

色养比较容易让人忽略，同时在现实生活中也难以实现。这其中有许多因素。比如人步入老年，性情会发生变化，会滋生很多不良情绪、情感，除了易怒、多变外，还容易郁闷、悲哀、忧愁。面对父母这样的情况，子女在照顾父母时短期内保持不厌烦的情绪比较容易，但要一直保持不发脾气、不急躁、不抱怨，以好的情绪对待父母，怕是不容易。此外，人的衰老是一个长期的过程，对父母长期和颜悦色也是困难的。在父母健康的时期比较容易做到，但在父母步入暮年期、老年生病期和临终期，每个时期都要让父母幸福快乐，就比较难了。“色难”既反映出长期的孝道实践对人的考验，也从反面论证我们无论怎么强调孝道的重要性也是不过分的。因为在现实生活中人们能一以贯之地做到这些，绝非易事。

要始终以恭敬之心来对待父母，奉养父母时一定要想方设法让其快乐，在父母生病时要用心去服侍，父母去世时要怀哀痛之情，祭祀父母时要严遵礼法。这是奉行孝道必须遵守的内容。给予父母真挚的情感关怀和周到的物质生活，对父母来说是莫大的安慰，对于个人来说则是考验自己的孝敬之心，锤炼自身的修养和意志的举动。真正的孝是发自内心的对父母的挂念和尊重，只有从心出发，才能做到“色养”。

（五）

子曰：“父在，观其志；父没(1)，观其行；三年无改于父之道，可谓孝矣。”(《学而》第一·十一)

【注释】

(1)没：通“殁”(mò)，死。

【导读】

本章阐述孝道的原则是尊敬父母，不改父母之道。

父母在世的时候，不得自专而须以父母的意见为主，我们可以从其个人志向观其孝心；父母不在世的时候，则要看他的行为，如果三年不改父母所行之事，不违背父母所遵守的原则，就是孝。这段话有特殊的语境：一是古代子为父守孝三年，以报“三春晖”，父母去世，其道不断然更改，这是对父母的尊重；二是这段话可能特指为政，在政事上不改父辈所定之政，这固然是由于保持善政在政策上的延续性，有利于民生。如曾子曾说“吾闻诸夫子：孟庄子之孝也，其他可能也；其不改父之臣，与父之政，是难能也”(《论语·子张》)，可见不改父之臣与父之政，也是尽孝的一种体现。当然，前提是我们必须要确认所继之政是善政。

这段话对于今天的人来说，同样具有意义。对父母的尊重，要体现在真正理解父母的用心，传承父母的志向与精神，并且在行动中处处有体现，如果光说不做，就不是真正地尽孝道。即使与父母的意见有不同，也应取得父母的理解，而不是一意孤行，甚至与父母产生冲突。而祖先父辈的价值精神与优秀传统的传承，是家族能延续久远的根本原因，没有内在的价值精神的延续，就不能凝聚起家族之魂与心。

(六)

孟懿子(1)问孝，子曰：“无违(2)。”樊迟(3)御(4)，子告之曰：“孟孙问孝于我，我对曰：‘无违。’”樊迟曰：“何谓也?”子曰：“生，事之以礼。死，葬之以礼，祭之以礼。”(《为政》第二·五)

【注释】

(1)孟懿子：姓孟孙，名何忌，谥懿，孟僖子的儿子，鲁国大夫。

(2)无违：不违背礼。

(3)樊迟：名须，孔子弟子。

(4)御：驾车。

【导读】

本章孔子指出奉行孝道的重要标准是不违背礼。

在其他章中孔子指出行孝道最重要的是敬，是内心尊敬父母，在平日起居住行上关心父母，使父母感到身心舒畅，而本章则又指出不论生、死都要遵行礼的规范来行孝道。这是何意呢？这里我们首先要看到孟懿子的身份。春秋时期的鲁国仲孙氏、叔孙氏与季氏三个大夫之家主政，经常有僭越鲁国国君之举。孟懿子属于仲孙氏，因此孔子借其问孝之机，紧扣礼制来阐述孝道。其次，礼是外在的规范，礼仪中包含对履行孝道的具体规范，礼仪与尊敬父母、使父母身心舒畅也并不冲突，敬可以说是礼的本质，任何礼仪的履行都要以一心之敬来对待。同时只有遵循礼仪来行孝，才能恰如其分。

那么，怎么遵行礼的要求奉行孝道呢？孔子所说的要点是不逾矩。不论平日侍奉父母，还是父母去世之后的丧礼、祭礼，都要依从当时的制度，不可做出违反礼制、超出规格的事情来，以免陷父母于不义之地。这是古代的礼仪，现代社会是否还要遵行呢？看看当今某些地方盛行的铺张奢侈的丧礼，还是有必要的。不在生前孝敬父母，而是在丧礼形式上大肆铺张，又有什么真正的意义呢？徒招人眼球甚至笑话罢了。

（七）

子曰："事父母几谏(1)。见志不从，又敬不违，劳(2)而不怨。"（《里仁》第四·十八）

【注释】

(1)几(jī)谏：微言劝谏。几，微。

(2)劳：担忧。

【导读】

本章孔子强调在与父母意见不同的时候，要微言劝谏，不可与父母发生冲突。即使父母不接受意见，也要尊重父母的想法，为父母担忧但不抱怨父母的决定。

孝敬父母不是无条件地服从，亲子之间难免有意见不同甚至冲突的时候，过错方可能为父母，这种情况下如何解决？孔子提出的解决方案比较合乎人情。父母犯错，子女应该劝谏父母，不过要注意劝谏的方式和时机。“几”就是“微”的意思，微言劝谏就是劝谏要柔声细语、委婉含蓄，既便于父母接受意见，也不令父母当众难堪。这就要把握时机，可以是隐微之处，也可以是恰当的时候，总之不可直接冲撞和冒犯父母。劝谏时要讲究技巧，从既关涉利害、又能够打动父母的方面出发，考虑父母的立场和出发点，以耐心和情感感化父母，从而避免父母犯错。如果父母能就此接受意见，当然是最理想的结果。但是如果父母不接受，不改变自己的想法，也要体谅父母，毕竟人都难免会有犯错的时候，有时候错误能帮助人更深刻地认识自己。面对父母不纳谏的情况，不是撒手不管，也不是完全顺从，而是继续尊重父母、关心父母，担忧而不埋怨，支持父母的决定并帮助父母积极承担此决定的后果。这才是一个理性成熟、有担当的人应有的态度。

（八）

子曰：“父母在，不远游，游必有方[(1)]。”（《里仁》第四・十九）

【注释】

(1)方：方所。

【导读】

本章孔子强调子女应该体谅父母对我们的挂念之心。

无论儿女多大，长成什么模样，独立坚强还是聪明成熟，父母始终怀着拳拳爱意，关怀、挂念子女。这便是父母对儿女忘我付出奉献、辛勤哺育的慈爱之心。《诗经·小雅·谷风之什·蓼莪》有云："蓼蓼者莪，匪莪伊蒿，哀哀父母，生我劬劳……父兮生我，母兮鞠我，拊我畜我，生我育我，顾我复我，出入腹我。欲报之德，昊天罔极！"这首诗深刻地描述了父母对子女无私忘我的慈爱，以及子女心中饱含的真挚的感恩反哺之情。

子女对父母的感恩施以回报的方式是多样的，"不远游，游必有方"就是一种体现。不远游，并不是完全反对远游，而是说尽量能不远游则不远游，毕竟古代交通不便利，外出风险比较大，出于安全考虑，也要慎重，更何况家中还有需要照顾的父母？此外，即使远游也要有个固定的方所，这样便于联系，也不至于让父母百般牵挂和担心。因此，"不远游，游必有方"是为人子女体谅父母的做法。

当然，现代社会的流动性加强，许多人或者为了谋生，或者为了实现自己的理想和价值，不得不去距离父母较远的地方工作，这是情有可原的。但是考虑到父母对自己的挂念，应该做到有固定的居所，同时在固定下来之后，保持一定频率的联系，这样既能让父母安心，也能随时了解父母的需求和情况，以备不时之需。时代在变，环境在变，但是人与人之间的情感关联却始终难以割舍，人的自觉能动性就在于能根据时代环境的复杂变化做出适时的改善，维护我们彼此珍重的情感。

"不远游"还有另一种极端情况，即子女对父母过度牵挂与过度担忧。曾经在网络上流行一句话叫"不敢死，不远嫁"，许多独生子女家庭中的女孩对此心有戚戚焉。这句话中饱含的对父母的依恋和牵挂足够感人，但是这种过度依恋所导致的独立性的缺乏也令人担忧。不独如此，某些青年男性也持相同想法。这种亲子之间的过度牵绊事实上已经演变成一种对个体独立个性与生命成长的束缚。不同于古代传统社会对个体的束缚多出于父辈对子女辈的强权，这种束缚来自长期家庭生活中形成的伴生关系，以及对独立人格的掩盖。因此，同样一句"不远游"，我们需要辨别其语境，体会其中的差异，作出理性的评判。这才是读经典的正确做法。

（九）

子曰："父母之年，不可不知也。一则以喜，一则以惧。(1)"（《里仁》第四·二十一）

【注释】

(1)一则以喜，一则以惧：一方面(为父母健康)感到喜悦，另一方面(为父母年老)感到忧虑。

【导读】

本章阐述子女对父母的关心要从父母的年岁、健康做起。

曾经有一个电视上的调查访谈引起人们的唏嘘：访谈中的大多数人记得自己孩子的生日，但是记不起父母的年龄，更不用说父母的生日了。为什么会出现这种现象？大概是我们太习惯父母的付出而忘了要回报他们。孔子教人总是从生活中，从我们身边切近的事实出发，提醒我们那些必须要记住的人，以及那些要做的事，见人之未见之处，发人之未发之言，这恰恰是孔子高明伟大的地方。

知道父母的年龄，一方面觉得年复一年父母依然健康而感到喜悦，另一方面也为父母日益衰老而感到忧虑、恐惧，感慨父母能陪伴我们的时光何其之少，这是人之常情。虽然孔子言尽于此，但是其中暗含的意味需要我们细细品味。孔子所代表的儒家精神，绝非自怨自艾，更多的是对生命的热爱和豁达。生命无非是生、老、病、死的自然更替，非人力可以干涉，但也用不着沉浸于自叹自怜之中。人能做的就是享受生活，在有限的生命中尽情地挥洒自己的才能和潜力，尽力完成自己的梦想，成就自己人生，同时珍惜身边美好的人和事，感恩为我们付出过的，回馈为我们尽过心、尽过力的，并把这种精神传递给下一代，也就死而无憾了。我们不应只停留在对时光有限的感慨上，而应该是感谢时光的馈赠。正是因为时间的有限馈赠，我们才能更珍视生命，珍视美好的情感。

（十）

曾子有疾，召门弟子曰："启(1)予足！启予手！《诗》云：'战战兢兢，如临深渊，如履薄冰。'(2)而今而后，吾知免夫(3)！小子(4)！"（《泰伯》第八·三）

【注释】

(1)启：开。

(2)战战兢兢，如临深渊，如履薄冰：怀着戒慎恐惧的心态，就像站在深渊旁边唯恐坠落，又像走在薄冰上，唯恐失足。出自《诗经·小雅·小旻》。战战，战栗恐惧。兢兢，小心谨慎。

(3)免夫：免于毁伤。

(4)小子：对弟子的称呼。

【导读】

本章曾子告诫弟子要爱护身体发肤以尽孝道。

曾子是孔子弟子中最能尽孝道的，他主张的"身体发肤受之父母，不敢毁伤"也被后世奉为孝道的基本内容。本章描述曾子病重时仍嘱咐弟子检视手足，以身体完好不负父母之殷切关心而大感安慰，实际上就是对上述主张的贯彻。

这一点可以从两方面来理解。首先子女的生命是父母生命的延续，形体的保存是对父母生命与宗族血脉的尊重。其次则是对父母爱重子女之心的体谅和感恩，对自身生命与形体的珍视，也是对父母的情感的回馈。现代社会的人们或许难以理解曾子这种战战兢兢的心情，但是对其中包含的尊重与感恩父母之情应该心有戚戚焉。因此，那些不爱惜自身生命的人，无论是逞血气之勇将自身置于危险的境地，还是自残、自杀的行为，不仅是自暴自弃，更是违反了基本的人性。置父母至亲的拳拳关爱于不顾而肆意对待自己的生命，其心肠何等冷漠！

（十一）

叶公(1)语孔子曰："吾党有直躬(2)者，其父攘(3)羊，而子证之。"孔子曰："吾党之直者异于是(4)。父为子隐，子为父隐，直在其中矣。"(《子路》第十三·十八)

【注释】

(1)叶公：名子高，春秋时楚臣，担任叶县(今河南叶县)令尹。

(2)直躬：躬行正直之道。直，正直。

(3)攘：窃取。

(4)异于是：不同于此。

【导读】

本章重点阐述"父子相隐"的正当性。

父亲犯了盗窃的罪行，子女是为维护法律正义出面检举，还是为保全父子之义而为之隐瞒？这是一个两难的选择。在常人看来，法律正义高过一切，为父亲隐瞒罪证就损害了他人的利益。但是在孔子看来，父子亲情不能被破坏，一旦破坏则伤害了人伦的根基，这是儒家伦理体系与社会关系的基础，因此真正合乎人情的做法是"父子相隐"。"直"与"隐"表面上是正义与人情的相对，在宋明理学的解释中，"父子相隐"在儒家伦理道德体系中并不意味着走向正义的背面，相反，是一种调和正义与亲情的最优化的解决方式。因为保全父子天伦亲情就是最大的正义，是维护社会稳定、价值伦常秩序安立的基础，用朱熹的话说，就是“父子相隐，天理人情之至也，故不求为直，而直在其中矣”。

父子相隐又被称作“亲亲相隐”，其中隐含的深意，历来为学者所关注。在直躬证父这一举动中，子扮演的角色是国民的角色，而泯灭了为人“子”的角色，父子亲情被政治秩序扼杀的后果，是反道德、反社会正义的社会。因此，古代传统社会为了维护宗法伦理和家族制度，对“父子相隐”持肯定态度。在汉代，汉宣帝诏令“子首匿父母，妻匿夫，孙匿大父母，皆勿坐”，《春秋公羊传》与《白虎通》中确定了“父子相隐”，并将父子相隐扩展到兄弟、夫妻、朋友之间的相隐；三国、两晋、南北朝时期，亲亲相隐这一原则得到进一步确认。唐代则制度化为刑律中的“同居相为容隐”，“同居”指的是同财共居之家，从父母、夫妻、兄弟扩展到一切同居之亲人，以后各朝的规定大体延续唐律。其中的具体规定有：亲属有罪相隐，不论罪或减刑；控告应相隐的亲属，要处刑。需要注意的是，有两类罪不适用亲亲相隐原则，一类是谋反、谋大逆、谋叛及其他某些重罪，另一类是官员的亲属犯罪侵害了民众的利益，官员应自觉执法。可见亲亲相隐也不是绝对的，还是要视具体情况而定。

亲亲相隐这一制度在现代走向终结，现代法治社会要求人们不论亲疏，不论罪责大小，都要检举揭发，否则将使公安司法机关侦破案件的难度增加，尤其是贪污犯罪或经济犯罪，将会面临非常大的阻力。但是，亲亲相隐在尊重个人权利和维护社会关系的稳定，以及防止司法专横而伤害人们的感情等方面是具有现实意义的。目前许多法学界人士已经在为容隐权纳入现代法律而努力。

（十二）

宰我(1)问：“三年之丧，期已久矣(2)。君子三年不为礼，礼必坏(3)；三年不为乐，乐必崩(4)。旧谷既没，新谷既升，钻燧改火(5)，期可已矣。”子曰：“食夫稻，衣夫锦，于女安乎[6]？”曰：“安。”“女安则为之！夫君子之居丧，食旨不甘，闻乐不乐，居处不安，故不为也。今女安，则为之！”宰我出。子曰：“予之不仁也！子生三年，然后免于父母之怀[7]。夫三年之丧，天下之通丧也。予也有三年之爱于其父母乎？”(《阳货》第十七·二十一)

【注释】

(1)宰我：字子我，孔子弟子，小孔子二十九岁，能言善辩。

(2)期(jī)：一年。

(3)坏：毁坏。

(4)崩：崩坏。

(5)改火：古代钻木取火，四季换用不同木材，称为“改火”，又称改木，亦用以比喻时节改易。

(6)于女安乎：于你心安吗？女同“汝”。

(7)免于父母之怀：可以离开父母的怀抱。

【导读】

本章从三年之丧的礼制出发，讨论丧礼的实质。

三年之丧在当时是天下通行的制度，宰我出于现实功利的考虑，认为改为一年就可以了，这样既能表达对父母的追思感恩，又能不耽误国家和个人的实际事务。孔子则认为，丧礼是发乎人心的，三年丧礼是对父母抚育子女三年才离开自己的怀抱的感念，所以三年之丧不可废。

孔子讲究丧礼并没有去追溯道德上的根据或者大的道理，而是归结到个人的“心安”。因为孝道的履行落到个人身上，其衡量的标准就在于心安与否。尽管个人可以找到不同的推脱理由，或者按照形式上的要求敷衍了事，以应对外界的评判，但是最终的评判其实在于自己的内心。如果没有真正地恪尽孝道，在父母在世时没有发自内心地尊敬，在物质和精神上没有给予充分的关怀，父母去世后没有诚挚地表达哀思，尽其礼仪，你能感到心安吗？一个有高度道德自觉和真挚地依恋、思慕父母的人，是绝不会在没有做到上述事情时而感到心安的。而那些缺乏情感和道德自觉的人，自然也就无所谓了，或者在他们看来，就是心安的。由此可见，孔子对人的行孝诉于“心安”的看法，恐怕只适合有道德感的和对父母始终保持真挚情感的人，而不适合所有人。这段话再次体现了儒家对个体道德与人格的高要求。

【思考与讨论】

1. “孝”的本质和功能是什么？

2. 在意见发生冲突时，如何维护孝敬父母与自我意志独立之间的平衡？

3. 你做过的最让父母感动的一件事情是什么？

四、仁

“仁”是孔子思想中最重要的内容。我们节选相关章节来呈现“仁”的具体内涵及重要意义。

（一）

颜渊问仁。子曰：“克己复礼(1)为仁。一日克己复礼，天下归仁焉。为仁由己，而由人乎哉？”颜渊曰：“请问其目(2)。”子曰：“非礼勿视，非礼勿听，非礼勿言，非礼勿动。”颜渊曰：“回虽不敏，请事(3)斯语矣！”（《颜渊》第十二·一）

【注释】

(1)克己复礼：克制自己，复归于礼。克，克制、战胜。

(2)目：目次、节目。

(3)事：从事、奉行。

【导读】

本章孔子向颜渊阐述仁之克己复礼的内涵。

在谈到孔子关于“仁”的思想时，“克己复礼”是必须甚至是首先要涉及的，因为其中关涉“仁”与“礼”的问题，这是孔子思想的核心内容。一般来说，孔子继承周代礼乐文明，同时将“仁”纳入“礼”之中，从而赋予周礼创造性的内涵，使得“礼”不再是形式上的节文与制度，而是以丰沛的道德情感与高贵的道德精神为内核。我们来看孔子的具体阐述。

首先，孔子指出“克己复礼为仁”，也就是说，约束自己以复归于礼就是“仁”。克己与复礼是仁的两大要义。克己是在日常的言行中克制个人的私欲，是内向性的反省、克制；复礼则是外在事为符合礼的规范，如视、听、言、动复归于礼，无丝毫逾矩。克己为内，复礼为外，克己是手段，复礼是目标，两者一体而不可偏废。克己而不复礼，则一味拘谨而无所依归；复礼而不克己，则徒具形式，陷于虚伪。如果一个人能做到克己复礼，那么天下人都欲起而效仿，归向于仁。

其次，孔子强调行仁的主体性与自觉性。如果一个人能立志行仁，那么就有趋向成善的可能，但是如果一个人自身都不向善，却指望别人来帮助他成为一个好人，这是不太可能实现的。子曰“人能弘道，非道弘人”(《论语·卫灵公》)，说的是同样的道理。

由此，我们可以看出，孔子强调仁与礼的结合，突出人的主体性与自觉性，人不是盲目地遵守和服从外在的礼，而是从内心克制一己之私做起，将成就人格与复归于礼统一起来，作为修身的目标。

(二)

樊迟问仁。子曰：“爱人。”问知。子曰：“知人。”樊迟未达。子曰：“举直错诸枉(1)，能使枉者直。”樊迟退，见子夏曰：“乡(2)也吾见于夫子而问知，子曰‘举直错诸枉，能使枉者直’，何谓也?”子夏曰：“富(3)哉言乎！舜有天下，选于众，举皋陶，不仁者远矣(4)。汤有天下，选于众，举伊尹，不仁者远矣。”(《颜渊》第十二·二十二)

【注释】

(1)举直错诸枉：举用正直之士放在邪曲的人上面。举，举用，提拔。直，正直之士。错，放置。诸，之于。枉，邪曲不正的人。

(2)乡：之前，原先。

(3)富：丰富。

(4)不仁者远矣：那些不仁的人也就远去了。

【导读】

本章孔子回答樊迟问仁与知，指出仁的基本意义是爱人，知的基本内涵是知人。

什么是“仁”？孔子在许多场合谈到，大多是根据弟子等人的提问而作出针对性的回答，几乎各有不同。怎么理解呢？事实上，“仁”的内涵非常丰富，兼具全德与具体德性双重意义。全德即包含各种德性，如恭、宽、信、敏、惠，刚、毅、木、讷等，在不同场合或者因人而异地展现出不同侧面的内涵。具体的德性则是指“仁”的基本意涵——“爱人”，这一点需要重点把握。

“爱人”是“仁”最本质的意义。许慎在《说文解字》中指出：“仁，亲也，从人，从二。”郑玄解释为“以人意相存问”，意思是两个人面对面互相礼敬、互相亲爱。这里隐含着人与人之间形成良好关系的前提，即将他人放在与自己齐平的位置，这也是“爱人”的基础。只要将他人放在与自己对等的位置上，不以自己为中心，设身处地地从他人的角度，思考他人的立场和需求，才能体贴、关爱他人。“爱人”就是体贴、关爱他人。

为什么要爱人？不体贴、关爱他人，我们是不是也可以活得很好呢？或者换一个说法，为什么我们要关注和我们无关的他者？我们可以从三个层面来回答。

首先，是自利的层面，这当然是比较浅的层面。简单地说，就是你对他人的关注会正向回馈于自身，反之你对他人不关注，他人也不会关注你。这一反面的意义在不正义或者失衡的社会尤其明显。正如人们所说的一段警语：纳粹追杀共产主义者、犹太人、工会成员、天主教徒我都没有说话，当最后追杀我时，也没有人为我说话。在不正义的社会，任何一个人都有可能是无端的受害者，他人的不幸也总会如蝴蝶效应般波及自身。

其次是同理心或者同情心。同理心、同情心是人之为人的底线价值，是面对他人的苦难所产生的不忍。有些人会嘲弄有同情心的人是

“圣母”，自己的事情都顾不过来，还有闲心管别人？其实是这些人的底线太低，对公正、仁义、自由、爱这样的价值毫无所感，才会对他人的痛苦视而不见。

最后则是对善的认同和向往。爱是善，善是对的、好的，凡是善的、好的事情，尽管可能与我的利益无关，我也愿意去做、去关心。这是一种超出功利的最本真的追求。在此意义上，我们有什么理由拒绝这种善而不去爱人呢？

此外，本章还提出另一个问题：“仁”与“知”如何统一？从字面上看，爱人是普遍的，是不分对象的，知人则是举用正直之士，远离邪曲的人，是有所拣择的，那么爱人与知人是否存在冲突呢？樊迟在听了孔子的话之后没有理解，大概就是在这一问题上存在疑难。事实上，樊迟大概犯了和普通人一样的认知错误，即认为“仁”是没有原则地爱人。孔子曾经指出“唯仁者能好人，能恶人”(《论语·里仁》)，可见仁者并不是没有原则、不分是非曲直、无保留地爱所有人，仁者恰恰是能依凭道德原则真正地表达喜爱和厌恶的人。仁者因为对原则、对道的坚持，即使与自己的师长在具体事务上有意见冲突，也会据理力争，所谓“当仁，不让于师”(《论语·卫灵公》)。此外，孔子说“以直报怨，以德报德”(《论语·宪问》)，也是鲜明地表明其立场，仁者并不是不分是非曲直地姑息恶人与坏事，而是以道为原则秉公执法。这是我们理解仁者爱人这一基本意义时须谨记的。

(三)

子曰：“唯仁者能好(1)人，能恶(2)人。”(《里仁》第四·三)

【注释】

(1)好：喜爱。

(2)恶：厌恶。

【导读】

本章阐述仁者是非原则分明，能真正地喜欢和厌恶人。

喜欢和厌恶是人人都有的情感，为什么说仁者才能真正地喜欢和厌恶？因为没有原则、完全依凭个人私心的喜欢和厌恶，是不会喜好真正值得喜欢的人和事，厌恶真正令人厌恶的人和事的。不仁的人往往从一心之私欲出发谋求自身利益，违背原则、不论是非地评判和行动，这样一来，不但好人好事得不到正面的肯定、积极的鼓励，甚至被冷落疏远，而且坏人坏事反而因此而得到姑息，较难得到惩罚，社会正义得不到维护和伸张，整个社会风气沦丧。只有仁者能持心公允，客观地喜好和厌恶，积极伸张社会正义。

本章对仁者的描述较为立体，破除了仁者是一种老好人的错误印象。这种错误印象事实上由来已久，而且影响深远。《论语・阳货》中子贡曾经问孔子说“君子亦有恶乎?”，言外之意是君子应该是只有一腔爱心，无条件地包容他人的人。孔子则明确指出“君子有恶”，比如“恶称人之恶者，恶居下流而讪上者，恶勇而无礼者，恶果敢而窒者”。可见，君子厌恶的事情很多，如传扬他人的缺点和过错、在下位者诽谤在上位者，这是品节有亏；勇敢而无礼、果决但不通事理，这是无礼少智，两者虽然有性质和程度的不同，但都违背了君子所秉持的原则。由此可见君子不但是非分明，而且所持的标准很高，仁义礼智兼具才是值得赞赏的。

直到现在，将仁者误认为毫无原则的老好人的观点仍然颇有市场，一些人甚至嘲笑以“仁”为高贵品德的想法，认为其迂阔而不利己。恰恰是这种误解妨碍了人们对“仁”的认识和肯定，同时也会继续误导人们对存仁、行仁在现实生活中的价值的认识。仁者是是非原则分明，并能始终坚守立场的人，同时只有始终坚持原则并心存善意，才能为社会正义带来希望和可能。如果一心只思考自己，自私自利，那么整个社会将失去正确的风向，没有客观的原则，没有美德和善行，有的只是争名夺利，沆瀣一气，这样的社会会让人缺乏安全感，丧失希望和信心。

（四）

子贡曰："如有博施[(1)]于民而能济众，何如？可谓仁乎？"子曰："何事于仁，[(2)]必也圣乎！尧、舜其犹病诸。[(3)]夫仁者，己欲立而立人，己欲达而达人。能近取譬，[(4)]可谓仁之方[(5)]也已。"(《雍也》第六·二十八)

【注释】

(1)博施：广施恩德。

(2)何事于仁：何止于仁。

(3)尧、舜其犹病诸：尧、舜恐怕还要感到力有不足。病，病其难。

(4)能近取譬：能就近拿自身做比喻。譬，比喻。

(5)方：方法。

【导读】

本章主旨为孔子指点子贡为仁的方法。

子贡认为广博施与，普济众人，这样必然合于仁道，子贡的想法没有什么不对，可以说绝对符合"仁"的理想。"仁"的基本含义是爱人，如果能博施于民、济助众人，就是将爱人之心落到实处，是非常大的事功。而子贡还有一层言外之意，即我们每个人都应该以此为目标去做，但这恐怕难以实现。因为这个层次太难做到了，即使是尧、舜这样的圣人都可能有因不能尽到全力而感到遗憾之处。因此孔子指点说，不如就近以自身为例，从自己身边易于做到的事情做起。

这里孔子区分出仁与圣，仁者是有德之人，圣者在当时则是指有德又有位的人，通常指的是尧、舜等圣人。"博施于民而能济众"是仁者爱人之心的落实，应该说是一个很高的目标，但是这一目标没有限度和止境，即使有德又有位的圣贤都力求达到这一目标而唯恐力有不足。而“己欲立而立人，己欲达而达人”则是“仁”的实现方式，即将自己所思所好推扩到他人身上。这一方式较为具体，也没有局限性，尤其不需要“位”的辅助，每个人都可以从一点一滴的小事情出发，逐步扩展出去，力求达到广博施与、普济众人的最高目标。两者高下、难易有别，必须实事求是地区分对待。

因此，对于我们平常人而言，应该脚踏实地从身边力所能及的事情做起，而不应该好高骛远。孔子的话切中的是子贡的弊病，然而恐怕不只是子贡之病，而是我们大多数人容易犯的错误。事实上，仅仅是持之以恒地从事正义的事并推己及人，已经是不容易做到的了。孔子曾经感叹说“善人，吾不得而见之矣，得见有恒者，斯可矣。无而为有、虚而为盈、约而为泰，难乎有恒矣”(《论语·述而》)，可见有恒心就是很难得的了。有恒心、有毅力，就是能长期坚持，不断地从无推进到有，从虚空充实到饱满，从简约扩展至丰足。为仁何尝不是一个从点滴的爱心扩展到广泛的实行的过程？为仁，不要高亢空洞的口号，不要不切实际的目标，就应该从做一个从身边小事推己及人的有恒者开始。

（五）

仲弓(1)问仁。子曰：“出门如见大宾(2)，使民如承大祭(3)。己所不欲，勿施于人。在邦无怨，在家无怨。”仲弓曰：“雍虽不敏，请事斯语矣！”(《颜渊》第十二·二)

【注释】

(1)仲弓：姓冉，名雍，字仲弓，孔子弟子。

(2)大宾：公侯之类的贵宾。

(3)大祭：禘(音 dì，祀天、宗庙大祭与宗庙时祭)、郊(古代帝王祭祀天地)之类的宗庙祭典。

【导读】

本章孔子向仲弓阐述仁的敬、恕的意涵。

“出门如见大宾，使民如承大祭”，这是敬。平时出门不管遇见谁，与人相处、共事，都保持尊敬、礼让，这就是行不违仁。自己不想要的，也不施于他人，这也是仁。将他人视如己，设身处地地为他人着想，这同样是“仁”。这样无论在社会上，还是在家族里，为人处世都不会招致怨恨。敬和恕是行仁之要，而“在邦无怨、在家无怨”是行仁之效。

当然，“己所不欲，勿施于人”有一个专有的名词，即“恕”。《论语·卫灵公》：“子贡问曰：‘有一言而可以终身行之者乎?’子曰：‘其恕乎！己所不欲，勿施于人。’”这是明确将“己所不欲，勿施于人”称为“恕”。“恕”作为一个独立的概念，自有其重要的意义，而“恕”与“仁”的关系也值得探讨。“恕”不同于“仁”的正面地、积极地推扩良善的德行，而是从否定的层面划定了一条界线，这条界线就是那些不能盲目地施于他人的事，因此两者略有不同。

现代人出于对他人的权利与自由的尊重，更多地倾向于“恕”，认为这是人与人相处的底线，过多地在道德上干涉或者要求他人，反而不美。但是，如果仅仅停留在“恕”，对于整个社会与个人道德的提升，还是稍嫌不足的。“恕”不与“仁”(这里的“仁”是全德，包含“仁义礼智”)结合，“恕”也容易沦为对恶的纵容，甚至是同谋，从而导致道德的衰落与沉沦。因此，“恕”道尽管是一种重要的德性，但是单独强调的话可能存在后患，必须与“仁”联合起来成为人格养成的主体道德。在孔子这里，“仁”的意涵就包括了“恕”，也是出于上述考虑。事实上，“恕”能被“仁”所涵盖，也由于二者在内涵上存在一致。“恕”本身也是一种爱，相比较而言，“仁”是热情的、外放的爱，而“恕”是冷静的、克制的爱。

（六）

子曰："刚、毅、木[1]、讷[2]，近仁。"（《子路》第十三·二七）

【注释】

(1)木：质朴。

(2)讷(nè)：出言迟钝，口齿笨拙。

【导读】

本章指出刚、毅、木、讷是仁者的品质。

孔子从不轻易地将"仁"这一品质用于对其门下弟子及当时贤人的评价，唯独对他最赞许的弟子颜回称"其心三月不违仁"，可见要做到"仁"是很难的。本章是他关于近仁之方的指点。

"刚"是公正无私，所以近仁。《论语·公冶长》中孔子批评弟子申枨曰："枨也欲，焉得刚?"可见，如果有私心杂念，就很难做到刚正无私。欲念多的人是无法做到"刚"的。"毅"是果敢坚忍，立志坚定就不会畏难不前。《论语·泰伯》中曾子说："士不可以不弘毅，任重而道远。仁以为己任，不亦重乎？死而后已，不亦远乎?"这里的"毅"就是以仁为己任，心中有坚定的意志，并且能百折不挠、坚持不懈地努力，这还不是仁吗？"木"是指性情质朴，笃实敦厚。"讷"是指语言笨拙，与巧言令色形成鲜明对照，但是内心真挚，忠信诚笃，所以是近乎仁的。这样具有刚、毅、木、讷品质的人，怎么不值得赞赏呢?

当然，理想的君子应该是文质彬彬、才德兼备的，这也是仁者所具备的。尽管现代社会对人的评价标准发生了变化，除了内心朴实真挚、忠信笃敬、刚毅果敢之外，在言语等方面也提出了更高的要求，还有专业技能、科学素质等，但总的来看，这些要求与文质彬彬、德才兼备的君子、仁者形象基本是一致的。因此将古代仁者的要求与现代社会对人才的标准进行恰当的融合，使之与现代社会相适应，才是当今教育立德树人的最佳途径。

（七）

子曰：“巧言令[1]色，鲜矣仁！”（《学而》第一·三）

【注释】

(1)令：善，美好。

【导读】

本章指出巧言令色者所存的仁心很少。

“巧言令色”字面上的意思是语言机灵巧妙、面色讨喜，但是这个词从《论语》至今都是作为贬义词沿用下来，这是为什么呢？因为这种“巧言令色”并非出自真心，只是口里说着讨人喜欢的话，面上装出讨人喜欢的神情罢了，自然不值得提倡。

这里，我们首先要认识到，巧言令色不是“仁”。“仁”是真诚恻怛的情感，仁者有鲜明的原则，自能好人，能恶人，但是巧言令色者往往迎合他人的喜好或判断，以获得他人的认同，其言行并非出自真情实意，所以不是“仁”。因为不是出自真心，所以只体现在口头上或者表面上，而不会落实到行动上，这实际上就是我们通常所说的假仁假义。巧言令色就是假仁假义，这种人装作一副好人的样子，骗取他人的好感，却没有真实的情感与行动。他们钻的是人心的空子，以迎合一般人的喜好为手段，以提升自己的受欢迎度为目的，内里则是毫无原则的乡愿。但是现实生活中，这种人极容易获得大家的喜爱，甚至让很多人得出他是一个好人的结论，极具欺骗性。这大概也是孔子特地区分出这一点的原因。

表面上看来，巧言令色似乎对他人没有伤害，实际上对人对己皆有不利之处。对他人来说，由于隐藏自己的是非判断而迎合他人的喜好，或者阿谀奉承，或者助纣为虐。对自身来说，这种虚假、伪善会腐蚀人的心灵，长此以往也会伤害人本有的仁心，使自己最终沦为一个小人，这是我们不得不警惕的更重要的原因。

此外，我们可以结合孔子的另一段话来看，孔子指出："仁者，其言也讱。"又说："为之难，言之得无讱乎？"(《论语・颜渊》)"讱"的意思是迟钝，也指出言谨慎缓慢，可见仁者并不是用华丽的辞藻装饰语言，更不会用花言巧语来迎合别人，而是出于切实的考虑而谨言慎行。他不在意语言完美与否，更看重行为的履行，这正是笃实行事的仁者风范。

（八）

子曰："不仁者，不可以久处约(1)，不可以长处乐。仁者安仁，知者利(2)仁。"(《里仁》第四・二)

【注释】

(1)约：约束。

(2)利：知其利而行。

【导读】

本章重点阐述仁者安仁的道理。

存"仁"能带给我们什么呢？应该是内心的坚定与平和。由于这种植根于内心的坚定与平和，我们无论在何种外界环境下都能保持本心不动摇。中心存仁，就如心中始终存有温暖与光明的种子，能够抵挡一切寒冷与黑暗，从而安住于内心的平和与宁静，努力活出生命中的光。"仁"作为道德情感与道德原则，具有约束个体的意义。

不仁的人会怎样呢？不仁的人，则难有坚守。这里关于"约"与

“乐”的理解，常见的如朱熹将其理解为“穷困”及与其相对的“安乐”，还有一种理解则是“约束”与“快乐”。这里我们倾向于后一种理解，在意义上也能容纳、通贯前一种理解。这句话就可以理解成，不仁的人不能长期处在约束和限制中。这种约束和限制可以是礼法的约束，也可以是物质上的限制，这两种对人来说都是考验。长期的物质上的困乏会让缺乏仁德的人丧失希望，失去平和之心，并逐渐生出怨怼；而长期的礼法约束对缺乏仁德的人是一种桎梏，也会让人产生怨恨和反抗。长期的快乐与放纵，则会让缺乏仁德的人丧失持守，丧失自我。唯有仁德之人，才能长久地安于限制与约束，面对长久的快乐与纵容也不丧失操守，因为对仁德之人来说，其心自有安乐处，无论贫与富、无论约与纵，都能依凭内心之准则生活，活得自在而充实。这就是仁者安仁的道理。

而智者只是由于知道“仁”有利而去行仁，未免用心不纯，即使没有伤害到他人，也不是主动地行善，比起仁者安仁的自觉性，在境界上还是差了一截，因此不值得提倡。

【思考与讨论】

1. 结合上文所学，谈谈什么是“仁”以及哪些行为不是“仁”。

2. 为什么要爱人？不体贴、关注他人，我们是不是也可以活得很好呢？

3. 对“仁”与“恕”的关系如何理解？

4. 你赞同“仁者安仁”吗？生活中你见过这样的人吗？

（九）

子曰：“仁远乎哉？我欲仁，斯[1]仁至矣。”（《述而》第七·九）

【注释】

(1)斯：于是，那么。

【导读】

本章强调仁不远人，以及为仁在己的主体性。

“仁”在孔子的思想中乃至中国古代传统文化中都是重要的概念，也是圣贤重要的品质，但是这并不意味着“仁”是一种高不可攀、遥不可及的德性。恰恰相反，仁道出于人心，心中有为仁的意愿，反身而求即可得。“仁”在我们的日常生活中处处皆有体现，每个人都可以在日用人伦之中体验、践行仁。比如在每天与亲人、朋友的关心问候中，在与不相识的人的点头致意中，在不经意的伸手相助中，都可以感受到仁心；乃至在与他人发生矛盾冲突时，冷静之后的设身处地，推心置腹地交换意见、彼此谅解，也都是仁道的体现。由此可见，仁心仁道皆不远人，关键在于是否能以此心观察、体贴他人。如果总是以保全自己、有利于自己为目的，与他人相处、交往中不肯吃一点亏，对他人的处境漠不关心，对他人的需求视而不见，长此以往，不但自己的心会变得冷漠僵硬、不近人情，周围的人也会对你报以冷漠、忽视。试问这真的是我们想要面临的处境吗？是我们所期待的生活吗？

孔子说“为仁由己，而由人乎哉？”(《论语·颜渊》)，反复强调为仁在己，目的在于警醒世人求道在于自觉，他在《孟子·尽心》中说“求则得之，舍则失之”，说的都是这个道理。如果不是出于自觉，而是出于外在的强迫，就很难真正用心致力于其中，即使一时因外在压力而为之，也容易半途而废。而这种自觉，来自“我欲仁，斯仁至矣”的自信，来自“苟志于仁矣，无恶也”(《论语·里仁》)这种理想主义底色的乐观。如果缺乏这种发自内心的乐观，就很难将对仁的认识转化为内在的动力，从而上升为持续体贴、关怀他人的自觉。

既然“我欲仁，斯仁至矣”，看来为仁乃是易简之道，人人皆可为之。但孔子只称赞颜回说“回也其心三月不违仁，其余则日月至焉而已矣”(《论语·雍也》)，又可见为仁之难。如何理解呢？这里说的是，一般人都能认识到仁心仁道的崇高与可贵，也能在一天、两天，十天、半月之中尽可能地行仁，但是能一年、两年乃至数年，长期地这样做的人有多少呢？真的是少之又少啊！所以如果有志于仁，就不要给自己找任何借口或者理由，要摒除各种干扰，身体力行。而能够长期身体力行地在一件件力所能及的事情上为仁，也就离仁者非常近了。

(十)

子曰：“里(1)仁为美，择不处(2)仁，焉得知(3)？”(《里仁》第四·一)

【注释】

(1)里：乡里。

(2)处：居。

(3)知：通“智”，明智。

【导读】

本章阐释选择风俗仁厚之地居住以及择仁而处的道理。

具有仁厚风俗的地方，才是好的居所，因为可以在长期的浸润中潜移默化地受到教育和感染，培养起仁爱之心，成为文质彬彬的君子。这段话点明了环境对于人格养成的重要性。孟母三迁，俗语“近墨者黑、近朱者赤”，说的都是这个道理。一个地方的风俗仁厚，除了长期生活经验的养成，更重要的还在于人。人心淳朴、善良互助，更有仁德长者居于乡里，才是这个地方真正能感化人心的原因。在风俗仁厚的地方长期生活，受其熏陶、影响，这是一种感性经验阶段的获得；而与仁德之人的接触、学习，则是主动的理性层面的自觉。前者是基础，是渐进式的，后者则是本质上的转变，是突破式的。一个人能自觉地选择对自己的人格养成有帮助的地方，亲近仁德之人，慕名求学，还愁什么学未有成呢？不过是时间的问题而已。

在孔子这里，他始终相信环境对人格养成的重要影响。“择仁而处”事实上强调的就是选择居住在仁者的周围，多与仁德长者亲近、接触，从他们身上学习优长，在其感化与提醒之下涵养仁心，日进于高明。《论语·卫灵公》中子贡问为仁，孔子说“工欲善其事，必先利其器。居是邦也，事其大夫之贤者，友其士之仁者”，就是指出事贤友仁具有重要的意义，并将其列于为仁诸项事务的首位。结交仁士与贤大夫，观摩其待人接物、从事政治等方面的表现，从而达到择士修道、以友辅仁的目的。

这种环境不是地理意义上的，更多的是一种共同学习成长的环境与氛围，不仅有仁德师长的启迪与指导，同学朋友也会发挥重要的辅助共学的作用。《论语》中有许多讲择友的章节，如孔子曰“益者三友，损者三友。友直，友谅，友多闻，益矣。友便辟，友善柔，友便佞，损矣”（《论语·季氏》），实际上就是贯彻了这一观点，指出正直、诚实、博学多闻的朋友能帮助自身成长，而与谄媚逢迎、走邪门歪道、花言巧语的人相处多了，则百害而无益。

（十一）

子曰：“富与贵，是人之所欲也，不以其道得之，不处(1)也。贫与贱，是人之所恶也，不以其道得之，不去也。君子去仁，恶乎成名(2)？君子无终食(3)之间违仁，造次必于是(4)，颠沛(5)必于是。”（《里仁》第四·五）

【注释】

(1)处：居，安住。

(2)恶乎成名：怎么成就名声？成名，成君子之名。

(3)终食：一顿饭之间。

(4)造次必于是：匆促急忙之时不违仁。造次，仓促急忙之时。是，仁。

(5)颠沛：困苦，受挫折。

【导读】

本章强调以仁为原则，取之有道。

富与贵是每个人都欲求的，如果不是以道为标准得到的富贵，君子不愿接受；贫与贱是每个人都厌恶的，如果不以道来抛弃它们，君子宁可不摆脱贫贱。富贵、贫贱的去取，都以“道”为准。《论语·述而》篇也说“不义而富且贵，于我如浮云”，又说“富而可求也，虽执鞭之士，吾亦为之。如不可求，从吾所好”。可见孔子对于富贵的态度一直是以道义为准则，所谓“生财有道”“取之有道”即此意。但是孔子并不盲目追求富贵，如果不能求得外在的富贵，那么就听从内心的意志和喜好，从事自己热爱的事情，也可以安身立命。

这段话非常具有启示意义，儒家并非苦行而不求回报者，更不会拒绝社会生产的进步，所以如果是以“道”得到的富贵，即使做辛勤的工作，也愿意努力去争取。只是人性之上还有更高尚的向往和追求，外在的名利富贵只不过是追求这一目标和理想的附加回报而已。人们往往不知道这个道理，而为外在名利所诱，平日里憧憧往来，奔波不已，得之则庆幸，不得则灰心丧气，不但失其本心，更荒废生命。如果能认清生命的意义和价值所在，则心无旁骛地追求，不是身心都能得到安顿吗？

这里实际上隐含着“仁”与“道”的关系。这里的“道”没有统括一切的最高原则或者世界本根的意义，而取其本义，即道路的意义，引申为原则，因而和作为全德的“仁”相一致。孔子之道，以“仁”为核心。君子所以为君子，以其仁也。君子背道而处富贵、去贫贱，即无仁矣；无仁，怎么可以称作“君子”呢？如果贪图富贵而厌恶贫贱，则是自以为高，而无君子之实，又何以成其名乎？这就沦为名不正、言不顺了。

（十二）

居处恭，执事敬，与人忠樊迟问仁。子曰：“居[1]处恭，执事敬，与人忠。虽之[2]夷狄，不可弃[3]也。”(《子路》第十三·十九)

【注释】

(1)居：居家。

(2)之：至。

(3)弃：弃而不行。

【导读】

本章孔子指出行仁要居处恭、执事敬、与人忠。

孔子从平日言行出发，指出居家要谦恭不放肆，行事要严谨不怠慢，与人相处要忠实守信，即使到夷狄之地，也不可弃去不行，而要坚持如一。恭敬、忠信看起来是比较朴实的做人道理，但是做起来却非常不易，所以孔子不厌其烦地教导弟子。在《论语·卫灵公》中，孔子也指出：“言忠信，行笃敬，虽蛮貊之邦行矣。言不忠信，行不笃敬，虽州里行乎哉?”可见做人如果能做到忠信、恭敬，就能获得他人的基本信任，如果做不到这一点，就很难取信于人，更不用其他难成之事了。

（十三）

子张问仁于孔子。孔子曰：“能行五者于天下，为仁矣。”请问之。曰：“恭、宽、信、敏、惠。恭则不侮，宽则得众，信则人任[1]焉，敏则有功，惠则足以使人。”(《阳货》第十七·六)

【注释】

(1)任：任用。

【导读】

本章孔子指出恭、宽、信、敏、惠是行仁之要。

与上章强调行仁的内容有所不同，这里孔子是从行仁的效果来强调恭、宽、信、敏、惠的重要性。恭敬则不受侮辱，宽容则得到众人的拥护，守信则受到任用，聪敏则容易建功，慈惠就能够使他人为己所用。如果能做好这五项，就无愧于仁者，当然也能获得上述功效。但是要注意，为仁的目的并不是上述不受侮辱、得到众人的拥护、受到任用、建功立业、任用他人，这是行仁会带来的效果，如果只是为了达成这些效果而行事，那就不符合仁。

我们可以结合《论语・公冶长》中孟武伯问孔子的弟子子路、冉有、公西华三人是否称得上“仁”这一段来理解。孔子说子路“千乘之国，可使治其赋也”，但是否称得上“仁”却不能得知；冉有“千室之邑，百乘之家，可使为之宰也”，但是否称得上“仁”却不能得知；还有公西华“束带立于朝，可使与宾客言也”，但是否称得上“仁”却不能得知。换句话说，尽管子路能掌管千乘之国的税赋，冉有能胜任千室之邑、百乘之家的长官，公西华能通晓礼仪、参与外事，但是这些都是外在的效果，如果说到仁，那是内在的德性，不能仅仅凭借这些外在的显现就可以断定。由此可见孔子谈“仁”之用心。

此外，我们也可以结合孔子对管仲的评价来看“仁”作为德性与行仁的功效之间的关系。孔子论管仲有三段话。其中一段是论管仲不节俭、树塞门(设立影壁)、有反坫(国君会见时放置献酒杯子的土台)，因此管仲不知礼(参见《论语・八佾》)。另外两段则是评价管仲相桓公之事(参见《论语・宪问》)。当时人包括孔子的弟子有一种看法，认为管仲不追随之前侍奉的主人公子纠而亡，反而做了齐桓公的宰相，这是不仁。但是孔子指出，管仲辅助齐桓公不以兵车多次会盟诸侯，天下得到匡正，老百姓都受到他的恩惠。如果没有管仲，天下之民有可能沦于夷狄，所以管仲在功效上接近仁的。在这一点上，孔子也是持肯定态度的，他说“如其仁！如其仁！”（《论语·宪问》），在对管仲的评价上，孔子表彰管仲的巨大功绩而选择忽略其若干缺点，这与他坚持“仁者爱人”的理念是一致的，而管仲之举也是符合仁者爱人这一点的。

（十四）

子曰：“君子道者三，我无能焉：仁者不忧，知者不惑，勇者不惧。”子贡曰：“夫子自道[1]也。”（《宪问》第十四·三十）

【注释】

(1)道：说。

【导读】

本章阐释仁、知（智）、勇三种美德。

孔子认为仁、知（智）、勇是君子最重要的三种美德，仁德的人不会有忧虑，智慧的人不会感到迷惑，勇敢的人则不会畏惧。大概这三者太难做到了，所以孔子谦称自己没有做到。但是在子贡的眼里，孔子已经在用行动体现这三种美德了。《论语·子罕》中这段话重复出现了一次，语序稍有不同，子曰：“知者不惑，仁者不忧，勇者不惧。”可见孔子是经常表达这一观点的。

“仁者不忧，知者不惑，勇者不惧”实在是一种令人赞叹的人生境界。设想一个人如果没有任何忧虑，始终乐观向上，内心明确而不感到迷惑，面对人生中的不确定始终勇往直前、毫无畏惧，这应该是一种非常理想的状态了。那么这种状态的根据在哪呢？怎样才为什么可以达到这种理想的人生状态呢？我想最根本的还是来自内心对于自己的肯定与自信，这种对自我的肯定与自信来自天所赋予我的完满的德性，因此我能够立人、达人。这种对自我的肯定与自信，就今天的话语来说，就是爱自己，只有发自内心地肯定自己、相信自己能够应对一切挑战，才会不惧外在的考验，坚持做最好的自己；也只有真正发自内心地爱自己，才能更好地爱他人。如果一个人不能做到很好地爱自己，将自己的状态做到最好，就想去帮助他人，这是不太可能实现的。当然，这里的爱自己并不是肤浅的满足自我的利益，或者是以自我为中心，而是从内在肯定自己的价值，并激励自己逐步完善自我、实现自我价值。

《荀子·子道》中记述了一段孔子师徒的对话。孔子分别问子路、子贡、颜渊三人“知”与“仁”是什么样的，子路说“知者使人知己，仁者使人爱己”，子贡回答说“知者知人，仁者爱人”，颜渊则说“知者自知，仁者自爱”。对于三者的回答，孔子依次评价为“士”“士君子”“明君子”，其中的差别可以想见。使人知己、爱己，不过是一种外在的荣誉，而一味地知人、爱人则有导致丧失自我、以己殉人的可能。以自知、自爱为前提的“知”和“仁”，则使知人、爱人的行为有了根本，体现的是一个拥有自觉意识的个体，即“明君子”。荀子借孔子之口想要说明的就是这个道理。有人怀疑颜渊关于“仁者自爱”的回答不符合颜渊以及儒家“仁者爱人”的宗旨，似乎“自爱”的功利倾向比较重，“自爱”是一种自私的“为我”，这种对“自爱”的理解偏于狭隘了。当然“知者自知，仁者自爱”只是一个起点，还需要向外扩充，并且与“知人”“爱人”结合起来，才是真正的知者、仁者。

【思考与讨论】

1. 如果有志于“仁”，那该怎么做呢？

2. 什么样的行为不符合“仁”？行仁要避免什么错误倾向？

3. 怎么理解“仁者自爱”与“仁者爱人”的关系？

4. 你有志同道合、一起学习、互相鼓励的朋友吗？说说他(她)对你的影响。你的身边有仁厚的长者吗？你从他身上学到的最重要的东西是什么？

五、礼　乐

周代礼乐制度是孔子所追求的范本，但是他也结合其时代对礼乐作出了新的阐释。本节我们关注孔子对礼乐的本质、功用等方面的论述。

（一）

林放[(1)]问礼之本[(2)]。子曰："大哉问！礼，与其奢也，宁俭；丧，与其易[(3)]也，宁戚[(4)]。"(《八佾》第三・四)

【注释】

(1)林放：鲁人，生平不详。一说曰孔子弟子。

(2)本：根本。

(3)易：平易，即内心轻放，哀思不足。

(4)戚：忧伤。

【导读】

本章阐释礼的根本在于情感而不是外在的形式与节文。

先王制作礼乐，无论吉礼、凶礼、宾礼、军礼或者嘉礼，都是根据人情而设计制定具体的节文，进而规范引导人们的日常生活，其目的是表意达情、约意节情。但是随着时日久远，礼的节文越发繁复，其意义也日趋神圣，礼的等级次第也逐渐形成。世上之人只看到礼的外在成文，而不知其来源与根本，因而大多在仪式、礼节上下功夫，实在是大错特错。因此我们应该知道礼的初始意义，从礼的形成与发展过程来看待从简到繁的历程，才能不被后世的繁文缛节所迷惑。

但礼的根本是什么呢？礼的根本是人的情感，而孔子的"仁"足以概括人种种应有之情，因此礼的根本是仁心，礼的本质就是仁心的外在化。奢华的礼仪在排场与文饰上大作功夫，而简约的礼仪在程式上有所节略，可能偏于质朴。俭约则虽然外在不足，但内心情感诚笃恭敬，根本还在；而奢华容易流于形式，浮华有余而情感不足，而情感不足则根本已失，因此孔子认为礼，与其奢侈，不如俭约。丧礼更是如此，丧礼关系到孝悌人伦，哀戚之情应该是真正发自内心，否则只不过是虚假的形式。如果没有真实的哀戚之情，而只是用盛大的排场来显示自己的身份地位，那还是真正的丧礼吗？不过是个表演的场所和道具罢了。

《八佾》中还有一章也谈到祭礼："祭如在，祭神如神在。子曰：'吾不与祭，如不祭。'"(《八佾》第三·十二)也就是说，祭祀祖先的时候，如同在其生前侍奉一样敬谨，祭祀鬼神的时候也必须诚敬其心，如同鬼神亲临。如果不能亲临致敬，表达心中思慕敬畏之诚，那么即使祭祀礼仪周备，还不如不祭。前一句是记述孔子平时对待祭礼的行为，后一句则是记述孔子平日所言，可见其言行一致。从这里我们也可以得知，孔子从回答林放所问礼的根本过渡到具体的礼仪，绝不是无意为之，必然是针对现实抒发其意，从中我们可以看到他的现实关怀与热忱。

（二）

子曰："人而不仁，如礼何(1)？人而不仁，如乐何？"(《八佾》第三·三)

【注释】

(1)如礼何：拿礼怎么办，意思是礼不为人所用。如，相当于"对于"。

【导读】

本章强调礼乐的根本在仁。

这一章可以和另一章联合起来对看，即“子曰：‘礼云礼云，玉帛云乎哉？乐云乐云，钟鼓云乎哉？’”（《阳货》第十七·十一）。“礼”指的仅仅是玉器、丝帛之类的外在之物吗？“乐”指的是仅仅钟、鼓一类的乐器吗？显然不是。仁是礼乐的根本，礼乐是仁外化的结果。如果没有仁心在其中作为礼乐的支撑，礼乐是什么呢？礼乐只是空有其表的形式。虽然人用礼乐，礼乐却不能为其所用，不能发挥“礼以道其志，乐以和其心”的功能。因此，关键在于人，在于人是否有仁心。仁是人与人之间的真诚恻怛，对这种真情实感予以形式化的表达，就是礼，就是乐。如果一个人没有仁心，虽然其举止合宜、奏乐得当，但是没有真实的情感，那么他所说、所做必然不能通达人心，也感动不了他人。没有仁，礼和乐都将失去意义。这也是孔子行事一贯讲求内在动机而不看重外在形式的体现。同时，礼是因时而变的，而仁贯通古今，这也是仁作为礼的根本与实质所在。

孔子通常将礼乐并举，礼主敬，乐主和，两者兼容并用才能发挥其统一人心的功用。重视礼而轻视乐，则礼偏于拘谨；重视乐而忽视礼，则乐偏于泛滥。礼乐的目的并不是为了装点场面，而是通过礼乐的长期浸润，帮助人们自然合宜地表达情感，变化其气质。因此归根到底，仁和礼都不能偏废，要内外一致、相辅相成，才能最终实现仁爱亲和的社会。

（三）

子曰：“奢则不孙(1)，俭则固(2)。与其不孙也，宁固。”（《述而》第七·三十五）

【注释】

(1)孙：同“逊”，顺、让。不顺从、不逊让则容易僭越。

(2)固：固陋。固陋则容易失礼。

【导读】

本章孔子旨在说明与其奢侈而违反礼，不如简约而固陋。

一个人如果拥有许多物质财富，他便可以出手阔绰，将礼数安排得非常周到，甚至极尽隆盛。但是久而久之，这种习惯会让他不懂逊让、谦恭，盛气凌人，甚至不甘于自己的身份，而做出僭越违礼的行为。与之相反，生活简约、手头拮据的人往往容易顾此失彼，未免于礼数不周。久而久之，也会因生活受限，视野格局有所欠缺。两害相权取其轻，因此孔子认为“与其不孙，宁固”。这一章与林放问礼之本，孔子回答“礼，与其奢也，宁俭”，有相通之处。

我们可以稍微延伸一下思考：为什么孔子认为奢侈的危害要大于简约？不逊的危害要大于固陋？孔子大概出于维护礼的原因，因而更看重原有的礼乐制度巩固，秩序井然，人民和乐，因而宁要俭陋不要奢侈。但是，这种情况放在现代社会，我们也会做出同样的选择吗？今天社会可谓“富”矣，但不逊之人和事开始出现，甚至许多人评判现代社会价值沦落、人心不古、世风日下；而在三四十年前社会经济没有这么发达，物质水平还不高的时候，人们都过得比较简朴，见识也不够开阔，思维也受限，社会处在稳步但缓慢发展的阶段。那么，我们更愿意生活在哪个阶段的社会呢？恐怕很少有人会选择三四十年前的社会。因此我们要辩证地看待孔子所说的“与其奢也，宁俭”与“与其不孙也，宁固”，结合其历史情境得出正确的理解。同时也要与我们所生活的时代做恰当的联结，当代社会发展既要追求更高的生产力水平和发展速度、质量，同时不能片面发展经济而失去对礼乐道德的追求，而是要向着孔子所说的“富而好礼”的社会迈进。

（四）

子曰：“恭而无礼则劳(1)，慎而无礼则葸(2)，勇而无礼则乱，

直而无礼则绞(3)。君子笃于亲，则民兴于仁；故旧不遗(4)，则民不偷(5)。”(《泰伯》第八·二)

【注释】

(1)劳：劳扰不安。

(2)葸(xǐ)：畏惧。

(3)绞：急切。

(4)故旧不遗：不忘弃其故旧。

(5)则民不偷：民风归厚不浇薄。偷，薄。

【导读】

本章讲明礼的功用。

恭而没有礼，就会劳扰不安；慎而没有礼，就会畏惧怯懦；勇而没有礼，就会犯上作乱；直而没有礼，就会急切待人。在上位者如果对亲人笃厚，人们闻其风，就会兴起仁心；在上位者如果能不忘弃其故旧，人们就不会浇薄其心而自归于厚。这就是礼作为节文的作用。

礼的作用是别同异，为人们在社会交往中确立秩序，制定节度，把握分寸。因此，有恭敬、谨慎、勇敢、直率等品性还不够，还要符合礼的节制，使这些品性与行为的发出者的角色、身份、地位相适应，最终达到合宜。礼的本质是“敬”，但礼不是毫无温情的秩序，背后其实是具有亲和感的“仁”。这也是本章前一句讲“礼”，后一句讲“仁”的用意所在。“礼”的强调使情感变得严肃和厚重，不致泛滥而无节制，引导人们在秩序中找到最合宜的表达方式，培养出人与人之间的深厚感情；“仁”的亲和力与联结作用使“礼”变得包容和亲密，不至于压抑和桎梏人情而违背自然人性，由此“礼”就是可以信赖、充满温情的秩序。仁为礼之本，礼是仁之成，在二者之间取得一个微妙的平衡，是礼乐精神的目标。

（五）

有子曰："礼之用，和为贵，先王之道斯为美。小大由之。[1]有所不行。[2]知和而和，不以礼节之，亦不可行也。"(《学而》第一·十二)

【注释】

(1)小大由之：事无论大小，皆由礼而和。

(2)有所不行：有不能由礼而行的地方。

【导读】

本章的主旨是礼之用，和为贵，但同时强调不能忽视礼而盲目追求和谐一致。

"礼"的本质是主敬、别同异，礼为了建立秩序，不能不以"分""别"为其特性，依照每一个体各自的名分赋予每个人以相关的权利和义务，并平等地承担其伦理责任，社会因此而井然有序。但是正如徐复观先生所指出的，在"分"与"别"的背后，流动着连带性的亲和感。"礼"通过界定个体的身份、权利、义务和规范体制形成有序的社会生活的同时，通过"礼宜乐和"的情感调动强化认同与归属感，从而传递和确认文化的内在精神。因此，礼的功用最终是要达成整体的和谐，要和顺人心。事无论大小，都应该遵循由礼而求和的原则。

当然，凡事都要讲求实际，不能盲目追求和谐而忽略其中个性差异。即使亲近如父子、夫妻仍然要讲求节度与分寸。为和而和，则不但违背礼义的精神，甚至会压抑人性。因而，不能因不知节制而使人情趋于泛滥，也不能盲目执行礼义，而使制度失之冷酷。二者之间要达成一种平衡，使不同的社会成员之间彼此亲和而有敬，既避免情感的泛滥无节制，也使得礼的规范不至于变得压抑而不近人情，在差等有序的格局中人们和谐共存、携手共进。

（六）

子夏问曰："'巧笑倩兮，美目盼兮，素以为绚兮'(1)何谓也？"子曰："绘事后素。"(2)曰："礼后乎？"(3)子曰："起予者商也，始可与言《诗》已矣。"(《八佾》第三·八)

【注释】

(1)巧笑倩兮，美目盼兮，素以为绚兮：笑容美好，美目分明，加以素粉将使其面容更加绚丽。倩，两颊，人笑时两颊张动。盼，黑白分明。"巧笑倩兮，美目盼兮"出自《诗经·卫风·硕人》，赞颂庄姜之美。"素以为绚兮"则不知所出，朱熹认为是逸诗。

(2)绘事后素：古人绘画先施五色，而后以素色描绘勾勒。郑玄注曰："凡绘画，先布众色，然后以素分布其间，以成其文，喻美女虽有倩盼美质，亦须以礼成之。"

(3)礼后乎：礼是后起的吗？

【导读】

本章阐释礼是后起之事的道理。

子夏从《诗》谈起，推明到人事上，引发出礼的问题，无意间启发孔子明确对于礼的看法，也获得教学相长的意外收获。确实，很多人可能误以为孔子非常重视礼，那么礼一定具有不可动摇的地位。但是这恰恰误解了孔子对三代之礼的改造。孔子所做的恰恰是为三代之礼注入了灵魂，也就是"仁"。如果没有恭敬诚笃的情感，没有恻怛真挚的善心，空有形式与威仪的礼又怎么能发挥其实际作用？不过是徒增人们的负担罢了。仁是心之始，礼是事之成，仁义忠信之人学礼，然后可以成其美质，内在之美能够得以完整呈现。无仁义忠信，学礼则是徒有其表。子夏虽然谈的是诗中具体的文义，但是能于其中举一反三，引申至人事，既可看出子夏的聪颖，也透露出儒家的诗、礼、乐的整体性，它们都是学以成人的主要内容，万万不可隔断其间的联系。

（七）

子曰："周监(1)于二代(2)，郁郁乎文(3)哉！吾从周。"（《八佾》第三·十四）

【注释】

(1)监：视。

(2)二代：夏、商二朝代。

(3)郁郁乎文：礼乐文物制度繁盛。郁郁，文盛貌。

【导读】

本章孔子强调对周礼的遵从。

周代在夏商二代礼的基础上，顺时因宜而加以损益，而后周全齐备，因此孔子赞叹不已。在《八佾》中有一章孔子提到他对夏、商之礼的看法："夏礼吾能言之，杞不足征也；殷礼吾能言之，宋不足征也。文献不足故也，足则吾能征之矣。"意思是他对夏、商之礼皆有所学，能够大体上领会其精神，但是毕竟时代久远，殷、商之后裔虽还各存有不少文献，但已经不完备，而制度更是世易时移，有所更替，因此没有留下足够的证明。相反，周礼则不同，周礼有文物制度可证明，而且周礼的文物制度因袭夏、商二代，并在此基础上增益其不足、减损其繁冗与不合时宜之处，恰如其分地反映出时代的需求和特征，因此孔子坚定地遵从周礼。

礼乐制度是一个国家、一个文明的传统与精神的全面体现，其中虽然有不同时代的因革演变，但是最核心的内容一直会传承下来。孔子是坚定的文化传统的承袭者，但是他并非保守地传承而不知变通。他并不一味地追求恢复古礼，而是主张因时损益，这恰恰是他“圣之时者”的最佳写照。从这一方面，我们也可以看到他所主张的历史文化哲学是知古今之通变，在变中知通，在通中知变，以人心之同求亘古不变之理，这也是他以及他所主张的儒家传统能够跨越时空而始终显耀其光芒的根本原因。

（八）

子入太庙，每事问。或曰：“孰谓鄹人之子[(1)]知礼乎？入太庙，每事问。”子闻之，曰：“是礼也。”（《八佾》第三·十五）

【注释】

(1)鄹人之子：指孔子。鄹，即“邹”，鲁国小邑，据说孔子的父亲叔梁纥曾经做过邹邑大夫，孔子也出生在这里。这里的“鄹人之子”有轻视之意。

【导读】

本章讲述孔子对礼的态度。

孔子进到太庙参与祭祀，每事必问，这让一些不明所以的人发出疑问：“不是说孔子知礼吗？怎么凡事都要问的样子？”其言外之意是孔子恐怕并不如大家所称赞的懂礼啊，他对太庙中种种礼器及其使用不是很了解。而孔子回答说：“这就是礼。”为什么呢？因为礼是一件很慎重的事，尤其是祭祀之礼，更是必须慎之又慎，否则可能会出现差错，妨碍恭敬诚笃之心的表达。所以孔子虽然知道太庙祭祀的各种仪轨，但是仍然再三确认。况且周礼非常完备，所谓礼仪三百，威仪三千，礼种之多，仪节之繁，非专司其职者不能胜任。我们仅看现在所存的《仪礼》，就会发现《仪礼》虽然晚出而且并非完全，但已经非常繁复。因此，孔子即使有所不知，也是可以理解的。孔子在这里，细问其中内容，不也可以看出其虚心好学、诚敬慎重吗？反而是那些动辄讥笑他人的人，是不是应该考察事情后再作评论呢？否则不但不能理解孔子的学养与气象，而且未免显得心胸狭窄。

从这一章我们可以学到很多。首先，从孔子的言行来看，固然是要谦虚谨慎，学而不厌。孔子早已成名，但并不以自身的身份为恃，不懂装懂，或者干脆自以为是。他并没有将保持自己的身份或者维持自己在他人心中的好形象或评价看作是最重要的事，而是从自己的本心出发，凡事尽其本分，但是也不过分或刻意追求结果，而是尽力而为，之后便将结果交给上天，以俟天命。收拾身心，自做主宰，尽人事而安天命，这对现实中活在他人眼光中的人来说何尝不是一种正确的示范？将注意力放在自己的身上，放在自己所做的每一件事情上，每一件事都尽力而为，并且将这些过程中的点点滴滴串联起来构成一个不断成长、完善的自我，这不是很鼓舞人心的一种生活方式吗？

而从质疑孔子的人来看，则可以帮助我们反思自身。我们在生活中是否也有过这样的行为？或者出于嫉妒他人的才华与名声，或者出于吹毛求疵，而对他人横加指责？要知道这种不礼貌的评价或者指责，只会暴露自身的无知和不宽容。人往往容易将苛刻的标准加诸他人身上，而忽视自身的缺陷，这样做的结果往往是自身陷于错误而不自知，并且丧失学习改过的机会。反求诸己是儒家为己之学在现代社会最重要的应用。

（九）

子贡欲去告朔(1)之饩羊(2)。子曰："赐也！尔爱其羊，我爱其礼。"(《八佾》第三·十七)

【注释】

(1)告朔：依礼书及三传，告朔是诸侯的礼，每月初一依照周天子每年岁末所颁布的"朔正"，告朔于太庙，用生牲祭祀。朔，每月初一日。《书大传》曰“夏以平旦为朔，殷以鸡鸣为朔，周以夜半为朔”，即夏代用寅时为一日之始，商代用丑时，周代则用子时，这就是“正朔”。

(2)饩(xì)：生肉。

【导读】

本章阐述孔子对礼的尊重。

告朔是古代的一种制度，实际上是周天子把第二年包括正朔的历书颁给诸侯，叫“颁告朔”，诸侯接受了这一历书，藏于祖庙。每逢初一，便杀一只活羊祭祀于祖庙，然后回到朝廷听政，这祭庙叫作“告朔”，听政叫作“视朔”或者“听朔”。周代告朔之礼，体现的是周天子与诸侯的分封与朝觐秩序，具有极强的政治象征意义。在周幽王之后这一制度逐渐不再推行，这与当时礼坏乐崩的政治形势有关。当时，各国诸侯开始竞相逐鹿，周天子在诸侯之间的声望与影响力逐步下降，礼多有废置，令常有不行。这正是孔子所忧虑的。而当时在鲁国，鲁定公、哀公每月初一虽然已经不按照规矩亲临祖庙，也不去听政，但是仍然保持用活羊祭祀的旧例。子贡则认为，既然这种制度已经不再施行了，那么用活羊祭祀也可以舍弃，以免浪费。孔子则认为这并非是否爱惜财物的问题，而是礼的存废问题。对礼的继承是孔子在政治理想上的唯一坚持，他认为尽管世道有变，但是社会的秩序不能紊乱，文化的传承不能中断，如果不注重这一点，即使在短期内国家实力大增，但是从长久来看，也会如无根之木、无水之源，不会长远的。

（十）

子曰：“事君尽礼，人以为谄也。”(《八佾》第三·十八)

【导读】

本章阐述以礼事君的道理。

这段话文义很好理解，孔子描述当时的一种社会现象，即事君能尽礼的，世人反而说他是献媚于君王，这岂不是很可笑吗？但是为什么会出现这种现象？恐怕是世人不理解孔子所说的“以礼事君”。

我们结合孔子在另一章所说的内容来看。定公问：“君使臣，臣事君，如之何？”孔子对曰：“君使臣以礼，臣事君以忠。”(《八佾》第三·十八)“君使臣以礼”是说礼虽然有上、下之分，但是双方各有职分，应各自遵守自己的职分，君王能以礼待人，臣子才能尽其忠心。那么“臣事君以忠”是否与“事君尽礼”矛盾呢？当然不是。“事君以忠”建立在“君使臣以礼”的基础上，这恰恰与“事君尽礼”相对应。世人往往认为“事君尽礼”就是无原则地服从君王，这正是对孔子与儒家的最大误解。

在现实政治生活与社会参与中，孔子赞同的是“天下有道则见，无道则隐”(《论语·泰伯》)与“邦有道，则仕；邦无道，则可卷而怀之”(《论语·卫灵公》)，他在政治上对是否出仕，选择的标准是是否符合“道”，并且从来不屈从于权威。他向来推崇“以道事君，不可则止”(《论语·先进》)的态度，“齐人馈女乐，季桓子受之，三日不朝”(《论语·微子》)而孔子选择离开，这正是孔子不愿屈就于现实而做出的理性决断。我们从中也可以看到孔子独立、自由的人格形象。这段话提示我们，如果单纯以一个人平日事君尽礼的举动而不看他一贯的志向，就武断地认为这个人是无原则地屈从于领导者的意志，当然是不合理的。而从根本上来看，最重要的是理解孔子及其所代表的儒家在政治上对独立与自由的人格的坚持。

（十一）

孔子谓季氏[(1)]八佾[(2)]舞于庭：“是可忍[(3)]也，孰不可忍也。”(《八佾》第三·一)

【注释】

(1)季氏：鲁国大夫季孙氏。

(2)八佾(yì)：古代舞以八人为一列，共八列。天子八佾，共六十四人。诸侯六佾，大夫四佾，士二佾。佾，舞列。

(3)忍：忍心。一说为容忍，不取。

【导读】

本章孔子旗帜鲜明地反对违反礼制之人及其行为。

孔子说，季氏身为大夫，在家庙僭用天子之乐的舞蹈行列，如果这都可以忍心去做，还有什么不能忍心做的呢？言外之意是季氏上僭天子，下蔑其君，严重挑衅君王的威信，恐怕其他更为僭越的事情都能做出来，而鲁王却不能制裁其僭越与放肆，多么地可悲！又是多么地让人忧心！

孔子重视礼，并非完全为维护在上位者的统治秩序，而是强调上下有别，这是国家稳定、社会有序的基础。但孔子在世时，各国政局不稳，政往往不出公门，而出于私家。鲁国便是如此，孟孙、叔孙、季孙氏三家把持国政，常常有僭越之举。在《八佾》中有一章描述三家举行家祭："三家者以《雍》彻。子曰：'相维辟公，天子穆穆'，奚取于三家之堂？"意思是，三家祭祀之后命乐工唱《雍》之诗，但是雍诗中有"四方诸侯来助祭，天子仪容深远敬美"，这显然不是三家所能诵唱的乐，可见三家此举实为僭越。而鲁国因三家执政，内部的分歧也是不断，多有冲突发生，其最终结果是国家颓危、百姓生活不安定。面对这种局面，孔子唯有希望君王能够重新树立权威，恢复原有秩序，但是这在现实中往往不可得。

(十二)

王孙贾(1)问曰："与其媚于奥(2)，宁媚于灶(3)，何谓也？"子曰：

“不然！获罪于天，无所祷也。”(《八佾》第三·十三)

【注释】

(1)王孙贾：卫国大夫。

(2)奥：屋里的西南角，古代一般为尊贵的人所居住，凡宗庙与五祀都在“奥”。

(3)灶(zào)：屋里南边的地方，家人常居之地，与尊贵者相对。一说认为奥与灶是一种祭祀，奥在内，灶在外。

【导读】

本章旨在阐明凡事都要以天命为旨归。

这段话在字词上有难以理解的地方，如灶到底是指与尊贵者相对的自家人，还是与在内祭祀的“奥”相对的在外祭祀。如果是前者，那么王孙贾的意思是向亲近者献媚胜过向尊贵者求其护佑；如果是后者，则是与其献媚于君王之亲幸，不如求于外朝执事。王孙贾以这种态度求教于孔子。不论内容如何，从下文来看，孔子的态度是比较清楚的。也就是说，孔子认为凡事不要依靠他人的护佑，而应该顺应天命，如果一个人的所作所为违反天道，那么无论他向谁求助，都是没有用的。这与孔子一向不愿谄媚于人而投机取巧的态度是一致的。

(十三)

子疾病(1)，子路请祷(2)。子曰：“有诸?”(3)子路对曰：“有之。诔(4)曰：‘祷尔于上下神祇。’”子曰：“丘之祷久矣。”(《述而》第七·三十四)

【注释】

(1)疾病：病重。小病曰疾，大病曰病。

(2)请祷：请代祷于鬼神。

(3)有诸：有之乎？有这件事吗？

(4)诔(lěi)：述死者生前事迹，表示哀悼并用来定谥。

【导读】

本章以子路请祷事表明孔子对于天地神祇的态度。

子路因孔子病重而心急迫切，希望能代祷于鬼神，孔子对于他的这一片至情，心里有所感念，是必然的。但是孔子告诉他无须代祷，因为孔子对自身的生死是安于天命的，认为不须向神祇求福。子路说以前的诔文有“祷尔于上下神祇”之语，也就是向天地神祇祷告求福。孔子说，如果是这样的话，我已经祷告很久了。因为孔子素来行事，都讲求是否符合上下神明，是否符合天命。孔子曾经说“君子有三畏：畏天命，畏大人，畏圣人之言”(《论语·季氏》)，天命在人事之外而非人事可以支配，因而无烦别人代祷。

孔子遇到大事常言天、命，而少谈鬼神，《论语·先进》篇季路问事鬼神之道，孔子回答说：“未能事人，焉能事鬼？”又问死，孔子又回答说：“未知生，焉知死？”由此可见孔子的现实主义态度。他不主张祈求于虚无的鬼神，而是希望通过人自身的努力去改变现实。

因而，孔子与子路在这里的分歧恐怕不在于祷告与否，而是向谁祷告，怎么祷告。而此章中也没有言明子路是向鬼神祷告，而是引用以往的诔文，向天地神祇祷告，这一点我们需要细察。此外，解释本章的一个分歧是这段内容是子路在祷告之前向孔子求肯，还是祷告完之后回答孔子问话。前一种理解认为，子路没有祷告，诔文是引用前人语来证明前人亦向天地神祇祷告求福，后一种解释的主要依据是诔文，认为此诔文即是祷告文，这里我们取前一种解释。读本章，最重要的是体会孔子及其所代表的儒家对生死福祸的坦然态度，孜孜于自身心性修养和做事，顺承天命而等待天命的裁决，与“获罪于天，无所祷尔”的态度是一致的。

【思考与讨论】

1. 礼的本质和功用是什么?

2. 礼与仁的关系如何?“有仪式感的生活”就是“礼”吗?

3. 现代社会，礼能发挥什么作用?你认为哪些古礼有必要在现代社会继续传承?现代社会到底需要什么样的“礼”呢?

4. 孔子对待鬼神的态度是什么?

(十四)

子曰:“《关雎》(1)，乐而不淫(2)，哀而不伤(3)。”(《八佾》第三·二十)

【注释】

(1)关雎:《诗经·国风》的首篇。

(2)淫:过度。

(3)伤害:损害。

【导读】

本章孔子用《关雎》来指出诗的本质以及人心之正的重要性。

《关雎》是《诗经》的首篇，孔子删诗至三百篇，并将其列为首篇，此举是有深意的。这其中的意义与本章孔子所说的“乐而不淫，哀而不伤”大有关系。《关雎》是爱情诗，写的是君子思慕淑女，求之未得时辗转反侧，哀思不断，求之既得之后，琴瑟相合，则乐在其中。在孔子看来，快乐、哀思都出于人心之自然，同时又能不过度，快乐而不轻放，哀思而不抑郁，不失人心之正，因而是值得赞赏的。

尽管《关雎》主要讲的是爱情，但是其他情感何尝不是如此。诗的本质是抒情言志，如果情感指向的抒发，既自然真挚，又能使人体悟到一种性情之正，那么诗教就能达到调节人的性情，辅助礼乐习得的功效。而哀与乐是人最重要的两种情感，钱穆先生说得非常好，“无哀乐，无人心”，“悲天悯人与乐天爱人，是人心之最高境界”。这里，我们可以看到，具体的哀与乐的情感，超越个体的层面，可以转化为更高一层的普遍意义上的情感，体现出人格与道德的崇高境界。这正是孔子所代表的儒家对情感的一般态度，目标不是压制或者去除人的自然情感，而是在把握其中的分寸、节度，不失性情之正的基础上，力图提升具体情感为道德情感，最终呈现为理性、情感与审美相融的和乐境界。

（十五）

子语鲁太师(1)乐，曰：“乐其可知也：始作，翕(2)如也；从之，纯如也，皦(3)如也，绎如(4)也，以成。”(《八佾》第三・二十三)

【注释】

(1)太师：乐官名。

(2)翕：合。

(3)皦：音节分明。皦，白，这里以颜色形容声音，是通感的修辞手法。

(4)绎如：相续不绝的样子。

【导读】

本章描述乐的演奏过程。

古代奏乐开始是奏响金，然后歌者登台唱诗，接着笙开始加入进来，而后歌声与笙交替进行，最后是合乐，这样就完成了。整个过程中，乐的演奏从一开始兴奋而振作地起奏，然后乐声、歌声纯一不杂，音节分明，交替互作，再到相续不绝，最终共同完整一部乐章。虽然说的是奏乐，但其实讲了很重要的人生道理：任何一件事情的成功都需要许多人的通力合作，在共同协作中实现交流与会通。更重要的是，所谓“礼节民心，乐和民声”，乐是人心中情感的表达，通过协作完成一部乐章，人们的情感得到了沟通与凝聚，能生发对群体的认同感和向心力。这也是孔子重视乐教的根本原因。《乐记》云“凡音者，生于人心者也；乐者，通伦理者也”，正是在这个意义上达成的，通过乐的协和与调动，实现礼乐刑政的治国、平天下的最终目标。孔门弟子都爱赏乐、鼓琴瑟，也是延续了孔子礼乐并重的这一精神。

（十六）

子谓《韶》[1]：“尽美矣，又尽善也。”谓《武》[2]：“尽美矣，未尽善也。”(《八佾》第三·二十四)

【注释】

(1)韶：舜时乐的名称。

(2)武：周武王乐的名称。

【导读】

本章孔子通过点评乐，阐述尽善尽美的观点。

孔子认为三代舜时的韶乐是尽善尽美的，而周武王的武乐在形式、声容上是完美的，但是乐舞中所蕴含的意义则没有达到完满的善。孔子评价乐有两个标准：一是声容，如乐的音声、旋律，舞的形式、阵容之类；二是蕴含在乐背后的意义。古代帝王治国之功大成，大多会作乐，并以歌舞来形容、反映当时的盛况，因此《乐记》有所谓“观其舞，知其德”的说法。舜以文德受尧之禅让而得天下，武王则是通过征伐、武力获得天下。相比较而言，武王得天下的方式不是那么理想，因此表现武王功德的乐也不如舜乐那么善。

在艺术评价上，一般的观点是以美为评判的最终标准。但什么才是美呢？是形式上的美吗？比如乐的演出，是乐声优雅、舞蹈华美？还是内容和意义上的真情动人、意境深远？其实两者都很重要，空有形式，则华而不实；空有内容，则枯燥无味。在孔子这里同样如此，善与美的结合才是真正的“美”。尽管“尽善尽美”一词出自孔子对于乐的评价，但是这一审美观念对后世的影响极为深远。今天的大众文化，比如流行音乐、电影，种类、数目繁多，但是精品较少，能够启发人、感动人的传世之作更是少之又少。如果不在内容上突破，而仅仅在形式上利用各种现代技术创新、优化，恐怕不足以产生真正高雅的、美的作品来。

（十七）

子与人歌而善，必使反[1]之，而后和之。(《述而》第七·三十一)

【注释】

(1)反：复，再唱一遍。

【导读】

本章讲孔子爱好音乐，又有乐见人之善的美德。

孔子与人一同歌唱，听到别人唱得好，必定请他再唱一遍，重复听其妙处，然后一起唱和。这里体现的是孔子善于学习他人优长的好学精神，以及从中呈现出圣人和乐的气象。

此外，我们也要注意儒家关于乐教的看法。乐教是礼乐教育的重要内容。《乐记》对乐的起源和功用有精辟的论述：“凡音之起，由人心生也。人心之动，物使之然也。感于物而动，故形于声。声相应，故生变；变成方，谓之音；比音而乐之，及干戚羽旄，谓之乐。”乐是情感的抒发，人心感物而动，然后有声，声与其他外物相应和而有音，音排列组合而成乐，加上舞蹈编排就成为一整套乐。乐教有其具体的内容，诵词、旋律、节拍、舞蹈无一不有其标准，要求技艺精湛之外，还要求情感的中正表达，如此才能感人至深，实现“礼以道其志，乐以和其声”的功能。要实现这一点，无论是学习乐教还是日常怡情抒怀，都要做到道与艺的统一，不仅把握乐的技巧，更要有真挚的情感与中正之心，情动于中而形于声、发于外，在和谐的乐声中，人们的情感得到了抒发与沟通，紧密地联系在一起，这就是“乐和民声”的奇效。

【思考与讨论】

1. 如何看待礼和乐的关系？
2. 怎么理解“尽善”和“尽美”的关系？何者为先？

六、君 子

君子是儒家理想的人格形象。本单元所选章皆涉及君子为人处世的品行与修养。

（一）

曾子曰："吾日三省(1)吾身：为人谋而不忠乎？与朋友交而不信乎？传不习乎？"(《学而》第一·四)

【注释】

(1)省：反省。

【导读】

本章曾子强调修身最重要的三件事。

本章出现在《学而》中，是儒家学以成人的重要的内容，也是君子的日常功课。曾子指出了每天需要反省的三件事：忠实、诚信、学习。这三件事如果都能做到，就可以心安。曾子所说非常平实，但是细想一下又十分入理。现代社会竞争压力加剧，生活节奏加快，人们通常都被裹挟着努力往前走，实际上往往内心空虚迷茫，丧失自我。这时候不妨静下心来慢慢思索，追问自己内心的真实意愿，回归人的本质。"忠"是对他人守忠，更是对自己忠实，遵循内心的意志和原则处事；"信"是平日与人交往言行一致，从而获得融洽的社会关系；"传而习"则是始终保持学习的热情，不断地充实、完善自我。三者都将关注的重心收归到自己身上，始终倾听内心的声音，重视自己的成长以及与他人的和谐相处，不轻易随外界变化而心生波动。如果每一天的生活都能够做到这三点，无疑是既充实又充满意义的。

(二)

子贡曰:“贫而无谄,富而无骄,何如?”子曰:“可也。未若贫而乐,富而好礼者也。”子贡曰:“《诗》云:‘如切如磋,如琢如磨。’(1)其斯之谓与?”子曰:“赐也,始可与言诗已矣!告诸往而知来者。(2)”(《学而》第一·十五)

【注释】

(1)如切如磋,如琢如磨:讲求学问所下的功夫就如同切、磋、琢、磨这些制作器具的功夫(没有这种功夫就不能达成)。切、磋、琢、磨都是制作器具的方法,治骨曰切,治象(象牙制品)为磋,治玉曰琢,治石曰磨。一说指制作器具需要切磋琢磨以精益求精,学问也应该如此。

(2)告诸往而知来者:告诉所知道的,然后能推知未知者。

【导读】

本章主旨在贫而乐、富而好礼。

子贡认为贫穷的人不谄媚卑屈,富裕的人不骄矜傲慢,这应该是很好的为人与生活状态了。但孔子指出,如果贫而能乐道,富而知好礼,那就更好了。从这段对话中,我们可以看出孔子的思想与境界之高。贫而无谄、富而无骄的人固然不错,但是他们只是就自己的处境而做出符合自身处境的行为,保持自身品性而不下坠。如果贫穷而谄媚卑屈,富裕而骄矜傲慢,就丧失自身的人格尊严与良好品性了。贫而无谄、富而无骄,这是能知其所守,值得肯定。知其所守,就是有所不为,为则失之。但是孔子认为,人在保持自身人格尊严与良好品性的同时,还要增益其能,扩充其知,因此要贫而能乐道,富而知好礼,这是对自身的更高标准的要求。

这句话与孔子说过的另外一句话意思相近，孔子曾经说：“贫而无怨难，富而无骄易。”(《论语・宪问》)富而无骄当然是值得肯定的了，但是比起贫而无怨来说就容易得多。贫而无谄、富而无骄，还是没有忘记贫富之别。真正乐道、知礼的人则是忘记贫与富的差别，完全不以物质财富这种外在的差别为人与人之间的差别，而是以安于处善、乐于循理为最高追求。这才是真正可贵的。

（三）

子曰：“君子无所争，必也射乎！揖让而升，下而饮。其争也君子。”(《八佾》第三・七)

【导读】

本章的主旨是阐述君子以礼相争。

一般人对君子的印象大多停留在君子与人无争上，“争”似乎是一种好胜的行为，与君子彬彬有礼的形象不符。但是孔子指出，君子并非是毫无脾气的和稀泥的人，也不是毫无原则、一味退让的人，君子只是不计较胜败得失，不逞一时意气而已。如果一定要君子有所争的话，那么也会像射箭一样，既遵守礼仪，又尽力争取。射是儒家的六艺之一，所谓礼、乐、射、御、书、数。射箭用于战斗，平时也可以作为比赛。射箭讲究射礼，所以君子即使在这种竞技场合，也会依循射礼，先要作揖礼让，下堂之后要饮酒，这样才叫礼仪完备。因此君子即使有所争，也始终保持心平气和，不因输赢而动其心，更不会争强逞能，而是通过比赛相互砥砺上进，使彼此的技能都得到提升。这对处于竞争激烈的现代社会中的我们来说是个提醒。

（四）

子曰："朝闻道，夕死可矣。"(《里仁》第四·八)

【导读】

本章阐述孔子对道的孜孜追求。

对本章的理解存在一个分歧：闻道是听闻大道，还是领悟大道。笔者认为后一说较为可取。如果只是早上听闻大道，就认为可以安然地面对突如其来的死亡，虽然突出了道的无上崇高性，但是未免失之简单。因为"道"是人生最高智慧，对"道"的领悟是一个长期求索的过程，从初次听闻到潜心追寻，随着时间的浸润，对道的领悟会越来越深邃，对生命的感悟也会越来越真实。如果只是听闻，但是没有自身的一番求索与证悟，恐怕还是只停留在"知解"的层次上。也就是说，只是知识层面的理解、懂得，但是没有实行，没有体之于身。但如果是领悟大道，则必然是一番求索之后的豁然贯通，可能还不够深邃，也可能还不够纯熟，但是毕竟已得见道之一体，足以安慰吾心，所以即便这之后丧失生命，也是了无遗憾的。

人的生命长短是不可预见的，但人必有一死，又应该如何坦然地面对它呢？只有寻找到人生的价值，切身地实践并获得真实的体证，才会无愧、无悔于曾经的付出。"道"具有超越性与普遍性，它穿越古今，告诉我们人生的价值与意义之所在，唯有孜孜不倦地以求"道"为目标，才能破解生死之问。

（五）

子曰："士志于道，而耻恶[1]衣恶食者，未足与议也。"(《里仁》第四·九)

【注释】

(1)恶：粗劣，不好。

【导读】

本章孔子勉力有志之士要以道为最高追求，不要在意外在的物质条件。

士和君子在孔子这里大多数时候意义相当，但某些时候也有一间之隔，君子是理想、完满的士，士可以为君子，但并不是所有的士都是君子。“道”是君子的最高理想和追求，具体表现为用心于学问与修养，精益求精，同时将自己的所得施于社会其他人身上。至于外在的物质条件，如吃、穿、住、行，都不是他主要关注的内容，即使吃着粗茶淡饭、穿着朴素的衣服，他也丝毫不觉得低人一等。因为在他心里，这些都不是评判人的价值的标准。《论语·子罕》记载，子路穿着破袍子，与穿着貉袍子的人站在一起，一点也不觉得羞惭或者自卑。因为在他心中，对“道”的向往与追求远远超过了对外在功名利禄的追求，荣华富贵不足以动其心，生活寒俭也不足以丧其志。真正能令子路动心的是什么呢？大概是像孔子那样高洁的品格、渊博的学识与文质彬彬的礼仪谈吐，令他不觉心生向往，甚至自惭形秽，而升起浩然之志，修身养性了。

孔子认为耕田也有饥饿的时候，求道也有得禄食的时候，所谓“耕也，馁在其中矣；学也，禄在其中矣”(《论语·卫灵公》)，这就意味着求道与求食并非不可得兼。只不过君子从来不将谋食放在谋道之先，君子也从来只忧虑“道”之行还是不行，而不忧虑自身贫苦与否。如果一个人将外在物质条件看得太重，比如要吃高档的食物，要穿精美昂贵的衣服，要住有品质的住宅，要开最新上市的豪华汽车，否则就不足以显示自己的身份，甚至以没有这种生活配置为耻，则根本谈不上求道的志向了，不值得与之讨论。因为他的心念已为外物所缚，影响了他的价值选择与行为。一心求道的人，首先就需要看破物质这一关，如果没有看破这一关，那么其他的也就无从谈起了，大多数人是行到中途就会因不堪忍受贫寒或者耽于功名利禄而难以为继了。

（六）

子曰：“君子不器。”(1)(《里仁》第四·十二)

【注释】

(1)不器：不像器物，受限于某种用途。

【导读】

本章阐述君子要德才兼备，不受限于某一方面的道理。

君子是孔子心目中理想的人格形象，他不应该受限于某一方面的才能，像某种器具一样，而应该具有通贯之才。传统社会与现代社会的人才培养模式迥异，传统社会受教育的都是社会的精英，其培养目标也是具有高度社会责任感与担当的人才，能够胜任治国平天下的大任。因此传统社会培养的君子一定是德才兼备的人，他们具有高尚的人格、高度的社会责任感、渊博的学识、练达的情商以及通贯事物的管理才能。这固然很难，但是却为人们奠定了学习的方向与追求的目标，最终也将帮助人们不断超越自身的局限，修养身心，成就人生。

现代社会则不是如此，现代社会的分工越来越细，专业人才的需求越来越多，尤其是紧缺型高级专业人才更是普遍受到人们的青睐。这一导向无疑影响了人们对自身的要求，普通人能拥有一技之长便沾沾自喜，如果能挟一技之长而胜出他人许多，更是忘乎所以。殊不知，这在古人眼里，这不过是“器”罢了。自由而高尚的人格精神在哪里呢？高雅而快乐的生活志趣在哪里呢？生活节奏越来越快的现代社会，人们更要主动地抵御外在功利的洪流对心灵的侵蚀，保护心灵的宁静与精神的独立。“君子不器”便是对每个人最好的提醒。

（七）

曾子曰："士不可以不弘毅[1]，任重而道远。仁以为己任，不亦重乎？死而后已，不亦远乎？"(《泰伯》第八·七)

【注释】

(1) 弘毅：宽广的胸怀、坚定的意志。弘，宽广。毅，坚忍、坚毅。

【导读】

本章的主旨是曾子勉力士要以仁为己任，心胸宽广、意志坚定。

士最可贵的地方就在于心怀高远的志向，并且持之以恒地奉行。在曾子这里，这个志向就是把行仁当作自己的责任。"仁"是爱人，是成人之美，是博施济众，这个理想非常高远，非一时可以成就，也不是个人之力可以承担，所以要有宽广的心胸，坚定的意志，鞠躬尽瘁，死而后已，否则不足以承担这样的志向。曾子的这句话非常发人深省。事实上，即使在崇尚个人自由和权利的现代社会，有高度社会责任感和使命感的人始终值得我们尊敬。因此，我们要将个人价值的实现与社会价值结合起来，否则最终成就的只是狭隘的一己之私。

如何才能成长为一个勇于承担社会责任的人呢？要有宽广的心胸，也就是不以自己为中心，不以一己之私利为重，而是多从他人的立场和需求着眼，包容、关怀他人；要有坚定的意志，不因一时的挫败而丧气，也不因理想的遥远而失去信心，坚定不移地终身行之。

实际上，能做到这两点已经是超出常人太多。世界上不乏自私自利、半途而废之人，凡是有人能宽广、包容，超越自己的私利，或者坚毅、忍让，不论他们在什么职位上都会有一定的成就，更何况他们还有仁爱之心和远大的志向？孔子曾经说："有能一日用其力于仁矣乎？我未见力不足者。盖有之矣，我未之见也。”(《论语·里仁》)意思是为仁在己，我欲仁斯仁至矣，没有力不能及的，如果有人说力不能及或者力不足，只是自己为自己划限，没有弘毅的品质。

(八)

子曰：“贤哉回也！一箪(1)食，一瓢饮(2)，在陋巷，人不堪其忧，回也不改其乐。贤哉回也！”(《雍也》第六·九)

【注释】

(1)箪(dān)：盛饭的圆形器具，用竹或苇编成。

(2)一瓢饮：一瓢水。瓢，用葫芦制作的舀水器具。

【导读】

本章的主旨是孔子称赞颜回的安贫乐道。

颜回在孔子的弟子中学、行都是第一，是孔子最为重视的弟子。颜回吃着粗茶淡饭，住在简陋的房间里，一般人都难以长期忍受如此简朴苦寒的生活，但是颜回却没有受到丝毫影响，依旧能自得其乐。颜子的做法与孔子自己“饭疏食饮水，曲肱而枕之，乐在其中矣”(《论语·述而》)表达的是相同的志向。这一志向被宋明理学命名为“孔颜乐处”，在宋代以后成为一个重要的命题。周敦颐曾令二程体会孔子、颜子所乐何事，鼓励二人不依外在条件的变化而更改内心对“道”的追求，始终保持一种乐在其中的人生态度。后来无数学者将“孔颜乐处”作为鞭策自身的榜样，即无论在何时何地都能始终一心向学，并希望最终能达到孔子和颜子这样高明的人生境界。

生活在现代，外在的物质条件已经超越古人太多，但是在心志上我们能与古人比肩吗？同样是面对如何实现人生理想与价值的问题，我们能始终坚定志向，不因挫折而气馁，不因畏惧而止步不前吗？人生或许有许多考验，但是最大的考验始终来自我们自身，战胜自己的脆弱，战胜自己对外在条件的依赖，坚定地追求心中的梦想，并且能始终保持乐在其中的心境，就能找到自己的安身立命之处。

（九）

子曰："质胜文则野(1)，文胜质则史(2)。文质彬彬(3)，然后君子。"（《雍也》第六·十六）

【注释】

(1)野：粗野鄙陋。

(2)史：虚饰浮夸。史，本来指的是宗庙里的祝史，以及官府中掌管文书的。

(3)彬彬：两物相杂而兼备。这里指文质兼备。

【导读】

本章主要阐述君子文质兼备的道理。

文质彬彬的君子必然是内外兼具的人，"文"指文采、口才、仪态等外在方面的显现，"质"则是指内在的道德、学问。如果一个人学问、品质良好，但是拙于言辞、仪容不整、不够雅观，就会给人粗野鄙陋的印象，这就是"质胜文"。反过来，如果一个人文采盎然、辩才无碍、仪态端正美好，但是为人华而不实，品德低下不堪，则会给人浮夸、虚假的印象，这就是"文胜质"。

"质胜文"与"文胜质"都是有缺憾的，两种错误的倾向我们都要避免，只重视内在而忽视外在的文采、口才与仪态的人，很有可能被人忽视，或者得不到人们的喜欢。《论语·颜渊》中有一段话，是子贡曾经回答棘子成关于君子为什么要重视"文"的提问。他说"文犹质也，质犹文也"，虎豹的皮如果去了花纹，那就和犬羊的皮没有差别了。确实如此，如果没有君子博学于文而后斐然成章，人们又怎么区别君子与一般人呢？人们可能更容易被后一种只重视外在而忽视内在学问道德修养的人欺骗。因此内在与外在兼备才能成为表里一致、文质彬彬的君子，有志君子绝不能顾此失彼，放弃对自我的更高追求。

（十）

子曰："吾未见刚者。"或对曰："申枨。"(1)子曰："枨也欲(2)，焉得刚？"(《公冶长》第五・十)

【注释】

(1)申枨(chéng)：字周，一作子周，鲁国人。

(2)欲：多嗜欲。

【导读】

本章的主旨是无欲则刚。

"刚"是指刚毅正直，心有所主，而轻易不为外物所动摇，孟子所说"富贵不能淫，贫贱不能移，威武不能屈"的大丈夫应该就是孔子所说的"刚者"。但是这样心志刚强的人何其少？所以孔子感慨没有见过这样的人。接下来有人举了当时一个叫申枨的人的例子，但是孔子说这个人有很多嗜欲，有很多嗜欲的人怎么可能刚直不屈呢？俗话"有容乃大，无欲则刚"，大概就是源自这里。

如果我们细想这其中的关联，会发现孔子的观察非常细致而且准确。一个内心存有太多欲望的人，极其容易因为这些欲望而为外在的诱惑所牵引，难以保持内心的坚定立场，甚至丧失基本的原则与人格尊严。更为普遍的情况是孔子所说的"其未得之也，患得之；既得之，患失之；苟患失之，无所不至矣"(《论语・阳货》)。也就是说，欲望多的人，往往欲望没有得到满足时，心心念念的都是如何满足和获得；欲望满足之后，又开始担心失去，这都是因为欲望而产生的患得患失的心理。这样的患得患失多了，怎么可能静心呢？

相反，物欲少或者不在乎名利的人，不会轻易为外物所动。因为在他们心里，自有其他更为重要的东西。当然，孔子并不是主张让人无欲无求，而是在满足基本的生活欲求之外，不过分追求外在的名利。事实上，对于现代人来说，保持专注和内心的定力，往往是学习和工作决胜的关键，而减少过多的欲望，将心专注在有价值和意义的事情上就是一个重要的方法。

（十一）

子谓子产[(1)]有君子之道四焉：其行己也恭，其事上也敬，其养民也惠，其使民也义。(《公冶长》第五·十五)

【注释】

(1)子产：春秋时郑国大夫公孙侨，字子产，在政治上颇有名声，先后辅佐郑简公、定公、献公、声公四位国君，周旋于晋、楚两个大国之间数十年，始终保持郑国安定。

【导读】

本章孔子称赞子产的四种美德。

子产是春秋时期郑国有名的大臣，品德良好，事功卓著，因而受到孔子的称赞。他操行极为恭谨，事君敬顺，体恤百姓，使人民得到实惠，使用民力也很有节制，从不耽误农时，遵守法度。恭、敬、惠、义，这四种美德涵盖修己、治人两个方面，是君子的体现。

君子这一人格形象，最初便是代表身份高贵、有地位、有影响力的人，虽然在孔子这里，君子德性高贵的一面得到强化，但是君子并非独善其身之人。君子不仅注重自身品德修养，品质高洁，同时也关心政事，在社会上积极发挥其担当精神，施展其作为。修己与治人这两方面在君子身上，始终是同时展开并互相配合的。

【思考与讨论】

1. 什么是君子心中最重要的事？

2. 君子如何看待名利？

（十二）

子曰：“君子喻(1)于义，小人喻于利。”（《里仁》第四·十六）

【注释】

(1)喻：知晓。

【导读】

本章主旨在说明君子与小人在义、利上的不同选择。

“义”是《论语》中的重要概念。“义”是指行为的合宜，但合宜的标准是什么呢？不同的时代有不同的标准，不同的场合也有不同的标准，但有一些价值是共通的、普遍的，符合大多数人的利益，放之四海而皆准，同时也不因时代而改变，比如善、正义、公平等价值。与“义”对立的“利”则是从个人出发的只满足一己之私的利益，甚至是只满足自身而对他人造成威胁的利益。义利之分是君子与小人的最大分别。君子对于凡是违反道义的事，即使有再大的利益，也绝不会去做；而小人，只要有利可图，不管对他人有没有危害，都会冒险尝试。由此二者人格高下立判。

现代社会，人们对物质财富的渴求超过以往任何时代，但是在追逐财富利益的时候，也必须见利思义，思考在这一过程之中，是否侵犯到他人的利益，是否造成他人的伤害或者损失，是否违背了自己的真实意愿与原则，是否降低了自己的人格尊严和价值水准。如果其中存在上述情况，则必须三思而后行。要知道“放于利而行，多怨”(《论语·里仁》)，过度追求利益，不一定会带来幸福，有时候可能会给自身和家人带来灾难。因为事实往往证明所有非正当手段获得的不义之财，最终必定要付出相对等的代价，所以不要存任何侥幸心理。

(十三)

子曰：“君子周(1)而不比(2)，小人比而不周。”(《为政》第二·十四)

【注释】

(1)周：周遍，不偏私。

(2)比：偏私。

【导读】

本章阐述君子周遍而不偏私、小人则相反的差别。

因为所主张的标准不同，君子与小人在对待他人时，有显著的差异。君子对人一视同仁，公正无私，能站在整体大局的立场上，充分考虑所有人的利益而力求做出公正的判断。小人则不同，小人考虑的是个人或者是自己小团体的利益，因而容易勾结营私，为自己争利。一旦他人利益与自身利益发生冲突，小人会首先为自己的利益而抢占先机，君子则始终能从全局考量，顾全大体，不偏向任何个人。孔子说：“君子矜而不争，群而不党。”(《论语·卫灵公》)君子不屑于为个人私利去争，也从不结党营私，他只是为整体的利益和和谐考虑。

周而不比，实际上就是坚持公正与仁，这样做的好处是什么呢？首先，它维护的是社会整体的秩序。如果所有人都能公正无私地遵循社会规范与原则，遵循公正的选择与评判机制，那么每个人都能凭着自己的真才实学获得与自己相对等的回报，不必担心社会的不公。其次，它能体现社会的公正与包容。与“仁”的原则相结合，社会规则的制定能充分考虑弱势者的不利竞争地位，给予适当补偿，也能弥补竞争条件下出现的可能不公，让更多人对社会抱有希望。相反，如果没有这样公正的秩序维持，也没有“仁”的原则加以补充，每个人都自私自利，不顾社会公益，并且为自己的利益徇私枉法，铤而走险，不仅社会秩序紊乱，竞争恶化，更会为整个社会带来灾难。所以子夏说“女为君子儒，无为小人儒”(《论语·雍也》)，是有极强的劝诫意义的，因为小人儒对社会的危害实在是难以预估的。

（十四）

子曰：“君子成(1)人之美，不成人之恶。小人反是(2)。”(《颜渊》第十二·十六)

【注释】

(1)成：助成。

(2)反是：与此相反。是，此。

【导读】

本章阐释君子与小人对待他人的不同用心。

君子和小人最大的差别是什么？《论语》中有许多处谈论君子与小人的不同，比如在义与利上的不同选择，所谓“君子喻于义，小人喻于利”(《论语·里仁》)；在心态上的不同，所谓“君子坦荡荡，小人长戚戚”(《论语·述而》)；在性情上的差别，所谓“君子泰而不骄，小人骄而不泰”(《论语·子路》)；还有“君子怀德”“小人怀惠”(《论语·里仁》)等。但是从根本上来看，君子与小人的最大差别是二者对他人的用心不同。君子以“仁”待人，将他人之事视作自己的分内之事，能设身处地地同情、理解他人，如果他人有什么心愿或者难处，君子会尽其所能地帮助他完成。小人则不同，小人的眼中只有自己，只看到一己之私利，对他人也没有任何同情心，甚至心怀嫉妒，不允许任何人超过自己。在他人遇到难处的时候无动于衷，甚至落井下石，在他人快要达成目标的时候设置障碍，阻挠他人的成功，类似之事层出不穷。

究其原因，还在于君子有仁者之心，小人则自私自利。有仁者之心的人心怀天下，对自己和生活的追求，不限于一身，而是在完善自身的同时，也常常惠及他人，因而最终成就高远的人格与广阔的事业。而自私自利的人眼界狭小，急功近利，看不到自己之外更广阔的世界，终其一身蝇营狗苟，碌碌无为，最终在事业与人格上都难以获得大的提升。即使自己的利益获得较大的满足，也不会享有好的声誉。而那些真正在事业与声誉上都能获得成功的人，往往是不将自己的私利放在首位，而总是将合作、共赢放在第一位。

现代社会的生活方式发生了巨变，人与人之间的社会关系没有传统社会那么紧密，“各人自扫门前雪，不管他人瓦上霜”的现象比较普遍。但是，社会分工更为细化，合作更为紧密，人与人之间的利害关系却更为复杂。成人之美往往最终也是成就自己，反过来，害人也必将害己，这一点恐怕每个人都要细心掂量。

（十五）

子曰：“君子求[1]诸己，小人求诸人。”（《卫灵公》第十五·二十）

【注释】

(1)求：要求、责求。

【导读】

本章阐述君子事事责求自己，小人则事事苛求他人的差别。

“求诸己”与“求诸人”是两种截然相反的人生态度：一种是向内自觉反省，在自己身上找原因，反省自己的缺点；另一种是向外推卸责任，苛求他人、环境等其他外在因素，看不到自身的不足。不同的人生态度最终也会导向不同的人生结果，自觉反省的人能找到自己的短板，努力改进，精益求精，在能力上再上一层楼。同时，所谓“躬自厚而薄责于人，则远怨矣”(《论语·卫灵公》)，自觉反省的人格局更大，眼界更广，对他人不苛求，自身的能力又足以支撑其职位，因而在与人相处的过程中容易得到他人的信任和认可，事业也会开展得更为顺利。相反，苛求他人的人，即使当下掩盖了自己的缺点，但是长期来看，不从比较、反省中发现自己的不足、学习他人的优长，不仅自身能力得不到提高，而且会使他人产生怨怼心理，从而摩擦不断，工作难以进行。

自觉反省是孔子十分重视的一门修养功夫，也是做人做事的基本态度。现代社会崇尚个人的权利和自由，一些人对自己职责以外的事情通常是事不关己、高高挂起的态度，出了问题就在他人身上找原因，推卸责任。这种方式显然不利于团体的合作与整体的利益。一个人除了要做好自己的本职工作外，还应该多向周围的同事、朋友、师长取益，反思自己的不足，这样才能获得个人能力的提升。而从他人身上发现价值，学习他人优长，更有利于促进整体的认同与合作，提升整体利益。

孔子说的另一段话也令人深思：“不患无位，患所以立；不患莫己知，求为可知也。”(《里仁》第四·十四)也就是说，不要发愁得不到理想的职位，而要思考自己应该拿什么立在这个位置上；不要烦恼别人不知道自己，而应该思考自己有什么可以让人知道的。表面上来看，这段话似乎是对失意之人的一种安慰，细想之下会发现其中意味深长。在竞争激烈的现代化社会，如果连自己都不知自身特质和优势，又怎么可以盲目地期待他人慧眼识才呢？如果有这样一个职位，让你发挥才能，你认为自己靠什么站稳脚跟？或者有一个平台，让你推广自己，你觉得自己在哪方面是最耀眼的？有什么样的才华可以展现给大家？如果你能清晰地回答，并迅速地思考怎么运作执行，那么不用担心，即使暂时没有好的职位，机会也总是会眷顾有准备的人。你要做的是远离自己的舒适区，不断地充实自我，提升自我，以等待“天将降大任于斯人”。因此，这样的反求诸己，实际上是帮助自己冷静思考，找准定位和优长，从而为更好地发挥才能打下基础。如果总是在他人身上找原因，恐怕只会止步不前。所以“君子求诸己，小人求诸人”对世人实在是一个很好的提醒。

（十六）

子曰：“君子和(1)而不同(2)，小人同而不和。”(《子路》第十三·二十三)

【注释】

(1)和：调和彼此，和谐共处。

(2)同：相同而无差别。

【导读】

本章阐述“和”与“同”这两种不同的关系状态。

在团体中与人相处，是门大学问。一般来说，我们都希望团体中的成员能和谐共处，使团体保持一定的向心力和凝聚力，这就需要大家在重要问题上保持一致。但是每个人有不同的立场，对相同的一件事也可能有不同的意见，做事情时也有不同的习惯。如果勉强求同，不仅违背了个别成员的真实意见，而且很难真正达成一致。那么到底如何处理群体中与他人的关系呢？

孔子认为，正确的做法是像君子那样追求“和而不同”。“和”是调和彼此，使其和谐相处，“同”则是去除个性差异、尽量趋同。也就是说，我们应该力求达成整体的和谐相处，但不要求个体放弃自己的个性与差异，而是在异中求同，取得最大公约数。如果罔顾个性与差异，那就是“同而不和”，不仅不能达成和谐一致，反而会激发矛盾。因此，我们应该尊重每个人的个性差异，尊重每个人的立场、意见与习惯的不同，在寻求整体利益最大化的同时，使每个人的意见和诉求都能尽量地得到表达和满足。如果片面地追求一致，而罔顾其他人的意愿，必然会加速团体的分崩离析；如果无原则地服从他人意见，而不说出真实的想法，曲己以从人，长此以往，不但不能形成全面的意见促进整体的发展，最终还会导致面和心不和，不欢而散。

【思考与讨论】

1. 你认为君子与小人的最大差别是什么？

2. 你在现实生活中是否有“成人之美”的经历？和同学们一起讨论你的心路历程。

（十七）

司马牛(1)问君子。子曰：“君子不忧不惧。”曰：“不忧不惧，斯谓之君子已乎?”子曰：“内省不疚，(2)夫何忧何惧?”(《颜渊第十二·四》)

【注释】

(1) 司马牛：名犁，宋国桓魋的弟弟，孔子弟子。

(2) 内省不疚：内心反省而不愧疚。

【导读】

本章主旨是君子不忧不惧。

宋国桓魋作乱，司马牛是他的弟弟，因此忧心自己家族的安危。孔子在他问如何才算是君子的时候，趁机指点他：“君子应该是不忧不惧的人。”司马牛进一步问，不忧不惧就是君子吗？孔子说，君子反省自身，发现自己内心光明，毫无愧疚，坦荡磊落，那还有什么值得忧虑恐惧呢？孔子一方面指点司马牛不用太过担忧家族的安危，另一方面则要求他趁这个时机，以君子的人格勉力修养自身，不轻易因为外在的环境变动而扰乱内心的安定。由此可见孔子确实是因材施教、随机点拨的典范。

做不忧不惧的君子，对我们每一个人来说，都是一个良好的愿望。现代生活节奏快、压力大，人们在忙碌之余怀有对不确定的未来的担忧与恐惧，这是难免的。怎么才能做到不忧虑、不恐惧呢？——内省不疚，不愧不怍。当我们感到忧虑、恐惧的时候，静下心来问问自己：是否做过违反道德和良知的事情？如果没有，那么就没有什么不安或者愧疚，也没有什么值得担心的。另外，我在道德、学问方面是否已经做得够好了？如果还不够的话，必须从哪些方面开始着手勤勉努力？经过这样一番思索反省之后，焦虑不安的心情就会慢慢地平静下来，并且开始有明确的努力方向。

“内省不疚”不仅仅是去除忧虑和恐惧的具体方式，更重要的是告诉我们：抵御未来的不确定性的真正力量来自我们的内心，来自我们对自我的认知和评判。只有将价值建立在对自我的充分肯定上，才不会轻易被他人的眼光和外界的评价所干扰，也不会因为突如其来的灾祸而丧失信心。孔子曾经说“君子坦荡荡，小人长戚戚”(《论语・述而》)，这种坦荡正是建立在对自我的肯定与自信上。孟子说“仰不愧于天，俯不怍于人”，又说“充实之为美”，内心光明、道德完满的人正是不忧不惧之君子的真实写照，这种人格境界的获得需要在现实生活中不断地磨砺。

《论语・颜渊》中有一章，同样也是安慰司马牛失去兄弟的忧思，子夏指出“死生有命，富贵在天”，也就是说，非人事所及的事情，就交给天，君子只要“敬而无失，与人恭而有礼”，又何患没有兄弟、没有朋友？所谓“德不孤，必有邻”，有德之人，必定会有来亲近他的，也必定会受到其他人的敬仰，四海之内皆是兄弟、朋友，又何来的孤独与哀愁呢？这也是从另一侧面对本章主旨的补充。

（十八）

子曰："君子义以为质[(1)]，礼以行之，孙以出之[(2)]，信以成之。君子哉！"（《卫灵公》第十五·一七）

【注释】

(1) 义以为质：以义作为本质。

(2) 孙以出之：用谦逊来表达。孙，即"逊"。

【导读】

本章阐述君子以义为本质，用礼、逊、信的品德来完成自身人格的建构。

君子立身处世，以义为根本，凡事符合公义就勉力而行，不符合公义的就予以坚决否定。不仅如此，有些美德也需要"义以为上"（《论语·阳货》）才能成就德性。比如"勇"，孔子就指出"君子有勇而无义为乱，小人有勇而无义为盗"，由此可见"义"作为道德准则的重要性。此外，缺乏"义"的"仁"也会走向乡愿，缺乏"义"作为内涵的"智"也容易沦为狡诈，缺乏"义"的"信"也容易滑向迂钝。

当然要完成符合义的事情，还需要礼让、谦逊与守信的品德来配合。比如很多人认为自己做的是符合大众利益的事，在道义上占了上风，因而在与他人发生矛盾的时候，有些盛气凌人，认为其他人就有义务配合自己，这就有些强人所难。有些人甚至认为自己的想法正确就排斥异己，这就更糟糕了。可见即使是做对的事情，也要讲究方式方法，体谅他人的难处，无论何时何地都保持谦逊的心态待人，注重力行，不尚空言，如此才能获得他人的信任，在诚信合作中完成任务。

礼、逊、信是三种非常重要的品质，是取信于人并赢得他人尊重的关键。尤其是守信，《论语》中有许多论述。如“先行其言，而后从之”(《论语·为政》)，先把要说的话做了，再说出来，或者说了就一定要做到。“君子耻其言之过其行”(《论语·宪问》)，君子以言过其实为耻，脚踏实地地做事才能获得人们真正的敬重。还有如“言忠信，行笃敬”(《论语·卫灵公》)，“古者言之不出，耻躬之不逮也”(《论语·里仁》)等，都是在强调言行一致、诚实守信才能得到人们的敬重。这些都值得我们好好体会。更有“可以托六尺之孤，可以寄百里之命，临大节而不可夺也”的君子(《泰伯》)，人格之伟岸足以令世人敬仰，究其实质，不过严格遵守道义与诚信而已。可见信义二字，说得容易，做起来实在是难，也实在是考验人的心性啊！

(十九)

孔子曰：“君子有三戒(1)：少之时，血气(2)未定，戒之在色；及其壮也，血气方刚，戒之在斗；及其老也，血气既衰，戒之在得(3)。”(《季氏》十六·七)

【注释】

(1)戒：警戒。

(2)血气：精神气性。

(3)得：贪得。

【导读】

本章孔子讲述人生三个阶段需要警惕的事情。

人的生理与精神气质会随着年龄的变化而发生变化，从生到死，大致会经历少、壮、老三个阶段。第一个阶段是人尚年少之时，血气未定，在青春萌动期容易产生男女情欲，这时候要戒色。因为如果放纵情欲，不但会影响身体发育，也容易因沉迷其中而丧失志向。第二个阶段是人到了壮年，生理发育成熟，血气方刚，精力充沛，对未来充满憧憬与抱负，渴望在社会上大展宏图，这时要注意警惕好斗争胜之心，尤其要避免以为自己年轻力壮而逞血气之勇的情况。因此要戒好斗，善于运用理性、成熟的思考来约束自己。第三个阶段是年老时，体力逐渐衰弱，对许多事情开始力不从心，这时候应该适时退让，休养生息，如果还对以往权位念念不忘，或者得失心极强，这样不但不利于养生，也终将得不偿失。因此这一阶段要“戒之在得”。

总的来看，孔子这段话都是告诉我们，人生而有血气之私，但是人能用理性和意志战胜血气和欲望，使人生各个阶段都能顺利度过并且真正有所得。这种理性和意志，用孟子的话说就是“志”，孟子说“志者气之帅”，不听凭生理血气的冲动行事，而是以志帅气，这样人就能成就自身德性与人格。

（二十）

孔子曰：“君子有九思：视思明，听思聪，色思温，貌思恭，言思忠，事思敬，疑思问，忿思难[1]，见得思义。”（《季氏》第十六·十）

【注释】

（1）忿思难：愤怒的时候要思考所带来的困难。

【导读】

本章详细阐述君子平时言行所应注意的细目。

君子平日言行不能无所用心，糊里糊涂地应付了事，而应该凡事考虑周到，注意细节，同时又不违背原则。这些需要注意的细节包括九个方面：看的时候力求达到明白透彻，既看到事物现象背后的本质，也关注与其他事物的关联等；听的时候力求明晰准确，避免偏听偏信；说话做事时要注意脸色温和可亲，不能拒人于千里之外；与人相处时要注意态度恭敬，不论贵贱，不论贫富，均一视同仁；说话时要诚实守信，与实相符，不能信口开河或者夸夸其谈；做事情要注意心存敬意，尽其职责，不敢懈怠；有疑问的时候要注意发问，不要闷在心里，或者不做深入思考而胡乱带过，这样可能酿成大错；愤怒的时候要冷静思考可能造成的后果，不要轻易动怒，冲动行事；得到的时候要思考是否取之有道，是否符合道义，尤其是不劳而获的时候更要反思。这九个方面贯穿人们的生活日常，每一件事、每一个时刻、每一个方面，都有需要用心的时候，不可轻易放过。长此以往，这种用心反省逐渐成为一种习惯、一种自觉，从而帮助人们成就君子人格，完善自身。

（二十一）

子夏曰："君子有三变(1)：望之俨然(2)，即(3)之也温，听其言也厉。"(《子张》第十九·九)

【注释】

(1)变：变化。

(2)俨然：端庄的样子。

(3)即：接近。

【导读】

本章描述君子待人接物的姿容。

君子待人接物时有三种姿容上的变化，远望似乎端庄威严，接近时又感觉温和可亲，等到听他说话，又严厉有决断。这恰恰是君子的中庸之道。一个道德修养高明的君子，往往能够兼具各种美德，同时又能使各种美德配合得平衡而恰当，在各种场合进退得宜，受人尊敬。从外表看，他既让人看到其威严而升起尊敬之心，所谓“不重则不威”（《论语·学而》），不似某些轻浮的小人，一见则让人觉得鄙弃厌恶；待接近时又温和可亲不会让人畏惧，不似某些在高位的人，盛气凌人，恃才傲物；说起话来则有非凡魄力，言出必行，让人信任敬服，不似乡愿逢迎拍马，毫无原则。这都是因为君子内外兼修、德才兼备，才有如此发于中、形于外的气象。生活在这样的君子身边，会不知不觉地被他的品质所打动，受他的言行感染，而自觉地以仁德要求自己，在不同的地方表现出适宜的姿态，让人从心底里升起尊敬与亲近。

我们学习孔子，以君子为理想人格参照，就要以君子的内外兼修为榜样，不仅从内在品质道德入手涵养身心，同时还要兼顾外在待人接物，敬以直内，义以方外，这样才能真正地取得他人的信任与尊重，同时也能用言行感染他人，鼓励他人以同样的方式加强自我修养。现代人都自诩有独立的思考，不愿接受说教的方式，如果我们有志于带动周围的环境和对社会做一些改变，不妨借鉴君子这种言传身教的方式，或许这才是一种真正行之有效的方法。

（二十二）

孔子曰：“益者三乐，损者三乐。乐节礼乐，乐道人之善，乐多贤友，益矣。乐骄乐，乐佚游[(1)]，乐宴乐，损矣。”（《季氏》第十六·五）

【注释】

（1）佚游：散漫游荡。

【导读】

本章区分了有益的三种快乐和有害的三种快乐。

什么是真正的快乐？很多时候，人们把欲望的满足，比如吃喝玩乐的享受，当作真正的快乐。满足欲望的快乐是不长久的，吃喝完了，快乐也就结束了，甚至有时候会变得很空虚。但是真正的快乐却让人内心平和，并感到持续的幸福。这样的快乐是真正对我们有益的。

有益的快乐有哪些呢？第一种是“乐节礼乐”，也就是以礼乐节制自身。以礼乐节制自身为什么会带来真正的快乐？因为礼乐帮助我们处理人与人之间的关系，达到人与人的和谐，同时也帮助我们自己从内心感受到生活的美好。礼乐的教化从根本上引导我们过一种理性而愉悦的生活。各种礼仪、细节都与生活中的感受关联起来，比如房间的布置、衣着的品位，这些小事做得恰到好处，就会让人感到发自内心的快乐。第二是“乐道人之善”，乐于发现他人的优点，赞美他人的长处，既可以结交贤能，又可以见贤思齐。第三是“乐多贤友”，与这种贤友相交，找到精神上的共鸣，从而获得内心的真正欢喜。

三种有害的快乐是什么呢？第一种是“乐骄乐”，也就是骄傲放纵、无所顾忌，这样的人只顾满足自己的喜好，不管事情的后果，拥有这种快乐是很危险的。第二种是“乐佚游”，就是喜欢贪玩，生活散漫，到处游荡，这样的人不事生产，好吃懒做，到最后不过是不断地浪费时间和金钱，并没有实质上的收获。第三种是“乐宴乐”，也就是喜欢和狐朋狗友在一起吃喝玩乐，生活奢侈、夸张放纵，只满足于口腹之欲，这种快乐也是有害的。

总的来看，就是不要追逐肤浅的、满足自我欲望的快乐，这种快乐短暂而空虚，而要找寻真实的、持久的快乐，这种快乐是别人夺不走的。这种快乐可能来自你内心的真实喜好，可能来自与知心朋友产生精神共鸣、互相助益，也可能是实现自我尊严与价值的精神之乐。

七、为　政

政治是孔子思想的重点内容，其中包括为政以德、正名以及其他治国之道的具体主张。

（一）

子适(1)卫，冉有仆(2)。子曰："庶(3)矣哉。"冉有曰："既庶矣，又何加焉?"曰："富之。"曰："既富矣，又何加焉?"曰："教之。"(《子路》第十三·九)

【注释】

(1)适：前往。

(2)仆：御车。古礼幼者、卑者为长者、尊者驾车。

(3)庶：(人口)众多。

【导读】

本章孔子教导治国之道最重要的三件事，即繁衍人口、发展经济与教化百姓。

农耕时代，劳动力是决定生产力的关键因素，因此保持人口的增长是各国关心的首要之事。其次，则是发展经济，使人民生活富裕、丰衣足食。然后，再大力发展教育，提升人民知识水平和文化素养。其实这并不是孔子的一人之见，当时许多政治家都有同样的思考。比如《管子·治国》指出："凡治国之道，必先富民，民富则易治也，民贫则难治也。"《管子·牧民》也指出："仓廪实而知礼节，衣食足而知荣辱。"可见《管子》也是支持这种先富民而后教民礼节的强国之路的，将富民看作教民的基础，只不过《管子》更加重视富民，孔子则将教民知礼节视为根本目的，因为孔子在治国为政一事上还是以人为本，最终指向培养什么样的国民这一目标。

孔子这一思想与现代社会治理的思路是一致的。首先，人口与生产力的发展有着密不可分的关系，尽管人口不是决定性因素，但是也起着非常重要的作用，保持人口增长与社会生产力发展水平相协调，就是维持经济持续发展的重要前提。其次，发展经济这一策略在现代社会受到前所未有的重视，当前要注意的是经济的协调、平衡与充分发展，让人民真正共享经济发展的成果，安居乐业。最后，在经济发展起来的同时，一定要发展教育、文化事业，提升人民的科学知识水平、文化素养与道德修养，既为经济发展奠定基础、储备人才，也促进人民的自我提升与价值实现。

（二）

子曰："道之以政[1]，齐之以刑[2]，民免而无耻[3]；道之以德，齐之以礼，有耻且格[4]。"（《为政》第二·三）

【注释】

(1)道之以政：用政令来引导人民。道，引导。

(2)齐之以刑：用刑罚来整饬民心。

(3)民免而无耻：人民免于刑罚却没有羞耻心。

(4)有耻且格：人民有羞耻心而且能改正缺失。格，正。

【导读】

本章阐述孔子以德、礼治国的政治主张。

主德礼与主政刑是为政治国的两种不同方式。主德礼，是要求在上位者以德性为本，以身作则，教化民众，所谓"为政以德，譬如北辰，居其所而众星拱之"（《论语·为政》），领导者品行中正、恪尽职守，为人们确立典范的同时也能引导人们符合社会规范。同时，用礼仪文化制度来凝聚人心，强化认同与归属感，传递和确认文化的内在精神，这样人民就能形成共同的价值标准，遵守共同的道德规范，遵礼守法，不仅有羞耻心，有了错误也能及时改正。

而主政刑，则是用政令刑罚来硬性规定人民应该做什么，不应该做什么，不遵守政令和法律的人就会受到行政或者法律的处罚。这样，人民震慑于政令与法律的效力，事事以政令、法规为准而不敢轻易违反。但是，这样管理下的人民对自己的要求不过是免于刑罚，在道德修养方面也就没有什么高的要求了，更谈不上道德自觉。

本章我们可以结合“季康子问政于孔子”章来看，季康子问“杀无道以就有道”是不是一种好的执政办法，也就是以刑律处罚犯罪者来保证政治清明，是不是一种有效的方法。孔子当即反对说，为政之道怎么能用杀来执行呢？他说：“子欲善，而民善矣。君子之德，风；小人之德，草，草上之风，必偃。”(《论语·颜渊》)领导者和民众的关系应该是风与草的关系，风吹而草动，领导者是负责引导民众行为的风，而领导者如果想要引导民众向善，就要崇尚善道，而不是过于强调或者依赖刑律的威慑作用。

政令与法律的规范是一种较低层次的规范，它强调的是不对他人和社会造成实质性的伤害，其惩罚也是针对现实发生的行为。道德则是一种更高层次的要求，除了不对他人或者社会造成伤害之外，它还强调人之为人的品质，比如对他人的同理心、对是非判断的自觉等。羞耻心就是道德自觉的一种体现，它是对人应该做什么、不应该做什么的自觉判断，这些事情可能不是政令与法律规范之内的，但是如果一个人没有这种自觉，就丧失了做人的底线。比如孟子曾经讲过一个故事，说的是齐国有一个人在外摇尾乞食，回家后却对自己的家人作威作福，欺骗家人说自己在外如何威风，这个人虽然没有做什么违反法律、伤害他人的事情，却毫无羞耻心可言，最后他的谎言被家人识破，人格尊严扫地，家人也离他而去。由此可见，一个没有羞耻心的人是得不到他人的尊重的。

此外，政令与法律能规定人民不违法乱纪，但是不能教导人民如何做一个温、良、恭、俭、让的谦谦君子，也不能给人民提供一种理想的生活方式。而对于那些在政令和法律中没有明文规定禁止或给予处罚的，比如说为人刻薄、奸诈、吝啬或者粗鲁、浮夸，我们就有理由不在意吗？如果整个社会都不重视道德礼仪，所有人都踩着法律的底线肆意妄为，生活在其中的人又会变成什么样子呢？那样的社会还是我们所期待的社会吗？

（三）

齐景公(1)问政于孔子。孔子对曰："君君、臣臣，父父、子子。"公曰："善哉。信(2)如君不君，臣不臣，父不父，子不子，虽有粟，吾得而食诸(3)？"(《颜渊》第十二·一一)

【注释】

(1)齐景公：齐国国君，名杵臼，谥号为景。

(2)信：真实。

(3)诸：之乎。

【导读】

本章孔子阐释正名的具体内容，即君臣父子要各尽其道。

鲁昭公末年，孔子来到齐国，齐景公问孔子治国之道，孔子针对齐景公宠信内嬖，不立太子，导致齐国大夫陈氏专政、内政混乱的局面，做出了"君君、臣臣、父父、子子"的回答。"君君、臣臣、父父、子子"就是君要尽君道，臣要尽臣道，父要尽父道，子要尽子道。如果君不尽君道，臣不尽臣道，父不尽父道，子不尽子道，那么君不仁，臣不忠，父不慈，子不孝，即使这个国家拥有很好的经济基础，土地肥沃，风调雨顺，也会因为社会秩序的混乱而导致人祸不断，生灵凋敝。

“君君、臣臣、父父、子子”实际上就是“正名”，正名的实际意义就是正名分，使名实相符，其目的是确立秩序，让所有人都明白自己在政治、人伦关系中所处的位置，履行自己的政治和伦理义务。齐景公问政于孔子，孔子首先说的就是君臣父子的秩序奠立，由此可见“正名”的重要性。“正名”是“齐之以礼”的重要内容，“正名”依照每一个体各自的名分赋予每个人以相关的权利和义务，并平等地承担其政治与伦理责任，社会因此而井然有序，因而是礼制的基础。

（四）

子路曰：“卫君(1)待子而为政，子将奚先(2)？”子曰：“必也正名(3)乎！”子路曰：“有是哉，子之迂(4)也。奚其正？”子曰：“野(5)哉由也，君子于其所不知，盖阙如(6)也。名不正，则言不顺；言不顺，则事不成；事不成，则礼乐不兴；礼乐不兴，则刑罚不中(7)；刑罚不中，则民无所措手足(8)。故君子名之必可言也，言之必可行也。君子于其言，无所苟而已矣。”(《子路》第十三·三)

【注释】

(1)卫君：出公辄，卫灵公之孙，蒯聩(kuǎi kuì)之子。

(2)将奚先：将先做什么。奚，何。

(3)正名：正名分，使名实相符。

(4)迂：迂阔而不切实际。

(5)野：粗鄙。

(6)阙如：省略或者搁置不谈。阙，缺。

(7)中：切合情理。

(8)无所措手足：手足不知放哪儿，不知如何是好。

【导读】

本章详细阐述“正名”及其作用。

孔子与子路的这段对话有特殊的历史背景。鲁哀公六年(卫出公辄四年)，孔子来到卫国，这时在位的是卫灵公的孙子出公辄，与其父卫灵公之子太子蒯聩为争君位，大动干戈。蒯聩因为得罪夫人南子，流亡在外，卫灵公薨后，蒯聩请求晋国派兵护送他回国，被出公辄以祖父遗命名义拒之门外。此时，出公辄问政于孔子，恐怕是想得到孔子的认可，从而重用孔子。但是孔子就卫国目前这种父不父、子不子的局面，指出“正名”的重要性及其作用，他说：“名不正，则言不顺；言不顺，则事不成；事不成，则礼乐不兴；礼乐不兴，则刑罚不中；刑罚不中，则民无所措手足。”(《论语·子路》)也就是说，人伦秩序的建立为言论、行事、礼乐、刑罚等政事的展开奠定了基础，人们的生活行为因此才能有秩序，否则社会就只能陷入混乱之中。因为正名是为政的基础，由名分的不正而造成的后果，必然是连锁性的反应。而事实上，卫国政治上的争端也确实如孔子所担忧的愈演愈烈，动乱不已，老百姓手足无措，子路也最终因为这场动乱而死，实在令人唏嘘。

(五)

子曰：“其身正，不令(1)而行；其身不正，虽令不从。”(《子路》第十三·六)

【注释】

(1)令：命令，政令。

【导读】

本章强调在位者必须品行端正才能政令畅通。

所谓“为政以德”，在位为政者最应该做的事情是什么？是正身。

也就是自身遵行正道，端正品格，秉公守法，这样才能作为行为模范，感召众人。如果一个领导者事事能以身作则，其人格特质与行为法度为人所称道，人人都潜移默化地受他的感召，愿意效仿他，那么他发出的政令有什么难以执行的呢？人们都争相效法和遵照执行。相反，一个领导者品行不端，说一套做一套，又不秉公办事，人们都不相信他，甚至厌弃他，对他颁布的政令阳奉阴违，即使三令五申也难推行下去，这样的领导是不是有必要反省自身呢？

这段话可以结合孔子回答季康子问政的话来看，孔子说："政者，正也。子帅以正，孰敢不正？"(《论语·颜渊》)孔子用"正"训"政"，实际上是有深意的。那就是在上位者要品行中正、笃守正道，恪尽职守与义务，在为人们确立典范的同时促进社会正义。如果在上位者能端正自身，以自身行为作为天下人的榜样，还有什么人敢不遵从呢？孔子以偷盗为例，说道："苟子之不欲，虽赏之不窃。"(《论语·颜渊》)如果在上位者真正身体力行地反对偷盗，人民也会真切地反对这种损人利己的行为，即使有人重赏引诱人民做出这些行为，人民也不会违背执政者的意愿。因此领导者的言行是有极强的现实意义的，正如孔子所说的："苟正其身矣，于从政乎何有？不能正其身，如正人何？"(《论语·子路》)在上位者能否端正自身，对社会的影响力是巨大的。如果一位领导者不能端正自身，违纪乱法，却要求民众遵纪守法，是不可能的。

正身思想对现代社会治理同样具有积极的意义。领导者的修身天然地具有示范作用，尤其在现代媒体与网络的助推之下，领导者的言论和行为不论好的还是不佳的都会被放大，并且快速得到传播，因此更要谨言慎行。在这一意义上，在位者更要重视自己的修身，善用自己的优势，积极发挥自己的公众影响力，为引导他人向善，建构社会和谐秩序和促进社会道德进步作出贡献。

这里我们还要联系《论语·宪问》中孔子回答子路的君子之问来理解。孔子指出君子首先要"修己以敬"，然后"修己以安人"，最后"修己以安百姓"，修己、安人、安百姓，是一个必然的序列，修己是基础，安人、安百姓则是其延展。修己达到德才兼备是治国安邦的前提，而安人、安百姓则是君子的心之所系。子产正是在这两方面都做得很好，所以既能治国安邦，又能得到人们的赞誉。这段话同样表达了个人的修身与治国的关系。

孔子对“修己以敬”的重视，其实暗含了他对个人如何参与社会治理的思考。他曾回答别人“子奚不为政?”的质疑，指出：“书云：‘孝乎惟孝，友于兄弟。’施于有政，是亦为政，奚其为为政?”(《论语·为政》)可见，在他的理解中，不仅要重视领导者的示范作用，还要动员全社会的人重视修身。如果每一个个体都以“仁”为道德基底，以礼仪为生活交往的形式与规范，从家庭伦理做起，逐渐扩展至社会、国家，必然改善整体社会风气、提升社会的文明程度，并最终促进社会进步。这一点无疑对现代社会道德重建与秩序的建立具有启示。

(六)

哀公(1)问曰：“何为则民服?”孔子对曰：“举直错诸枉(2)，则民服；举枉错诸直，则民不服。”(《为政》第二·十九)

【注释】

(1)哀公：鲁国国君，姓姬，名蒋，哀是谥号。

(2)举直错诸枉：举用正直之士放在邪曲的人上面。举，举用，提拔。直，正直之士。错，放置。诸，之于。枉，邪曲不正的人。

【导读】

本章孔子讲述为政者应该举用正直之士。

用人之道是为政的关键。举用、提拔什么人具有风向标的作用，代表执政者的价值倾向和用人标准，也关系着国家的治乱安危。如果举用正直之士，这些人秉公守法，清正廉明，并且总是为整体利益考虑，谨慎决策，那么不仅普通人民受到他们的影响，会逐渐信服于他们，甚至邪曲不正之人也会被感化。这样一来，民风归正，人心统一，政令的执行就能顺畅无比，为政还有什么难的呢？国家必然走向兴盛。如果重用邪曲不正的人，这些人要么倾轧正直之士，欺压普通民众，颠倒是非，败乱社会风气，要么只重视个人私利，贪赃枉法，导致法制混乱，那么不但正直之人不信服，普通人的利益也会跟着受损，对整个国家失望，这样一来，政令不通，国家发展重重受阻，未来堪忧。

这看起来是一个很简单的道理，但是在现实中却难以一以贯之地执行。能否长久执行，关键在于一个为政者能否始终秉持公心，严格分判公私之别。如果始终以公众的整体利益为优先考虑，就能秉公办事，选拔正直、贤能之士协助管理，如果心存私意，恐怕就很难维持公正了。这正是孔子重视“为政以德”的根本原因。当然在现代社会，我们除了强调为政者的秉公守法与道德修养，还要重视制度建设，这样才能为社会和人民提供保障。

（七）

仲弓(1)为季氏宰(2)，问政。子曰：“先有司(3)，赦小过，举贤才。”曰：“焉知贤才而举之？”曰：“举尔所知。尔所不知，人其舍诸？(4)”（《子路》第十三·二）

【注释】

(1)仲弓：冉雍，字仲弓，孔子的学生，以德行著称。

(2)宰：家宰，大夫家臣。

(3)有司：官吏。古代设官分职，各有专司，故称有司。

(4)尔所不知，人其舍诸：你不知道的，难道别人也会舍弃而不推举吗？诸，之乎。

【导读】

本章阐释举贤才的重要性。

仲弓作为季氏的家臣，虽然职位并不高，但是比较接近主政的季氏，因此较为重要。而孔子对他的教导则是除了责成下面的官吏各司其职、宽赦小过失之外，最重要的就是推举贤能之士。孔子所说的这三项内容都可用于现代管理。管理这件事情需要讲究分工，这样才能提高效率，如果凡事亲力亲为，如何兼顾得过来？况且那还能叫作管理者吗？管理者的职责就是做好统筹工作，建立好管理制度，分层负责，实行绩效考核。尤其要知人善任，推举贤能之士放置在合适的岗位上，从而各尽其才。

那么怎样才能推举贤才呢？首先，当然要识人，要有识英才的眼光，这就要求管理者本身有很高的素养，在自己能接触到的范围内慧眼识才，并且能够不拘一格选用人才；其次，对于自己不知道、不了解的人才，则是虚心听取他人的意见之后考察选用。从这一点来看，管理者必须具有宽广能容的胸襟和气度，能知人善任，才能使贤者、能者各在其位，各尽其能，最后使其所辖范围内人才济济，效率倍增。《论语·泰伯》记载“舜有臣五人而天下治”，武王“有乱臣十人”(“乱”即治也)，舜与武王都是因为重用贤能之人，使其各司其职，从而使得天下大治。由此可见，唯有在上位者知人善任，与贤能之士上下同心，才能共襄盛世，两者缺一不可。

(八)

子贡问政。子曰：“足食，足兵(1)，民信之(2)矣。”子贡曰：“必不得已而去，于斯三者何先？”曰：“去兵。”子贡曰：“必不得已而去，于斯二者何先？”曰：“去食。自古皆有死，民无信不立。”(《颜渊》第十二·七)

【注释】

(1)足兵：充实军备。

(2)民信之：人民信任执政者。

【导读】

本章强调人民对执政者的信任是立国的基础。

子贡问政于孔子，孔子指出丰衣足食、军备充实与人民信任政府是执政的三大关键。丰衣足食是经济基础，军备充实是军事保障，人民的信任则是执政的基石，三者互为辅助，缺一不可。使人民丰衣足食的目的是发展经济、保证内部稳定，有了这一基础，人民才能安居乐业，知礼节，明荣辱，有教养。发展军事、巩固国防力量是国家执行对外职能，保障外部和平和国家利益的重要手段，有了这一保障，人民的福祉才有希望落实。而人民信任政府则是一切执政职能施行的基础，如果执政者一心为民，保障民生，维护和平稳定，那么人民信任政府，即使遇到难关，人民也会坚定地支持政府，携手共同渡过危机。

但是，如果三者不能兼顾，必须要在其中有所选择的话，孔子认为，那就去兵即削减军备开支，而发展经济与维持人民的信任是更为重要的两项政事。如果在足食、民信两者之间择其一的话，那么民信是排在第一位的，因为唯有获得人民的信任，才有执政的根基。子夏曾经指出，“君子信而后劳其民。未信，则以为厉己也”(《论语·子张》)。也就是说，如果执政者能深受人民信任，就能得到民众的配合、支持与协助，双方互相信赖，则事无有不利。如果民众不信任执政者，那么执政者的所作所为不但得不到民众的支持与理解，反而容易得到民众的负面评价，如劳民伤财。甚至会有民众误以为执政者的举措损伤了自己的利益，加以拒绝并起而抗争的情况。

那么如何取得民众的信任呢？除了本章所说足食、足兵以保障民生与和平外，还是要回到执政者本身的德性与行为上来，“为政以德”，“正身”，以及孔子所说的“敬事而信，节用而爱人，使民以时”(《论语·学而》)，即临事恭敬守信，节省财用，爱人如己，使民以时，这样才能真正取得人民的信任。

(九)

子夏为莒父[(1)]宰，问政。子曰："无欲速，无见小利。欲速则不达，见小利则大事不成。"(《子路》第十三·十七)

【注释】

(1)莒父(jǔ fǔ)：鲁国邑名，今山东莒县西南。

【导读】

本章孔子告诫子夏为政不可贪急功，好小利。

初到一个地方管理政事，最容易犯的错误就是急于在短时间之内做出一些成绩。初到一个地方，首先应该做的是了解民情，实事求是，结合当地实际，顺应发展规律。对发展得好的部门应继续关注、扶持，按部就班地延续其发展态势；对有发展潜力的部门或产业，要仔细考察，待各方面条件成熟并听取各方意见后再审慎决断，才有可能引导其开创新的业绩。如果急于建功，贸然上马，可能不但见不到成效，还会耽误其他大事。所谓"欲速则不达"，有心做事本不是坏事，但违背事物发展规律，躐等冒进、急于见功，则可能事与愿违。

见小利是大多数人的通病，但放在为政者身上，则带来的危害更大。为政者更应该考虑一个地方的长期利益，不能只看一时的小利，而忽略长期和全面发展的协调性，更不能只从个人私利出发，而违背整体全局的利益。比如科技创新和教育事业这些都是利国利民的大事，都应该是为政者关注的焦点，但是这两个方面都是需要非常大的前期投入的，而且需要长时间的发展才有可能见效。在位者如果因此而不愿投入精力和金钱打好基础，而是将重点放在一些短期利益比较大的行业，或者放在一些见效快但实际上毫无持续发展可能的产业，甚至只是做一些面子工程，那么从长远来看，都会让发展失去重要机遇，甚至背上沉重的负担。

有时候急功的出发点是为名而不是为利，但从长远来看，很可能名利双输；有些小利能迅速获得，归于自己，但是从长远来看，很可能人己皆损。二者出发点可能不一致，但是在性质上都是不顾及整体性与发展性，因而在危害上颇为一致。

现实生活中的个人要避免这两种错误，不论是学习还是工作，都要将眼光放长远，不局限于一时所得，而是平心静气，一步一个脚印，为未来的长期发展奠定基础。人生最幸福的事，就是你曾经付出的每一滴汗水，都变成收获时欣慰感动的泪水。

（十）

叶公问政。子曰："近者说[1]，远者来。"（《子路》第十三·十六）

【注释】

(1)说：同"悦"，喜欢。

【导读】

本章阐述为政之道在于近者悦，远者来。

为政的最高境界是近者悦，远者来。为政者爱民惠民，治安良好，管理有序，人民富庶，环境优美，安居乐业，自然不论近处远处、境内境外的人民都会交口称赞、心悦诚服了。这样的社会，就是孔子所描述的符合"道"的理想社会，是"道之以德，齐之以礼"（《论语·为政》）、"老者安之，朋友信之，少者怀之"（《论语·公冶长》），是建立在政治和平稳定、经济富足基础上的老有所养、幼有所恤，以礼让、诚信、关爱等道德关怀为主导的社会。

孔子这段话对现代社会治理有着积极的意义。现在媒体上有许多世界最宜居国家、最宜居城市的排名，这些国家或者城市超越地区、种族与文化的差异而成为人们理想中的居住地，一定有其过人之处。细想一下，不外乎是在经济、政治、文化与生活等四个方面协调发展，充满吸引力。比如，在经济上富于创新，充满活力，各种制度健全而完善，既能激发竞争活力，又能兼顾公平；政治清明、开放，管理有序而且富有效率，并且能有效促进公正与自由；文化多元而丰富，兼容并包，既有深刻而有先锋感的文化创新，又有温文尔雅、进退有度的古典气息；生活安全、安定，环境清洁、优美，同时人们诚实守信，教养良好，文雅有度。对这样的现代国家或者城市，又有谁不心生向往呢？这背后需要有相应的政治治理理念和文化作为支撑。孔子以“老者安之，朋友信之，少者怀之”为理想社会模型，为政者需要以这样的理想社会为治理目标，围绕这一目标协调社会各方面的发展，而不是以个人私心或者小群体的私利为先，这样才能创造出幸福美好的理想社会。

（十一）

季子然[(1)]问：“仲由、冉求可谓大臣与？”子曰：“吾以子为异之问[(2)]，曾由与求之问[(3)]。所谓大臣者，以道事君，不可则止。今由与求也，可谓具臣[(4)]矣。”曰：“然则从之者与？”子曰：“弑父与君，亦不从也。”（《先进》第十一·二十三）

【注释】

（1）季子然：季氏子弟。因为季氏用子路和冉有为臣，所以乘此机会问于孔子。

（2）吾以子为异之问：我以为你问别的事。

（3）曾由与求之问：乃是问由与求。曾，乃是。由，仲由，字子路。求，冉求，字子有，也称“冉有”。

(4)具臣：备位充数之臣。

【导读】

本章孔子强调以道事君，不可则止。

子路和冉有为季氏臣，但季氏专政，时常有僭礼之举，但是子路和冉有却没有什么作为，已经引起孔子的不满。因此当有人问起子路和冉有之事，孔子据实而言。在孔子看来，真正的为臣之道，不是事君尽忠，而是以道事君，不可则止。孔子以“道”为最高准则来指导现实决断，不愿放弃政治理想，而具臣则是屈就于现实、丧失原则的人。在现实政治生活与社会参与中，孔子赞同的是“天下有道则见，无道则隐”(《论语·泰伯》)与“邦有道，则仕；邦无道，则可卷而怀之”(《论语·卫灵公》)。因此，“齐人馈女乐。季桓子受之，三日不朝”而孔子行(《论语·微子》)。这种“以道事君，不可则止”的选择，是以“道”为最高原则的自由思想与独立人格的彰显。

这里，我们还要补充孔子处理君臣关系的另一原则，就是“君使臣以礼，臣事君以忠”(《论语·八佾》)，这也符合他所描述的“道之以德，齐之以礼”(《论语·为政》)的理想社会。君王只有在符合“礼”的原则下行事，臣民才能对他尽忠，否则臣民不会信任他，更不用说事事遵循君王意志了。

（十二）

子张问于孔子曰：“何如斯可以从政矣?”子曰：“尊五美，屏(1)四恶，斯可以从政矣。”子张曰：“何谓五美?”子曰：“君子惠而不费(2)，劳而不怨，欲而不贪，泰而不骄(3)，威而不猛。”子张曰：“何谓惠而不费?”子曰：“因民之所利而利之，斯不亦惠而不费乎?择可劳而劳之，又谁怨？欲仁而得仁，又焉贪？君子无众寡，无小大，无敢慢[4]，斯不亦泰而不骄乎？君子正其衣冠，尊其瞻视[5]，俨然人望而畏之，斯不亦威而不猛乎?”子张曰：“何谓四恶?”子曰：“不教而杀，谓之虐；不戒视成[6]，谓之暴；慢令致期[7]，谓之贼；犹之与人也，出纳之吝，谓之有司[8]。”(《尧曰》第二十·二)

【注释】

(1)屏：摒除。

(2)惠而不费：给人民实惠却不多花费。

(3)泰而不骄：舒泰而不骄矜。

(4)慢：轻慢。

(5)尊其瞻视：使姿容有尊严。瞻视，姿容。

(6)不戒视成：不事先告诫而临时检查成效。

(7)慢令致期：不及早颁布命令，到期限时又不通融。

(8)犹之与人也，出纳之吝，谓之有司：如同要给人东西，但在送出时又舍不得给，这就是管理上的官员作风(而有失君子的风范了)。

【导读】

本章是孔子论述从政之道最详细完备的一章，是从正反两个方面阐释尊五美、屏四恶的为政之道。

首先是遵行五种美德。其一是“惠而不费”，也就是增加人民的福祉，但是不耗费国家的财力。这意味着有针对性并且因势利导地使人民在衣、食、住、行等各方面得到便利实惠，这样才不会无故地浪费国家的财力。第二是“劳而不怨”，也就是有选择地让人民履行各种义务，既不耽误正常的生产劳作，也不造成人民的负担，并且能考虑不同人的特殊情况，这样人民乐意配合并支持国家的动员，承担社会责任，内心并无怨尤。第三是“欲而不贪”，人都有嗜欲，执政者也不例外，但是执政者若以仁德为依归，将自己的嗜欲与他人的嗜欲统一起来，造福于人民，内心一定会充满真实的喜悦，这样还有什么其他的贪欲呢？第四是“泰而不骄”，舒泰宽和而不骄矜，无论人多还是人少，无论大事还是小事，都没有丝毫轻慢，这就是为政者的君子风度。如果因为在上位而态度傲慢，言语轻浮，又怎能赢得他人的真正尊重？第五是“威而不猛”，衣帽端正，姿容庄严，威严的气象让人肃然敬畏，但是并不粗暴凶猛，而是温和可亲，这正是君子文质彬彬的自然显现。如果过于威严让人敬而远之，既容易让人误解，也不易成事，反而不美。这些都是从积极的方面来敦促执政者自觉地为人民谋福利，从内外两方面加强和人民的联系。

其次则是摒除四种恶政。这四种恶政之所以为“恶”，都是因为为政者不从人民的立场、需求出发，比如不以身作则而形成的恶政。不教导民众，却在民众违法乱纪时严厉惩处，诉之于刑杀；不事先告诫，却临时检查成效，不能完成则给予惩处；不及早颁布命令，到期限时又毫不通融；还有向民众赠予，但在送出时又舍不得给，出尔反尔，有失君子风范，都是为政的大忌。不事先引导、订立规则并照章办事，而待以苛政，这无异于陷民于不义，甚至可以说是近于暴虐的执政方式。执政者要谨记这些教训，真正从人民的立场出发，让人民真正受益，才能得民心，才能得天下。

【思考与讨论】

1. 在孔子看来，统治者的合法权威以什么为基础？
2. 德政的具体表现是什么？
3. 个人怎样参与社会治理？

《孟子》导读

《孟子》概说

孟子（约公元前 372—前 289），名轲，字子舆，战国时期邹国（今山东邹县人）。关于他的身世，流传下来的已很少，《韩诗外传》载有孟母“断织”等故事，《列女传》载有孟母“三迁”和“去齐”等故事，可见他受益于母亲的教育良多。赵岐《孟子题辞》指出，孟子曾受教于孔子的孙子子思。但从年代推算，似乎不可信。《史记·孟子荀卿列传》说他“受业子思之门人”，这倒是有可能的。从思想内容来看，孟子与子思有一定的承继性，所以后世思孟学派的说法是有根据的。和孔子一样，孟子也曾带领学生游历魏、齐、宋、鲁、滕、薛等国，并一度担任过齐宣王的客卿。但他的政治主张始终得不到重用，所以便回到家乡聚徒讲学，著书立说。

《孟子》一书，司马迁认为是孟轲自撰，“孟轲所如不合，退与万章之徒序《诗》《书》，述仲尼之意，作《孟子》七篇”（见《史记·孟荀列传》）。但也有观点认为，从书中用语来看，其编订者极可能是孟子的弟子。《孟子》的成书时间大约在战国中期。今天我们所见的《孟子》七篇，每篇分为上、下，分别为《梁惠王》上、下，《公孙丑》上、下，《滕文公》上、下，《离娄》上、下，《万章》上、下，《告子》上、下，《尽心》上、下，共十四卷，三万五千余字。《汉书·艺文志》曾著录“孟子十一篇”，比现存的《孟子》多出四篇，赵岐在《孟子题辞》中指出这四篇为伪篇，今天已经亡佚了。

孟子是中国儒家最重要的代表人物之一，他的思想对后世影响很大，他也被称为“亚圣”。但他的地位在宋代以前并不很高。尽管汉文帝时各置《论语》《孝经》《孟子》《尔雅》博士，但不久便罢弃，因此班固《汉书·文艺志》把《孟子》放在诸子略中，视为子书，是比较符合其实际地位的。自韩愈的《原道》将孟子列为直接继承孔子“道统”的人物开始，出现了一个孟子的“升格运动”，孟子的地位逐渐得到提升。到五代后蜀时，后蜀主孟昶命令人楷书十一经刻石，其中包括了《孟子》，这可能是《孟子》列入“经书”的开始。南宋时朱熹将《孟子》与《论语》《大学》《中庸》合在一起称“四书”，元、明以后又成为科举考试的内容，更是读书人的必读书了。历代为《孟子》所作注释众多，比较重要的有东汉赵岐的《孟子》注和宋代朱熹的《孟子集注》，清代的焦循则总结了前人的研究成果撰《孟子正义》一书，是一部集大成的著作。

孟子所处的战国时期，是一个大动荡时期，整个社会的政治、经济、文化等方方面面都发生了巨变，思想也更加活跃，孟子一方面继承了孔子的思想和主张，另一方面又有所突破和发展，在与墨家、道家、法家等学派的激烈交锋中，形成了自己的政治和学术思想。不同于《论语》的文字简约含蓄、谆谆诱人，《孟子》行文气势磅礴、机智而富于雄辩。本编采用分类汇编的方式，分性善、修养、为政三个门类选辑章句依次解析，以见孟子学说之精髓。

章节精读

一、性　善

“性善”是孟子学说的核心，其修养论及政治学说皆由此推衍而来。孟子的性善论基于“四端”说，同时在与告子展开的人性说辩论中得到发展。

（一）

孟子曰：“人皆有不忍人之心(1)。先王(2)有不忍人之心，斯有不忍人之政矣。以不忍人之心，行不忍人之政，治天下可运之掌上(3)。

“所以谓人皆有不忍人之心者，今人乍见孺子(4)将入于井，皆有怵惕(5)恻隐(6)之心。非所以内交(7)于孺子之父母也，非所以要誉(8)于乡党朋友也，非恶其声而然也。

“由是观之，无恻隐之心，非人也；无羞恶之心，非人也；无辞让之心，非人也；无是非之心，非人也。恻隐之心，仁之端(9)也；羞恶之心，义之端也；辞让之心，礼之端也；是非之心，智之端也。

人之有是四端也，犹其有四体[10]也。有是四端而自谓不能者，自贼[11]者也；谓其君不能者，贼其君者也。

“凡有四端于我者，知皆扩而充之矣，若火之始然[12]，泉之始达[13]。苟能充之，足以保四海[14]；苟不充之，不足以事父母。”(《公孙丑》上·六)

【注释】

(1)不忍人之心：对他人的不幸感到难过和同情、怜悯他人的心情。

(2)先王：上古的贤明君王，如尧、舜、禹、汤、周文王、周武王。

(3)运之掌上：运转小物件于手掌上，比喻很容易。

(4)孺子：小孩。孺，幼小。

(5)怵(chù)惕：戒惧、惊惧。怵，恐惧、害怕。惕，畏惧。

(6)恻隐：同情，怜悯。恻，忧伤、悲痛。隐，痛。

(7)内(nà)交：与人结交。内，“纳”的古字，接纳。

(8)要(yāo)誉：追求好名声。要，求。

(9)端：端绪。

(10)四体：四肢。这里指仁、义、礼、智四端与四肢一样，都是人生来就具有的。

(11)贼：害，伤害。

(12)然：燃的古字。

(13)达：畅通。

(14)四海：即天下。

【导读】

本章阐述了性善的基本理论。

孟子认为人性皆有善端，所谓“恻隐之心，仁之端也；羞恶之心，义之端也；辞让之心，礼之端也；是非之心，智之端也”。这四种善端就像人的四肢一样，是生来固有的。如果人不能认识到自己的四端之心，任意妄为，就是对自我的伤害。

孟子认为性善的端始来自人都有不忍之心，这种不忍最直接的体现就是看到一个将要掉入井中的小孩而产生的惊惧、怜悯之心而出声提醒或伸手援救。人人都会有这种自然的反应，是因为人都有相同的情感，而不是因为认识孩子的朋友，或者想要获得好名声，或者厌恶听到孩子的哭声。恻隐怜悯是人人都具有的同理之心，这是人与人之间能够沟通谅解的基础。政治上同样如此，如果统治者能够始终保持这种同理心，就保有了施行仁政的基础。人具有四端之心，只是具备性善的可能，要真正成为一个善人，还要对此善端保守呵护并且扩而充之。唯有扩而充之，才近可以侍奉父母、和睦家族，远可以保有国家、行于天下。

这里我们有必要对四端做进一步阐释：

恻隐，“恻”和“隐”都包含有“痛”的意义，痛是一种醒觉的状态，与之相反的是麻木，麻木即为不仁。“恻隐”更重要的意义在以他人之痛为自己之痛，这才是人之为人的本质，这个本质就是“仁”。仁的自觉是对自我的确证，在这样一种醒觉的状态中，人意识到自我的存在，并建立起自我与他人的关联。因此“仁”在本质上就是发现自我，发现他人，以及在自我与他人之间建立关联，找到最真实的自我。

羞恶，是以某种事情或行为为耻辱的情感，是一种作为底线的存在，反映的是人之为人必须要拒斥的东西。如果人跨越了这条底线，让那些人人都以之为耻的东西进入自己的生活，那么这个人也就失去了人之为人的基本尊严。比如偷盗，是人人都视为耻辱而不愿去做的事情，但是如果有人为了生存而偷盗他人的财物，这就失去了基本的尊严。我们可以通过羞恶之心建立起界限，当我们找不到自我的时候，丧失自我的时候，我们可以通过自己不是谁，或者我们不愿意去做的事情来辨认、确认自我。有了这个底线的存在，人就能意识到自我了。

辞让是一种礼节上的谦逊守礼，但在本质上是内在的节制，不仅使自身的行为符合规范，同时也是从内心建立起自制，在与外界事物和他人的接触中，节制自我，保持一定的节度。

是非即区别好与坏、对与错的明辨能力，是对善恶的总体认识和价值评判。当然，儒家的目标不仅是要在人心上建立正确的是非标准，更重要的是要让这些是非标准跟人的好恶建立直接的关联，使之成为一种自觉，如好好色、如恶恶臭一般自然流露。对道德的觉知能力就像自然的感受能力一样直接而自然地发生作用，这才是道德上的真正自觉。这样一种能力能让我们自然地拒绝那些丑恶的东西，自觉地去追求那些善良美好的东西。这才是真正具有感染力的道德哲学。

（二）

孟子曰："人之所不学而能者，其良能(1)也；所不虑而知者，其良知(2)也。孩提(3)之童，无不知爱其亲者；及其长也，无不知敬其兄也。亲亲，仁也；敬长，义也。无他，达之天下也。"(《尽心》上·十五)

【注释】

(1)良能：与生俱来的能力。

(2)良知：与生俱来的知识。

(3)孩提：幼儿、幼童。

【导读】

本章提出"良知"与"良能"，强调人与生俱来的知识与能力即爱亲敬长，将之向外扩充，便能通达天下。

"良知"与"良能"强调的是人生来就有而不需后天学习的天赋本能，正如"恻隐之心，人皆有之；羞恶之心，人皆有之；恭敬之心，人皆有之；是非之心，人皆有之"(《告子》上)一样。比如说，亲爱父母，尊敬兄长，这是每个人一生下来就会的，不用教导、不用学习就能知道的。进一步来看，亲爱父母是“仁”，尊敬兄长是“义”，所以，仁义也属于人的良知、良能，这就是孟子所说的“仁义礼智，非由外铄我也，我固有之也”(《告子》上)。由此可见，孟子关于良知、良能的观点与其性善、四端之说是一以贯之的。“良知”这一概念后来被明代著名学者王阳明吸收并提出“致良知”的学说，他将“良知”提升到本体的地位，充分凸显人的道德自觉，从而将心学推向深入发展。

(三)

孟子曰：“口之于味也，目之于色也，耳之于声也，鼻之于臭[(1)]也，四肢之于安佚[(2)]也，性也，有命焉，君子不谓性也[(3)]。仁之于父子也，义之于君臣也，礼之于宾主也，知之于贤者也，圣人之于天道也，命也，有性焉，君子不谓命也[(4)]。”(《尽心》下·二四)

【注释】

(1)臭：气味。

(2)佚：安逸、安乐。

(3)性也，有命焉，君子不谓性也：(口、目、耳、鼻、四肢之欲)这是人的自然之性，如果不能满足，则是由于“命”(现实条件)的原因，不能说是性之必有，而要求一定要实现，因此君子不认为这就是命。

(4)命也，有性焉，君子不谓命也：(仁、义、礼、智、天道)其实现受命(现实条件)的制约，但这是性之所有，可学而尽，因此君子不认为这就是命。

【导读】

本章通过“性”与“命”的分别，阐发君子不应该囿于耳、目、口、鼻等生理欲望的局限，而应充分发挥人的本性，努力追求理义。

耳朵喜好动听的声音，眼睛喜欢美丽的颜色，嘴巴喜欢美食，鼻子喜欢芳香，四肢喜欢安逸，这是人的自然之性。追求自然之性的合理满足也是人的本性，但并非是人区别于动物的性善本性。自然之性的满足和实现，有待于现实条件的配合，这就是所谓“命”，并不能说这是“性”之所有，必须要实现或得到。所谓“命里有时终须有，命里无时莫强求”，对于自然之性的满足和实现，人应该抱持坦然的心态。如果无节制地追求物欲的满足，便会受物的役使，丧失人的主体性，甚至会走向作奸犯科的路。因此孟子认为这不是“性”。而对于仁义礼智与天道的追求，虽然其实现也有“命”的成分，受制于现实条件，如个人的气禀差异、后天环境的影响等，但这才是人的本性，是人人都应该努力寻求的，而且总的来看，这是人可以自己掌握的，只要努力向善向学，就是可求而必可得的。由此我们再次看到，孟子对“性”或“本性”的理解，是人之为人的规定，是我们应该追求的善的事物，而非自然的、生理的本性。

（四）

告子曰：“性，犹杞柳(1)也；义，犹桮棬也。以人性为仁义，犹以杞柳为桮棬(2)。”

孟子曰：“子能顺杞柳之性而以为桮棬乎？将戕贼杞柳而后以为桮棬也？如将戕贼杞柳而以为桮棬，则亦将戕贼人以为仁义与？率天下之人而祸仁义者，必子之言夫！”(《告子》上·一)

告子曰：“性犹湍水(3)也，决诸东方则东流，决诸西方则西流。人性之无分于善不善也，犹水之无分于东西也。”

孟子曰：“水信(4)无分于东西。无分于上下乎？人性之善也，犹水之就(5)下也。人无有不善，水无有不下。今夫水，搏而跃之，可

使过颡[6]；激而行之，可使在山。是岂水之性哉？其势则然也。人之可使为不善，其性亦犹是也。”(《告子》上·二)

告子曰：“生之谓性。”

孟子曰：“生之谓性也，犹白之谓白与？”曰：“然。”

“白羽之白也，犹白雪之白；白雪之白，犹白玉之白与？”曰：“然。”“然则犬之性，犹牛之性；牛之性，犹人之性与？”(《告子》上·三)

告子曰：“食色，性也。仁，内也，非外也；义，外也，非内也。”

孟子曰：“何以谓仁内义外也？”

曰：“彼长而我长之，非有长于我也[7]；犹彼白而我白之，从其白于外也，故谓之外也。”

曰：“异于[8]白马之白也，无以异于白人之白也；不识长马之长也，无以异于长人之长与？且谓长者义乎？长之者义乎？”

曰：“吾弟则爱之，秦人之弟则不爱也，是以我为悦者也，故谓之内。长楚人之长，亦长吾之长，是以长为悦者也，故谓之外也。”

曰：“耆秦人之炙[9]，无以异于耆吾炙。夫物则亦有然者也，然则耆炙亦有外与？”(《告子》上·四)

【注释】

(1)杞柳：木名。

(2)桮棬(quān)：杯盂。桮，同“杯”。棬，曲木制成的杯盂。

(3)湍水：急流的水。

(4)信：诚，真的。

(5)就：趋向。

(6)颡(sǎng)：额头。

(7)彼长(zhǎng)而我长之，非有长于我也：他人年长于我，而我以他为长、尊重他，并不是有尊重之心在我身上。长，第一个“长”是年长的意思，第一个“长”作动词用，以人为长、尊重。

(8)异于：可能为衍字。

(9)炙：烤熟的肉食。

【导读】

上述四章都是孟子与告子围绕人性展开的辩论。

告子是孟子同时期的人，大约比孟子年长，主张性无善无不善，孟子与他展开了深入的辩论。

第一段辩论中，告子以杞柳比喻人性，指出杞柳要等待加工才能成为杯盘，人性也是如此。人性中本没有仁义，必须要加以教育培养才会具有仁义。孟子反驳说，这取决于人们如何看待对杞柳进行加工、改造的过程。是遵循杞柳的本性，还是伤害杞柳的本性呢？如果是伤害杞柳的本性，以此来同人性做类比就不妥当，因为这不仅与“培养仁义之心是对人性的扩充”相违背，而且会带来比较坏的影响，致使人人止步不前、不思向善。

第二段辩论，告子拿水来类比，他说：“人性就像那急流的水，缺口在东便向东方流，缺口在西便向西方流。人性无所谓善与不善，就像水无所谓向东流向西流一样。”孟子反驳说：“水的确无所谓向东流向西流，但是，也无所谓向上流向下流吗？人性向善，就像水往低处流一样。人性没有不善良的，水没有不向低处流的。当然，如果水受拍打而飞溅起来，能使它高过额头；施加压迫使它倒行，能使它流上山岗。这难道是水的本性吗？形势迫使它如此的。形势可以迫使人做坏事，本性的改变也像这样。”孟子特别具有雄辩风范，直接就告子以水为喻加以发挥，指出：“水信无分于东西。无分于上下乎？”一语中的，使读者读来，不得不为之叹服。

第三段辩论，告子提出“生之谓性”，与生俱来的就是本性。孟子则区分出本性的不同，有自然之本性，有超出自然意义之上的本性，如“白”这种自然性质，白羽、白雪、白玉都是一样的，没有区别，但是犬、牛、人的自然之性，如何区分呢？难道说人之性和动物之性是一样的吗？事实上这是孟子思想中一个非常重要的问题，就是孟子始终强调仁义之性是区别于动物、人之所以为人的根本性质。

第四段辩论是就仁义到底是内在还是外在的品质的讨论。告子认为，仁爱之心生于内，所以仁是内在的；而事物之义则由外物决定，如他人年长于我，而我以他为长、尊重他，并不是有尊重之心在我身上，所以义是外在的。孟子则继续指出他人的特征对于我来说是外在的，但是我们随之做出的评价和选择则根据内在的准则，这就如同他人年长是外在的条件，而我们以他人为长辈并尊重他则是根据内在的准则。

告子则继续举例指出，人爱自己的兄弟，对他国的人则不爱；人尊重自己的长辈，同时对他国的长辈也尊重。可见，亲爱和敬长这两种情感是不一样的，爱属于仁，是内在的；敬长属于义，是外在的。孟子则回应说，喜爱吃烤肉的人无论自己的还是他国的都会爱吃，这种喜好也是外在的吗？表面上，孟子只是举出例子否证告子所说的喜好这种情感从属于内，孟子认为喜好虽然是从主体内在发出的情感和意愿，但也并非完全从属于内，而要结合外在客观环境及具体条件来看。

这里告子存在的问题有两个方面：一是没有明晰内在与外在的内涵，认为根据外在对象而举止得宜就是义，所以义是外在的，而仁是遵从内心喜好，从属于内，所以是内在的，有所偏颇；二是举例也不恰当，以偏概全，因而在辩论中败北。事实上，人的情感认知、评价选择依从于内在主观准则与外在客观对象、条件两个方面，两者达到统一时才能做出正确的评判。如告子所讲的这种敬长的“义”只是“宜”，是一种外在的规范，如果遵循这种外在的规范而不结合内在的情感，长此以往，“义”只会沦为一种形式。而孟子则强调“仁义”都应该是内在的自觉。

这里我们还需要指出以下两个方面的内容：

第一，这是儒学内部的辩论，孟子和告子并不是完全对立的两极，相反两个人有共同的思想背景，有共同的不动摇的前提预设，就是仁义，而且都承认仁义具有最高的价值。两者的差别较细微。

第二，这四组辩论是有层次上的递进关系。第一个辩论中，孟子指出了“杞柳之性”跟“杯棬之性”的相承关系，这个比喻可以成立，但是杞柳变成杯棬的过程不是一个戕害的过程，而是一个成就的过程。换句话说，孟子说人性善，人成为君子的过程，不是一个戕害人的自己本性的过程，而是让自己的本性得以成就的过程。第二个辩论里面，告子强调了人的多样可能性，孟子不反对人的多样可能性，但孟子说，有某种可能性是更为根本的。孟子就引入了“水之就下”这样一种根本上的可能。实际上暗示了：善或者说仁义的本性是人最本己的可能性。而在进行第三、第四个辩论的时候，孟子就把自己的人性论提炼成命题了，层次就进一步深入了。所谓“最本己的可能性”就是使其他生活的可能性成为可能的东西，它构成其他生活可能性的根基和条件。

总之，这四个辩论充分体现出孟子长于雄辩与论证的思想特色，通过与告子的辩论，他的人性论思想得到了充分而具体的展示。

（五）

公都子[(1)]曰：“告子曰：‘性无善无不善也。’或曰：‘性可以为善，可以为不善；是故文武兴，则民好善；幽厉兴，则民好暴。’或曰：‘有性善，有性不善；是故以尧为君而有象[(2)]，以瞽瞍[(3)]为父而有舜；以纣为兄之子且以为君，而有微子启、王子比干。’今曰‘性善’，然则彼皆非与？”

孟子曰：“乃若其情[(4)]，则可以为善矣，乃所谓善也。若夫为不善，非才[(5)]之罪也。恻隐之心，人皆有之；羞恶之心，人皆有之；恭敬之心，人皆有之；是非之心，人皆有之。恻隐之心，仁也；羞恶之心，义也；恭敬之心，礼也；是非之心，智也。仁义礼智，非由外铄[6]我也，我固有之也，弗思耳矣。故曰：‘求则得之，舍则失之。’或相倍蓰而无算[7]者，不能尽其才者也。诗曰：‘天生蒸民，有物有则。民之秉夷，好是懿德。’[8]孔子曰：‘为此诗者，其知道乎！故有物必有则，民之秉夷也，故好是懿德。’”(《告子》上·六)

【注释】

(1)公都子：孟子的学生。

(2)象：舜的异母弟，品行不善。

(3)瞽瞍(gǔ sǒu)：舜的父亲，品行不善。瞽，失明的人。瞍，盲人。

(4)乃若其情：至于真实情况。乃若，转折连词，大致相当于“至于”。情，实，真实情况。

(5)才：天生的才智。

(6)铄(shuò)：渗入，一说授予。

(7)相倍蓰(xǐ)而无算：人与人之间有相差一倍、五倍甚至无数倍的。蓰，五倍。

(8)天生蒸民，有物有则。民之秉夷，好是懿德：上天生育人类，万事万物都有法则。老百姓掌握了这些法则，就会有崇高美好的品德。出自《诗经·大雅·烝民》。蒸，《诗经》作“烝”，众。则，法则。秉，执。夷，通“彝”，常。懿，美。

【导读】

本章孟子通过学生公都子介绍了当时流行的三种言论，并进一步阐明性善的道理。

第一种言论是告子的“性无善无不善”。第二种言论是“性可以为善，可以为不善”，所以周文王、周武王当朝，老百姓就善良；周幽王、周厉王当朝，老百姓就横暴。还有一种言论是说“有的人本性善良，有的人本性不善良”。所以，虽然有尧这样善良的人做天子，却有像这样不善良的臣民；虽然有瞽瞍这样不善良的父亲，却有舜这样善良的儿子；虽然有殷纣王这样不善良的侄儿做了天子，却也有微子启、王子比干这样善良的长辈和贤臣。这三种观点在当时流行颇广，都有一定的支持者。

这一次孟子没有以诘难或推谬的方式进行辩论，而是正面阐述并重申了自己关于人性本善的看法。他仍然用“四端”说阐述恻隐、羞恶、恭敬、是非之心是人所本有，不是外界授予的。他指出在现实生活中，人性表现出善或不善的情况，不是由于本性、天生的才质的差异，而是由于个体的实际情况不同。人与人之间有相差一倍、五倍甚至无数倍的，正是由于没有充分发挥他们天生的资质的缘故。值得我们注意的是，孟子在这里进一步提出了“求则得之，舍则失之”的问题。按照孟子的看法人性本善，仁、义、礼、智这四种品质道德，都是人所固有的，只不过平时我们没有去想它因而不觉得罢了。所以，现在我们应该做的就是在自己的身上、自己的本性之中去发现仁、义、礼、智善的根苗，加以培养，使之茁壮成长，充分发挥自己天生的资质。我们要将植根于我们本性之中的仁、义、礼、智四德扩而充之，让人性的光辉显现出来，向四周发散，从而营造良好的生活环境和社会氛围。

（六）

孟子曰：“富岁，子弟多赖(1)；凶岁，子弟多暴，非天之降才尔(2)殊(3)也，其所以陷溺其心者然也。今夫麰麦(4)，播种而耰(5)之，其地同，树之时又同，浡(6)然而生，至于日至(7)之时，皆熟矣。虽有不同，则地有肥硗(8)，雨露之养，人事之不齐也。故凡同类者，举相似也，何独至于人而疑之？圣人与我同类者。故龙子(9)曰：‘不知足而为屦(10)，我知其不为蒉(11)也。’屦之相似，天下之足同也。

“口之于味，有同耆[12]也。易牙[13]先得我口之所耆者也。如使口之于味也，其性与人殊，若犬马之与我不同类也，则天下何耆皆从易牙之于味也？至于味，天下期于易牙，是天下之口相似也。惟耳亦然。至于声，天下期于师旷[14]，是天下之耳相似也。惟目亦然。至于子都[15]，天下莫不知其姣[16]也。不知子都之姣者，无目者也。故曰：口之于味也，有同耆焉；耳之于声也，有同听焉；目之于色也，有同美焉。至于心，独无所同然乎？心之所同然者何也？谓理也，义也。圣人先得我心之所同然耳。故理义之悦我心，犹刍豢[17]之悦我口。”(《告子》上·七)

【注释】

(1)赖：同“懒”。

(2)尔：这样，如此。

(3)殊：不同。

(4)麰(móu)麦：大麦。麰，大麦，也泛指麦类谷物。

(5)耰(yōu)：覆种。

(6)浡(bó)：兴起。

(7)日至：通常指夏至或冬至，这里指夏至。

(8)硗(qiāo)：土质坚硬瘠薄。

(9)龙子：古代的贤人。

(10)屦(jù)：单底鞋，多以麻、葛、皮等制成。后亦泛指鞋。

(11)蒉(kuì)：草鞋。

(12)耆：通“嗜”。

(13)易牙：春秋时齐国最擅烹调的人，齐桓公的宠臣。

(14)师旷：春秋时著名乐师。

(15)子都：春秋时代美男子。

(16)姣：谓容貌美丽，体态健美。

(17)刍豢(huàn)：牛羊犬豕之类的家畜。食草家畜如牛羊称刍，食谷家畜如猎狗称豢。

【导读】

本章主旨在于阐述“人心无不悦理义”。

孟子通过举例证明外在环境会造成人的现实差异，但是人的本质是一样的。他说，丰收年成的时候，少年子弟多半懒惰；灾荒年成的时候，少年子弟多半横暴。不是天生资质导致了这样的不同，而是由于外部环境使他们的心有所陷溺。耕种也是一样，同样的土地，同样的播种时间，由于土地有肥瘠，雨水有多少，人工有勤劳和懒惰之分，而最终收获不同。所以凡是同类的事物，其主要的方面都是相似的，为什么一说到人就产生疑问了呢？人对于味道、声音、美丑，大致有相同的嗜好或趋向，否则天下的人怎么会都喜欢易牙烹调出来的味道呢？对于音乐，天下人都期望做到师旷那样；一提到子都，天下人没有不认为他美的。所以说，口对于味道，有相同的嗜好；耳朵对于声音，有相同的听觉；眼睛对于颜色，有相同的美的体认。心难道就没有相同的地方吗？心相同的地方在理，在义。圣人不过就是先掌握了我们内心所共有的东西罢了。所以理义使我的心感到愉悦，就像猪狗牛羊肉使我觉得味美一样。

孟子通过推类比较的方式，让我们认识到人心有共同的偏好，这就是理义。当然，理义之乐与口腹之乐的确是有所不同的。“理义之悦我心”所涉及的实际上是道德判断的方面，是精神满足的问题；而“刍豢之悦我口”所涉及的是感官知觉的方面，是物欲满足的问题。两者有一定的差别。但这并不是说孟子有所疏忽，而是他以此类比来说明人性在道德倾向上从本质上来说是趋同的。

【思考与讨论】

1. 什么是“四端”？举一个关于你在生活中觉察到自己的“恻隐之心”显露的例子，并思考我们应该如何扩充“恻隐之心”。

2. 你有过“羞恶”的情感经历吗？回忆令你感到羞恶的对象和具体原因，思考“羞恶之心”的价值何在，以及我们应该如何对待它。

3. 既然“善”是人性固有的，为什么现实生活会出现许多恶的现象？

二、论修养

孟子认为人性皆有善端，需要存养并扩充，居仁由义，否则就是自暴自弃。他提出许多重要的修养方法，如“求放心”“养夜气”以及小大之辨，为后世所继承。

（一）

孟子曰：“仁，人心也；义，人路也。舍其路而弗由(1)，放(2)其心而不知求，哀哉！人有鸡犬放，则知求之；有放心而不知求。学问之道无他，求其放心而已矣。”（《告子》上·十一）

【注释】

(1)由：行。

(2)放：放失。

【导读】

本章主旨是“求放心”。

孟子指出，仁是人的本心，义是人的大道。放弃了大道不走，失去了本心而不知道寻求，这是人莫大的悲哀！有的人丢失了一些小的财物都知道找回来，本心失去了却不晓得去寻求。这就是舍本逐末。学问之道没有别的，不过就是把失去了的本心找回来罢了，孟子这番话真的是一语中的，发人深省。现代人过分看重名利等身外之物，却不重视自己内心的持守、成长，等到深陷名利之苦或者什么都失去了才痛悔莫及。求其放心，就是求其本心，即仁、义之心。外在的财物的获得是暂时的，而内在的精神修养是永恒的，现代人应该汲取孟子思想中的智慧，多向内看，在自身心上追求生命的成长、精神的滋养。

（二）

孟子曰："自暴[(1)]者，不可与有言也；自弃者，不可与有为也。言非[(2)]礼义，谓之自暴也；吾身不能居仁由义[(3)]，谓之自弃也。仁，人之安宅[(4)]也；义，人之正路也。旷[(5)]安宅而弗居，舍正路而不由，哀哉！"(《离娄》上·十)

【注释】

(1)暴：损害。

(2)非：非议、诋毁。

(3)居仁由义：存仁行义。居，安居，这里指存心于仁。由，行。

(4)安宅：安居的住宅。

(5)旷：空置。

【导读】

本章的主旨是"居仁由义"。

"仁"是人的内在德性，人要经常保有它，心才会安稳踏实，这就叫作"安宅"；"义"也是人的内在德性，是待人处事的准则，人遵守这些准则而行，才能出处合宜，这就是"正路"。"安宅"和"正路"本来是人人具有的，但是一些人却视而不见，旷安宅而不居，舍正路而不走，这就是自暴自弃。对于自暴自弃的人，跟他们说这些是没有用的。因此，人要自信其心，自信其性，存心养性，不要等到放失其心的时候才来找寻，那时候或许就难上加难，甚至为时已晚了。

（三）

孟子曰："人之所以异于禽于兽者几希[(1)]，庶[(2)]民去之，君子

存之。舜明于庶物，察于人伦，由仁义行，非行仁义也。”(《离娄》下·十四)

【注释】

(1)几(jī)希：微少、不多。几、希，都是少的意思。

(2)庶：众。

【导读】

本章的主旨是明辨人之为人的本质。

人与动物最大的区别是什么？孟子给出了本质意义上的回答，即人存有仁义之心。如果人不能存养自身仁义之心，就将自己本身与动物那本来很小的一点差别也抹杀了，沦为禽兽了。所以孟子也说：“君子所以异于人者，以其存心也。君子以仁存心，以礼存心。仁者爱人，有礼者敬人。爱人者人恒爱之，敬人者人恒敬之。”(《离娄》下·二十八)也就是说，心存仁义礼智，就能关爱人、礼敬人，关爱他人、礼敬他人的人，也必定能得到他人的关爱与敬重。

此外，他强调道德自觉与由于外界压力勉强行动的差别，也就是“由仁义行”与“行仁义”的差别，“由仁义行”是指仁义礼智植根于内心，而所作所为都由此心发出，并不是因为求仁义而勉强自己事事都符合仁义，这二者是有很大区别的。前者是舜这样的圣人可以做到的，一般人则要不懈地修养自身才能逐渐达到这种自觉。

(四)

孟子曰：“牛山(1)之木尝美矣，以其郊于大国(2)也，斧斤伐之，可以为美乎？是其日夜之所息(3)，雨露之所润，非无萌蘖(4)之生焉，牛羊又从而牧之，是以若彼濯濯(5)也。人见其濯濯也，以为未尝有材焉，此岂山之性也哉？

虽存乎人者，岂无仁义之心哉？其所以放其良心[6]者，亦犹斧斤之于木也，旦旦而伐之，可以为美乎？其日夜之所息，平旦之气[7]，其好恶与人相近也者几希[8]，则其旦昼之所为，有梏亡之[9]矣。梏之反覆，则其夜气[10]不足以存；夜气不足以存，则其违禽兽不远矣。人见其禽兽也，而以为未尝有才焉者，是岂人之情[11]也哉？

故苟得其养，无物不长；苟失其养，无物不消。孔子曰：'操[12]则存，舍则亡；出入无时，莫知其乡[13]。'惟心之谓与？"(《告子》上·八)

【注释】

(1)牛山：山名，一说南郊山，在齐国国都东南方，在今山东临淄县南。

(2)郊于大国：邻近于都城。郊，邑外，此处作动词用，“邻近”之意。国，都邑。

(3)息：滋息、生长。

(4)萌蘖(niè)：嫩芽。蘖，草木砍伐后长出的新芽。

(5)濯濯：光秃貌。赵岐注：“濯濯，无草之貌。”

(6)放其良心：亡失本然的善心。放，放失、亡失。

(7)平旦之气：未与物交接时的清明之气。平旦，天刚亮的时候。

(8)几(jī)希：微少、不多。几、希，都是少的意思。

(9)有(yòu)梏亡之：又因受搅乱而致丧失良心。有，通“又”。梏，这里是搅乱的意思。

(10)夜气：夜间修养的清明之气。

(11)情：实情。

(12)操：执持。

(13)乡：通“向”，去向。

【导读】

本章孟子继续阐发“求放心”以及“养夜气”的修养方法。

孟子指出，茂盛的树木经常遭到人们的砍伐，即使日夜生长，雨水露珠也在滋润着，但是很少有还能够保持茂盛的，因为刚长出嫩芽，随即就有人赶着牛羊去放牧，最终也就光秃秃的了。人也是如此，放任良心失去，就像用斧头砍伐树木一样，天天砍伐，怎么可以保存其仁义之心呢？

人的仁义之心由日夜存养清明之气而来，而一些人身上，本来所存清明之气就不多，他们与一般人相近的也只有那么一点点，而到了第二天，其所作所为又使这仅有的也消亡了。长此以往，他们夜晚所养之气就会不足，久而久之，也就和禽兽差不多了。人们见到这些人的所作所为和禽兽差不多，还以为他们从来就没有过天生的资质。误解就是这样产生的。所以，人要使仁义之心不放失，就需要不断地存养夜气。

本章回答了一个问题：为什么现实中有许多不好的人或事出现？人性虽然本来善良，但许多人不加以存养，而是放任良心失去，那就会像用斧头天天去砍伐树木一样，即便是再茂盛的森林也会被砍成光秃秃的。而一旦良心失去，心灵失去主宰，就会做出恶的事情。因此，拥有善良的本性只是拥有成善的可能，在后天对善存养、扩充，并且将其运用在日常生活中，才能真正成就善的品质。因此，关键是在自身心上求，存养保任，将本心本性之明发扬光大。

（五）

孟子曰：“人之于身也，兼(1)所爱。兼所爱，则兼所养也。无尺寸之肤不爱焉，则无尺寸之肤不养也。所以考(2)其善不善者，岂有他哉？于己取之而已矣。体有贵贱，有小大。(3)无以小害大，无以贱害贵。养其小者为小人，养其大者为大人。今有场师(4)，舍其梧槚(5)，养其樲棘(6)，则为贱场师焉。养其一指，而失其肩背而不知也，则为狼疾[7]人也。饮食之人，则人贱之矣，为其养小以失大也。饮食之人，无有失也，则口腹岂适为尺寸之肤哉?”(《告子》上·十四)

【注释】

(1)兼：兼顾。

(2)考：考察。

(3)体有贵贱，有小大：人的身体可分为贵而大与贱而小两部分，贵而大的是心志，贱而小的是口腹之欲等。

(4)场师：治理园圃的人。

(5)梧槚(jiǎ)：两种很好的木材。梧，梧桐。槚，楸，落叶乔木。

(6)樲(èr)棘：酸枣树，不适合做木材。樲，酸枣。棘，酸枣树。

(7)狼疾：昏乱，糊涂。

【导读】

本章的主旨是“小大之辨”。

告子说“食色，性也”，这是人类存在与延续的不可或缺的条件，但是生命的意义不止于此。在孟子这里，口腹饮食是属于“小”的部分，道德心志才是“大”的部分。一般而言，人对于自己的身体都很爱护、注意保养，但是身体有主要的部分，也有次要的部分，有大的部分，也有小的部分。不要因为小的部分而损害大的部分，也不要因为次要部分而损害主要部分。只注重爱护保养小的、次要方面的是小人，注重爱护保养大的、主要方面的是大人。道德心志比起口腹之欲来说，就是大的、主要的方面。只晓得吃喝的人之所以受到人们鄙视，是因为他重视口腹之欲胜过重视道德心志。如果他不失道德心志，保养口腹也没有什么不好。所以，切莫因小而失大啊!

（六）

公都子问曰："钧[1]是人也，或为大人，或为小人，何也？"

孟子曰："从其大体[2]为大人，从其小体[3]为小人。"

曰："钧是人也，或从其大体，或从其小体，何也？"

曰："耳目之官不思，而蔽于物；物交物，则引[4]之而已矣。心之官则思，思则得之，不思则不得也。此天之所与我者，先立乎其大者，则其小者弗能夺也。此为大人而已矣。"（《告子》上·十五）

【注释】

(1)钧：同"均"。

(2)大体：心。

(3)小体：耳目之官。

(4)引：被引诱。

【导读】

本章主旨是"先立乎其大"。

人有五官，耳、目、口、鼻各司听觉、视觉、味觉、嗅觉之职，心之官则主思。耳目之官由欲望主导，而不辨礼义，心之官则能结合情境分别善恶是非，进行取舍，使行为符合礼义，最终成就为"大人"。如果人舍弃心的主宰而追随身体情欲，则容易耽于物欲，沉浸其中不能自拔，最终沦为"小人"。因此心之官是最重要的，是"大体"，其余则是"小体"。从其大体则为大人，从其小体则为小人。同样是人，有的成为君子，有的成为小人，就是这个原因。

这一章可以作为对上一章的补充。上一章是从否定的方面阐述了"养小失大"的害处，这一章则从正面来说"立其大者"的问题。"心"是体之大者，也是体之贵者；其他器官如眼睛、耳朵等都只是体之小者，体之贱者。只要"先立乎其大者"，把心的主宰之功树立起来了，"则其小者不能夺也”。心的主宰作用通过思考来树立，“思则得之，不思则不得”，其他感官也就不会被外物所蒙蔽而误入歧途了。这实际上有些接近于感性认识与理性认识的问题，“心之官则思”是指人的理性认识能力，当然，这种理性认识主要是对道德的认识，这也是人区别于动物最重要的地方。

“先立乎其大”在宋代以后成为心学的主要主张，陆九渊、王阳明都强调挺立主体道德心志的重要性，认为这是求学的关键。他们不认同朱熹所主张的从格物致知出发的求学路径，认为这种方式终将使人在烦琐的求知过程中迷失心志，忘记了学问的根本之道。

（七）

孟子曰：“有天爵者，有人爵者。仁义忠信，乐善不倦，此天爵也；公卿大夫，此人爵也。古之人修其天爵，而人爵从之。今之人修其天爵，以要(1)人爵；既得人爵，而弃其天爵，则惑之甚者也，终亦必亡而已矣。”(《告子》上·十六)

【注释】

(1)要(yāo)：求取。

【导读】

本章主旨在修天爵。

有天赐的爵位，有人授的爵位。主张仁义忠信，乐于行善而不厌倦，这是天赐的爵位；公卿大夫，则是人授的爵位。“天爵”实际上是精神的爵位，是内在的高贵，无须谁来委任封赏，也无法世袭继承。“人爵”则是偏于物质的、外在的爵位，外在的高贵必须靠人委任或封赏或世袭。古代的人修其天爵，人授的爵位会水到渠成地获得。而现在的人修其天爵，其目的就在于得到人授的爵位，一旦得到人授的爵位，便抛弃了精神的高贵，这真是很可悲的，最终连外在的、物质的高贵也会失去。因为仁义忠信、对善的追求是永恒的，外在物质享受、权位等不过是一时的，终将随着生命的消亡而丧失，而精神的光芒则永在。

今天很多人误以为贵族之贵是物质、地位上的富贵，而忽视了精神上的高贵。还有一些人片面追求所谓跟贵族身份相匹配的待遇，自以为得到这样的待遇就离贵族不远了，如让自己的孩子上贵族学校，学贵族所热衷学习的东西，如骑马、滑雪、高尔夫等运动项目，出入都用贵族爱用的品牌，殊不知这些只是贵族生活的表面。贵族真正的标记不是身份地位，而是精神。儒家一直强调，具有高度的社会责任感、担当精神以及高尚的道德情操的人，才是真正的社会精英与精神贵族。现代社会关于精英的界定，包含了三种必备素质——合作共赢、予多于取与对他人的感受和观点保持深切的关注，也就是同情心与同理心，与古代社会崇尚的仁义诚信、乐善不倦的精神是一致的。这样的人，不仅无愧于自身，其自身的精神与行动也会感染世人，让这个世界变得更加美好、更加温暖。

（八）

孟子曰："养心莫善于寡欲。其为人也寡欲，虽有不存焉者(1)，寡矣；其为人也多欲，虽有存焉者，寡矣。"（《尽心》下·三五）

【注释】

(1)不存焉者：不存心的情况。焉，代指"心"。

【导读】

本章主旨为"养心莫善于寡欲"。

孟子主张存心养性，又提出养心的最好的方法是寡欲，即减少欲望。这里的欲望不仅是物质上的，如口腹之欲、财富、地位、身份，还包括精神上的对名誉、享乐的欲求。人的耳、目、口、鼻、四肢与外在的事物相接触，就会产生形形色色的欲望。过多的欲望会扰乱人的心志，使人陷溺其中不能自拔，因此要节制私欲。节制欲望是避免受到外物的诱惑，进而彰显善良的本心，使之导向义理。当代社会，科技迅猛发展，人在物质层面的享受能够轻易得到满足，但是一味追求外在的物质，必然会带来心灵的空虚。孟子的寡欲思想是给物欲横流的时代中迷失心志的人们的一剂良药。同时，过分看重名誉、声望等，也是私欲膨胀的表现，这种私欲对本心的伤害不落于外在的物质，而且必然会带来其他的物质性追逐。因此，要始终心存精神上的高远追求，方才不落物欲、私意的窠臼。

（九）

孟子曰："君子深造[(1)]之以道，欲其自得之也。自得之，则居之安；居之安，则资[(2)]之深；资之深，则取之左右逢[(3)]其原，故君子欲其自得之也。"(《离娄》下·十四)

【注释】

(1)造：致，追求。赵岐注："造，致也，言君子问学之法，欲深致极竟之以知道意。"

(2)资：资借。

(3)逢：遇到。朱熹："逢，犹值也。"

【导读】

本章强调以符合道的方式寻求学问，最终达到自得于心的境界。

学问的最终目的是实现自身心与道的统一，这种统一来自以符合道的方式寻求，以及最终的自得于心。将学问收归于一心，体会与天道、人道的一致在自身心上的验证，最终成就独立的自我人格，这才是真正的为己之学，真正的生命之学。也只有建立在自得的基础之上，经过长时间的积累、沉淀，“深造之以道”，才能对事物的本末精粗有全面的了解，不管所处环境如何变化，都能安之若素，进而借由更为深远的道加固其心。同时，所借由的道愈加深远，才能左右逢源，日用之间无往而不符合道。

现代人的学习，大多是出于功利的目的，学习某种专业的知识或求生技能，或者是某种用得着的知识，很少人是出于内心喜欢或帮助自己成长的目的。这不能不说是一种遗憾，这样不但领略不到学习的快乐，而且没有实质上的收获。因为对具体内容的学习往往有着较为狭窄的针对性，随着时间的推移和人生的展开，其作用往往受限，常常是学习了这个，却应付不了那个问题，因此经常顾此失彼、左支右绌。真正能帮助人成长的学问一定是自得于心的，在这种学习之中，我们能感受到一种真正的快乐，即使没有任何附加的利益，我们也愿意去付出时间学习，并且在这个过程我们收获的是完整人格的实现和整体生命的提升，因而我们能对生命有更完整的体悟，对不同的环境都能安然面对。相对于具体的专门之学，自得之学更像是今天我们所说的“通识教育”，它帮助我们消化具体的专门知识，并把它们串联起来成为服务我们生命成长的内容，最终帮助我们成就应对日常生活的智慧。

需要指出的是，“自得”是自然随着学问的增长而获得的体悟，人与道之间是自然的契合，需要修身功夫的积累，而绝无法着意安排、刻意勉强。如果经由安排布置，刻意勉强自身追求道，既不能从内心形成对道的正确认识，还可能导致一种虚假的获得感，或者追求学问上的形式主义作风。虚假的获得感是欺骗自身，而形式主义的追求则是欺骗他人，两者都不可取。甚至还可能导致内心的逆反，最终背离道，这就更加不可取了。因此，如程子所说，“必潜心积虑，优游厌饫于其间，然后可以有得。若急迫求之，则是私己而已，终不足以得之也”。

（十）

孟子曰："尽其心者，知其性也。知其性，则知天矣。存其心，养其性，所以事天也。殀寿不贰，[1]修身以俟[2]之，所以立命也。"（《尽心》上·一）

【注释】

（1）殀寿不贰：对早亡或长寿都一致看待。贰，不专一。

（2）俟：等待。

【导读】

本章主旨是尽心、知性、知天，存心养性以事天。

这一章虽然比较简练，但是意味深远。心、性、天是一个序列的，因为它们都指向一理。从理之所自来说，就是天；从人之禀受于天来看，这就是性，存诸人身，就是心。穷尽心中所具之理，就能知性，知性就能知天。因此人人都要各尽其心。存心养性以事天，就是保持内心对天理的觉知，修养身心，涵养性灵，以平和的心态等待天命。无论天命为何，无论生命中遭受何种苦痛、欢愉，都能一概视之，坦然承受，这就是真正的人之独立精神，立于天地之间而不坠。

现代人缺少敬畏，是因为大多丧失了对这种天人之间的关联的感知和认识，从而变得或者日渐麻木，或者肆意妄为。一旦遭遇风波、挫折，则惶惶然不可终日，或者怨天尤人，失去了平常的气度。因此重新认识人与天的关系，认识人与自然、宇宙之间的关联，在此基础之上建立起一体之认识，进而透过这种认识达成对生命的达观，才能成为一个有所体认的人，一个灵魂充满香气的人。

（十一）

孟子曰："万物皆备于我[1]矣。反身而诚，[2]乐莫大焉。强恕而行，[3]求仁莫近焉。"（《尽心》上·四）

【注释】

(1)万物皆备于我：万事万物都具备于我心。

(2)反身而诚：反躬自省而能真诚无妄。

(3)强恕而行：努力践行推己及人的功夫。强，勉力而行。恕，推己及人。

【导读】

本章主旨是万物皆备于我，因此要反身而诚，强恕求仁。

"万物皆备于我"是对万事万物之理的领会，也是吾心与天地为一体的体悟。孟子这里体现出纯然的自信，认为经过诚敬笃实的反省，将内心本有的善性扩而充之，便足以领悟天地万物与我为一体的道理，从而获得莫大的快乐。这种快乐是一种内在的真实的喜悦，是历经世事之后认识到天地之广大的领悟，因此每个人都应该努力实践，反躬自省进而达到真诚无妄，并推己及人，就能成己成物，如此也就离仁不远了。当然，这种喜悦绝对不是可以勉强得来的，不依据现实情况，盲目地推己及人，或者超出自身能力行仁，不仅不会真正地帮助到他人，也会给自己带来负担。个人的修养和积累达到一定的阶段，才能体会到天地万物皆备于我，也才会真诚地反观自身的意义和价值。这是一点也不能强求的。

（十二）

孟子曰："君子有三乐，而王[1]天下不与存[2]焉。父母俱存，兄弟无故[3]，一乐也。仰不愧于天，俯不怍[4]于人，二乐也。得天下英才而教育之，三乐也。君子有三乐，而王天下不与存焉。”(《尽心》上·二十)

【注释】

(1)王(wàng)：作动词用，统治。

(2)不与(yù)存：不包括在内。与，在其中。

(3)无故：没有灾患。

(4)怍(zuò)：羞惭。

【导读】

本章主旨为阐明君子有超过统治天下的三种大乐。

第一种乐是“父母俱存，兄弟无故”，父母兄弟俱在，身体健康，无灾无患，共享天伦之乐，这是人力勉强不来的，也是莫大的福气，因此要特别珍惜。第二种乐是“仰不愧于天，俯不怍于人”，君子心地坦荡，行事光明磊落，问心无愧，这正是君子之乐。第三种乐是“得天下英才而教育之”，君子化育英才，能为国效力，实现共同的理想，所以君子乐意为之。

三种乐之间存在一定的次序，从孝道事亲到个体内在的修养，再到外在的事为，既有连贯性，又一步一步扩展开来，成己成物，其中的诚笃与恳切、气魄与担当、超然与洒落又岂是统治天下这一世俗理想可以比拟的？因此，君子应该追求真正的超然物外而又有着担当精神的心灵洒落之乐。

（十三）

孟子曰：“广土众民，君子欲之，所乐不存焉。中天下而立，定四海之民，君子乐之，所性[1]不存焉。君子所性，虽大行不加焉，虽穷居不损焉，分[2]定故也。君子所性，仁义礼智根于心。其生[3]色也，睟然[4]见于面，盎[5]于背，施于四体[6]，四体不言而喻[7]。”（《尽心》上·二十一）

【注释】

(1)所性：所得于天的。

(2)分：性分。

(3)生：发显。

(4)睟然：清和润泽之貌。

(5)盎：丰厚盈溢。

(6)施于四体：见于威仪动作之间。

(7)喻：晓谕，通晓。

【导读】

本章主旨是君子所得自天的仁义礼智之性，是不会因为道的实现与否而增加或减损的。真正的君子能将内在的德性发显于外，有睟面盎背之效。

孟子在这段中通过比较告诉我们君子真正所乐于追求的。地广民多是君子想要的，但是这在君子看来不足以为乐；道大行于天下，天下之人无不被其泽，这也是君子所乐见的，但是君子所得之于天的并不是这个。无论道大行于天下，还是穷居陋巷，君子所得之于天的，都不会有所增加或减损。君子所得之于天的，始终不会改变，就是仁义礼智之性。仁义礼智为人性的根本，仁义礼智之性积累至盛，就会自然地发显于外，在面容上呈现出清和润泽之貌，丰厚盈溢于面背，仪态动作之间都能有所体现，不待言语，而人们能自然理解君子所要传达的内容。这是真正有德者才能做到的，孟子称之为“睟面盎背”之效。

在这段话中，孟子肯定人所拥有的内在德性并不会因为外在的事功大小、一时的穷达不同而发生变化。德性是评价人的唯一标准。一个人的德性积累到一定程度就会发显于外，凡是与之接触的人都无不被他感化，这就是德之效。“睟面盎背”一词后来就一直被用来形容人的内在德性光明洞彻，显现于一身，从而具有感化周围人的效验。

在现代我们经常用有影响力或者人格魅力来形容一个人。一个有影响力或者人格魅力的人，往往能够感染到他人，甚至影响他人的观念和行为。那么这种影响力的真正来源是什么呢？一个人将本性中的内容最好地呈现出来，同时运用他的热情，对本性中最美好的价值真诚奉行，只有这样，才能真正打动他人、影响他人。

（十四）

孟子曰：“孔子登东山[(1)]而小鲁，登泰山而小天下。故观于海者难为水，游于圣人之门者难为言。观水有术，必观其澜[(2)]。日月有明，容光[(3)]必照焉。流水之为物也，不盈科[(4)]不行；君子之志于道也，不成章[(5)]不达。”(《尽心》上·二十四)

【注释】

(1)东山：鲁城东之高山。

(2)澜：水之湍急处。

(3)容光：能容受光线的小缝隙。焦循《孟子正义》：“苟有丝发之际可以容纳，则光必入而照焉，容光非小隙之名，至于小隙，极言其容之微者，以见其照之大也，故以小隙明容光。”

(4)盈科：水充满坑坎。赵岐注：“科，坎。”

(5)成章：乐曲结束为一章，引申为凡积渐生变，自成格局，皆可称成章；或者积辞成篇，作成诗文，斐然可观，也称为成章。

【导读】

本章描述圣人大道的境界，并说明大道有本，须循序渐进才能通达。

我们对道的追求，会随着日新其德而获得视野和境界的逐步提升。孔子登上东山，就觉得鲁国变小了，登上泰山，就觉得整个天下都变小了，说的就是这个道理。一个人所处的位置越高，他看到的地面的东西就越小，一个人见过大的世面，以后看到小的东西就觉得不足为观了。这就像看过大海的广阔的人，便再难以被其他江河之水所吸引了；在圣人门下学习过的人，听闻过圣人深邃的智慧之言，便难以被其他世俗之学的言论所吸引了。这恰恰是圣人之道的魅力。人要保持对至善之道的向往，只有站得高才能看得远，在更广阔的视野中，才会欣赏到更美的风景，领悟更深刻的道理。

寻求圣人大道要遵循一定的方法，既要把握其根本，又要循序渐进。孟子举例说，就如同看水要有一定的方法，一定要观看它壮阔的波澜，由波澜之壮阔，可以体会大海之深广。日月的光辉，可以照到每个小缝隙，我们可以通过仔细观察缝隙中的光来感受日月的光辉。对圣人之道的研习要脚踏实地，不放过任何一个细微之处。水流也有其自身规律，就是不把坑坑洼洼填满就不向前流，所谓“盈科而后进”。人也应该像水一样，既然有志于道，就不放过每一个阶段的细致工作，循序渐进，蓄积深厚才能文理成就而通达全体，这就是所谓“不成章不达”。

（十五）

孟子曰：“杨子(1)取为我，拔一毛而利天下，不为也。墨子(2)兼爱，摩顶放踵(3)利天下，为之。子莫(4)执中，执中为近之，执中无权，犹执一也。所恶执一者，为其贼道也，举一而废百也。”(《尽心》上·二十六)

【注释】

(1)杨子：名朱，主为我之说。列子曾指出：“伯成子高不以一毫利物。”

(2)墨子：名翟，主兼爱之说。

(3)摩顶放踵：从头顶到脚跟都磨伤了，形容不辞劳苦，舍己为人。摩顶，摩突其顶。放，至。

(4)子莫：鲁国贤人。

【导读】

本章孟子批评杨朱、墨翟与子莫，主张权衡各种利弊而执中。

杨朱和墨翟是孟子所处时代中影响较大的两个思想家，他们的学说也很盛行。杨朱主张为我，也就是以自我的利益为中心，拔一毛以利天下而不为，毫无利他精神。墨翟所代表的墨家则主张兼爱，对他人无不关心爱护，不管是亲近的人还是陌生人都一样地对待，这样又未免缺乏原则。子莫知道杨朱和墨翟偏离中道，因此在二者之间取其平衡，即执其中。执中则与道相近，但是一味地执中而不能灵活权衡，也会落于一偏，就如同执着于一端，即执一。执一则举一而废百，最终大道得不到彰显，也是有问题的。比如人人都只为自己考虑，那么就没有人再关心、同情他人，那么“仁”就得不到彰显；无差别地关心爱护他人，而不顾及其中不同人的差异与公平、正义，那么“义”就得不到彰扬；而一味地执中则可能偏离实际，既不能坚持原则，也不能符现实的需求。

孟子实际上提出了一个重要的命题，这就是“中”与“权”，既要维护中道，又要考虑实际权变，执中而无权，犹如执一，并不值得称道；权变而不守中道，又失于圆滑。因此需要谨慎根据现实条件，在不违背基本原则和立场的情况下灵活权变地处事应物，才是真正的中道。

（十六）

公孙丑问曰：“夫子加齐之卿相，得行道焉，虽由此霸王不异矣。如此，则动心否乎？”

孟子曰："否。我四十不动心。"

曰："若是，则夫子过孟贲[1]远矣。"

曰："是不难，告子先我不动心。"

曰："不动心有道乎？"

曰："有。北宫黝之养勇也，不肤挠[2]，不目逃，思以一豪挫于人，若挞之于市朝。不受于褐宽博，[3]亦不受于万乘之君。视刺万乘之君，若刺褐夫，无严诸侯[4]。恶声至，必反之。孟施舍之所养勇也，曰：'视不胜犹胜也。量敌而后进，虑胜而后会，是畏三军者也。舍岂能为必胜哉？能无惧而已矣。'孟施舍似曾子，北宫黝似子夏。夫二子之勇，未知其孰贤，然而孟施舍守约也。昔者曾子谓子襄曰：'子好勇乎？吾尝闻大勇于夫子矣：自反而不缩[5]，虽褐宽博，吾不惴焉；自反而缩，虽千万人，吾往矣。'孟施舍之守气，又不如曾子之守约也。"

曰："敢问夫子之不动心，与告子之不动心，可得闻与？"

"告子曰：'不得于言，勿求于心；不得于心，勿求于气。'不得于心，勿求于气，可；不得于言，勿求于心，不可。夫志，气之帅也；气，体之充也。夫志至焉，气次焉。故曰：'持其志，无暴其气。'"

"既曰'志至焉，气次焉'，又曰'持其志无暴其气'者，何也？"

曰："志壹则动气，气壹则动志也。今夫蹶[6]者趋[7]者，是气也，而反动其心。"

"敢问夫子恶乎长？"

曰："我知言，我善养吾浩然之气。"

"敢问何谓浩然之气？"

曰："难言也。其为气也，至大至刚，以直养而无害，则塞于天地之间。其为气也，配义与道；无是，馁也。是集义所生者，非义袭而取之也。行有不慊于心，则馁矣。我故曰，告子未尝知义，以其外之也。必有事焉而勿正[8]，心勿忘，勿助长也。无若宋人然：宋人有闵其苗之不长而揠之者，芒芒然归。谓其人曰：'今日病矣，予助苗长矣。'其子趋而往视之，苗则槁矣。天下之不助苗长者寡矣。以为无益而舍之者，不耘苗者也；助之长者，揠苗者也。非徒无益，而又害之。"

"何谓知言？"

曰："诐[9]辞知其所蔽，淫[10]辞知其所陷，邪[11]辞知其所离，遁[12]辞知其所穷。生于其心，害于其政；发于其政，害于其事。圣人复起，必从吾言矣。"(《公孙丑》上·二)

【注释】

(1)孟贲(bēn)：勇士。贲，勇猛。

(2)肤挠：肌肤被刺而屈挠。

(3)不受于褐宽博：不受挫于穿宽大粗布衣服的人。受，受挫。褐，粗布、毛布。宽博，衣服宽大，古代贫贱者所穿的衣服。

(4)严：畏惧。

(5)缩：直。《礼记·檀弓上》："古者冠缩缝，今也衡缝。"郑玄注："缩，纵也。"

(6)蹶：跌倒。

(7)趋：疾行，奔跑。

(8)正：预期。

(9)诐(bì)：偏颇，不正。

(10)淫：放荡。

(11)邪：邪僻。

(12)遁：逃避。

【导读】

本章从"不动心"谈起，展开为"知言养气"这一重要主题，内容深具独创性，“扩前圣所未发”，是孟子思想中最深奥难解，也是最为历代学者所重视的一章。

那么不动心是什么呢？不动心是不论遇到什么状况，都能保持心不动摇，这里的心实际上是心志，孟子用“志”来率领气。本章以公孙丑询问孟子的一个问题开启对话，即如果得到一个可以为齐国卿相的机会，以施展自己的才华而实现霸王之业，是否会动心？孟子给予否定的回答，并说他四十岁以后就不动心了。孟子将北宫黝、孟施舍与曾子的“勇”作对比，指出北宫黝的“勇”是一种抱着必胜信念的血气之勇，孟施舍的“勇”则是审慎思考、精心准备后的临危无惧，两位勇士的“勇”都是以气胜之，是气之勇，而曾子的“勇”则是问心无愧(所谓“自反而缩”)，因此，两位勇士的不动心不如曾子更得不动心的要义。前者只是匹夫之勇，后者才是大勇，才是儒者之勇。

告子认为“不得于言，勿求于心；不得于心，勿求于气”，孟子基本肯定告子“不得于心，勿求于气”的做法，因此仅仅从气上去坚守自己的不动心，所成就的最多也就是北宫黝、孟施舍的勇士之勇，不如从心上体认义理而得来的不动心坚固。但是孟子不同意告子所说的“不得于言，勿求于心”，因为这样一来告子就将言(意念、言论)放在比心重要的位置，执守于意念、言论，这还是“义外”的一种表现。孟子将知言、养气看作达到不动心的两个途径。知言的背后是知义，因为只有通晓道义者才能知道他人言论之偏颇、邪僻与闭塞。养气则是重要的存养功夫，通过长时间的积累养培浩然之气，与道义相配合，才能真正不动心。此外，他也提出不动心的状态是“必有事焉”“勿忘勿助长”，也就始终保持内心专注，既不松懈间断，也不过于紧迫局促。这些修养功夫都对后世产生了深远的影响。

【思考与讨论】

1. “求放心”是什么意思？
2. 孟子认为最重要的修身功夫是什么？

三、政治思想

孟子以王道为政治理想，主张法先王、行仁政。他以“不忍人之心”为根据，鼓励为政者“行不忍人之政”，通过“推恩”的方式，使百姓丰衣足食而知礼节。同时他注重以民为本，要求君王体会为民父母之道。

（一）

孟子见梁惠王(1)。王曰：“叟(2)，不远千里而来，亦将有以利吾国乎?”

孟子对曰：“王何必曰利？亦有仁义而已矣。王曰：‘何以利吾国?’大夫曰：‘何以利吾家?’士庶人曰：‘何以利吾身?’上下交征利(3)，而国危矣。万乘(4)之国，弑其君者，必千乘之家；千乘之国，弑其君者，必百乘之家。万取千焉，千取百焉，不为不多矣。苟为后义而先利，不夺不餍(5)。未有仁而遗其亲者也(6)，未有义而后其君者也(7)。王亦曰仁义而已矣，何必曰利?”(《梁惠王》上·一)

【注释】

(1)梁惠王：即魏惠王。姓魏，名罃，“惠”为其谥号。魏旧都在安邑(今河南安邑县)，后迁都大梁(今河南开封市)，故称梁惠王。

(2)叟：老人。

(3)上下交征利：上下互相征取财货利益。征，取。

(4)乘(shèng)：一车四马为乘。

(5)餍(yàn)：满足。

(6)未有仁而遗其亲者也：没有一个有仁德的人会遗弃他的父母。

(7)未有义而后其君者也：没有一个讲道义的人会把他的君王抛在

身后。

【导读】

本章主旨是倡导行仁义，反对只求功利。

本章是《孟子》的开篇，魏惠王问孟子将给自己的国家带来什么利益，他所说的利益是指国富兵强之类功利之事。而孟子开宗明义地点出“王何必曰利？亦有仁义而已矣”。也就是说，作为一个国君，不要将目光只放在短浅的利益上面，而要讲仁义、行仁义，这样一个国家才会长治久安，国家也会随之而强大。如果一味追求功利，这样的结果是上行而下效，不同阶层的民众都会各谋私利、巧取豪夺，整个国家的人都将陷入不义之地，甚至危及国家的存亡。反过来，如果一个国家，君王能够倡导仁义，下面的平凡百姓都能效仿行仁义，那么所有的人都能爱亲敬长、尊礼崇义，社会秩序井然，百姓安居乐业，国家也自然会变得强大。因此，行仁义才是强国之本。

义利之辨是一个古老而重要的话题，尤其为儒家所重视。孔子说“君子喻于义，小人喻于利”(《论语·里仁》)，荀子认为“盛世重义，乱世重利”(《荀子·大略篇》)，都是感叹“利”对人的侵蚀，因此君子不言利。这的确是儒学传统。但是如果认为孟子乃至儒家只是清高地讲求仁义理想，而不注重现实利益，这恐怕误解了孟子以及儒家的本意。在孟子的王道政治理想中，百姓丰衣足食、安居乐业是题中应有之义，是安邦治国的基础。孟子不言“利”并不是完全不思及“利”，而是不把“利”看作行为的最高乃至唯一准则，不唯利是图而已。孟子之所以对魏惠王说得那么坚决，是“拔本塞源而救其弊”，从根本上廓清重视“利义”而不言“仁义”二字的危害，其用心实为良苦。

对于今天我们所处的社会来说，利义并行，人们已不羞于言利，甚至利是衡量一件事情是否可行的重要标准，利大过于义的现象比比皆是。环境污染、食品药品安全、诚信危机……种种社会现实提示我们整个社会在逐利一途上走得太远，以至于找不到回来的路了。是不是到了多言“仁义”而“救其弊”的时候呢？回答是肯定的。过度地重视利益，而忽视仁义等道德和情感的可贵，在个人而言，人将丧失其本质与天真，在社会层面，则将陷于冷漠、狡诈、人人自危的境地。这正是我们今天读《孟子》的意义所在。

（二）

梁惠王曰：“寡人之于国也，尽心焉耳[(1)]矣。河内[(2)]凶，则移其民于河东[(3)]，移其粟于河内。河东凶亦然。察邻国之政，无如寡人之用心者。邻国之民不加少[(4)]，寡人之民不加多，何也？”

孟子对曰：“王好战，请以战喻。填然[(5)]鼓之，兵刃既接，弃甲曳兵而走[(6)]。或百步而后止，或五十步而后止。以五十步笑百步，则何如？”

曰：“不可，直[(7)]不百步耳，是亦走也。”

曰：“王如知此，则无望民之多于邻国也。不违农时，谷不可胜食[(8)]也；数罟[(9)]不入洿池[(10)]，鱼鳖不可胜食也；斧斤[(11)]以时入山林，材木不可胜用也。谷与鱼鳖不可胜食，材木不可胜用，是使民养生丧死[(12)]无憾也。养生丧死无憾，王道之始也。五亩之宅，树之以桑，五十者可以衣帛矣；鸡豚狗彘之畜，无失其时，七十者可以食肉矣；百亩之田，勿夺其时，数口之家可以无饥矣；谨庠序[(13)]之教，申之以孝悌之义，颁白者不负戴于道路[(14)]矣。七十者衣帛食肉，黎民不饥不寒，然而不王者，未之有也。狗彘食人食而不知检[(15)]，涂有饿莩而不知发[(16)]；人死，则曰：‘非我也，岁[(17)]也。’是何异于刺人而杀之，曰：‘非我也，兵也。’王无罪[(18)]岁，斯天下之民至焉。”(《梁惠王》上·三)

【注释】

(1)尽心焉耳：尽心于国家。焉，代指国家。耳，同“尔”。

(2)河内：古代黄河以北之地称河内。

(3)河东：古代黄河以东之地称河东。

(4)加少：更少。

(5)填然：鼓声。

(6)曳兵而走：拖着兵器逃跑。走，逃跑。

(7)直：只。

(8)不可胜(shēng)食：食之不尽。胜，尽。

(9)数罟(cù gǔ)：细密的渔网。

(10)洿(wū)池：低洼的池子。洿，低洼、洼下。

(11)斤：斧头的一种。《说文・斤部》："斤，斫(zhuó)木斧也。"段玉裁注："凡用斫物者皆曰斧，斫木之斧则谓之斤。"

(12)丧死：为死者治丧。

(13)庠(xiáng)序：古代的地方学校。庠，古代的学校，殷曰序，周曰庠。

(14)颁白者不负戴于道路：须发斑白的人不用头顶着重物行于道路。颁，同"斑"。戴，把东西加在头上或用头顶着。

(15)狗彘(zhì)食人食而不知检：狗猪畜生吃人所吃的东西，(执政者)却不知道在此时加以约束。彘，猪。检，约束节制。

(16)涂有饿莩(piǎo)而不知发：道路上有饿死的人，(执政者)却不知道开仓赈济。莩，通"殍"，饿死的人。发，发仓赈济。

(17)岁：年岁收成。

(18)罪：归罪。

【导读】

本章主旨为阐明王道的发端，是使老百姓生活富足，养生丧死而无憾，在此基础上以礼义教导民众。

孟子善于运用各种类比、比喻来阐明道理。这里，孟子利用魏惠王的好战心理，首先巧妙地以战争中落败退走为喻，指出"五十步笑百步”的荒谬，暗示如果不从根本上施行王道来治国，而只是靠一些小修小补，头痛医头、脚痛医脚的手段来处理危机，比如在年成不好的时候把老百姓移到其他的地方，最终不可能解决问题，更不能实现国富民强的愿望。

由此孟子详细论述了王道的理想政治图景。在物质生产方面，他提出要“不违农时”，“数罟不入洿池”，“斧斤以时入山林”，这三项要求的关键是“时”，也就是要尊重农林生产生活的规律，“无失其时”。更重要的是“勿夺农时”，才能确保生产的发展，百姓生活的富足。老百姓生活富足、安居乐业了，才能养生丧死也无憾，这就是王道的发端。在此基础上，以礼义教化民众，使其懂得孝、悌、忠、信之理，使老有所归、幼有所养，这才是王道的达成。相反，如果执政者对农业生产妄加干涉，扰乱民众的生活，或者过度侵夺农田民产，或者使国家战事频仍、政治动荡，就会引发严重的后果。

孟子的思想延续孔子在《论语》中提到的庶而富之、富而教之的主张。确实，理想的社会一定是“仓廪实”与“知礼节”并重，即人们在物质与精神上同时获得满足的社会。如果为政者不能履行自身的职责，反思自己的执政成败，以至于“狗彘食人食而不知检，涂有饿莩而不知发”，还以年成不好等外在原因为自己开脱罪责，又怎么可能得到民众的信任和归附呢？这种执政者不但不能开疆拓土、成就霸业，连仅有的民心都有可能失去。所以为政者要回归政治的本质与为民父母的初心。

（三）

梁惠王曰：“寡人愿安承教。”

孟子对曰：“杀人以梃[(1)]与刃，有以异乎？”

曰：“无以异也。”

“以刃与政，有以异乎？”

曰：“无以异也。”

曰："庖有肥肉，厩有肥马，民有饥色，野有饿莩，此率兽而食人[(2)]也。兽相食，且人恶之[(3)]。为民父母，行政不免于率兽而食人，恶在其为民父母也？仲尼曰：'始作俑者[(4)]，其无后乎！'为其象人而用之也。如之何其使斯民饥而死也？"(《梁惠王》上·四)

【注释】

(1)梃：棍棒。

(2)率兽而食人：率领着野兽吃人。

(3)且人恶之：即"人且恶之"。且，尚且。

(4)始作俑者：最初采用陶偶或木偶陪葬的人。俑是古代陪葬用的陶偶或木偶，由于做得非常像人，所以孔子对此深恶痛绝。后来这句话成为成语，指首开恶例的人。

【导读】

本章主旨为为民父母者要爱民、保民，不能伤害民众。

孟子再次通过一个巧妙的对比指出，在上位者要爱护民众，做真正为民着想的父母官。他说用木棒打死人、用刀子杀死人与用政治害死人没有什么不同，如果自己过着丰衣足食的生活，"庖有肥肉，厩有肥马"，而民众却在挨饿受冻，出现"民有饥色，野有饿莩"的现象，那简直就像是率领野兽吃人一样，是极大的过错。在孟子看来，执政者作为老百姓的父母官，让人民生活幸福是其基本的职责。孟子坚持他一贯的民本立场，对不符合民众利益的执政者作出了深刻的批判。

(四)

齐宣王问曰："齐桓、晋文之事[(1)]可得闻乎？"

孟子对曰："仲尼之徒无道桓、文之事者，是以后世无传焉。臣未之闻也。无以，则王乎[(2)]？"

曰："德何如，则可以王矣？"

曰："保民而王，莫之能御也。"

曰："若寡人者，可以保民乎哉？"

曰："可。"

曰："何由知吾可也？"

曰："臣闻之胡龁[(3)]曰，王坐于堂上，有牵牛而过堂下者，王见之，曰：'牛何之？'对曰：'将以衅钟[(4)]。'王曰：'舍之！吾不忍其觳觫若[(5)]无罪而就死地。'对曰：'然则废衅钟与？'曰：'何可废也？以羊易之！'不识有诸？"

曰："有之。"

曰："是心足以王矣。百姓皆以王为爱[(6)]也，臣固知王之不忍也。"

王曰："然。诚有百姓者，齐国虽褊小，吾何爱一牛？即不忍其觳觫若无罪而就死地，故以羊易之也。"

曰："王无异于百姓之以王为爱也。以小易大，彼恶知之？王若隐[(7)]其无罪而就死地，则牛羊何择焉？"

王笑曰："是诚何心哉？我非爱其财。而易之以羊也，宜乎百姓之谓我爱也。"曰："无伤[(8)]也，是乃仁术也，见牛未见羊也。君子之于禽兽也，见其生，不忍见其死；闻其声，不忍食其肉。是以君子远庖厨也。"

王说曰："诗云：'他人有心，予忖度之。'[(9)]夫子之谓也。夫我乃行之，反而求之，不得吾心。夫子言之，于我心有戚戚焉。此心之所以合于王者，何也？"

曰："有复于王者曰'吾力足以举百钧'，而不足以举一羽；'明足以察秋毫之末'，而不见舆薪[(10)]，则王许之乎？"

曰："否。"

"今恩足以及禽兽，而功不至于百姓者，独何与？然则一羽之不举，为不用力焉；舆薪之不见，为不用明焉，百姓之不见保，为不用恩焉。故王之不王，不为也，非不能也。”

曰：“不为者与不能者之形何以异？”

曰：“挟太山以超北海，语人曰‘我不能’，是诚不能也。为长者折枝，语人曰‘我不能’，是不为也，非不能也。故王之不王，非挟太山以超北海之类也；王之不王，是折枝之类也。老吾老，以及人之老；幼吾幼，以及人之幼。天下可运于掌。诗云：‘刑于寡妻，至于兄弟，以御于家邦。’(11)言举斯心加诸彼而已。故推恩足以保四海，不推恩无以保妻子。古之人所以大过人者无他焉，善推其所为而已矣。今恩足以及禽兽，而功不至于百姓者，独何与？权，然后知轻重；度，然后知长短。物皆然，心为甚。王请度之！抑王兴甲兵，危士臣，构怨于诸侯，然后快于心与？”

王曰：“否。吾何快于是？将以求吾所大欲也。”

曰：“王之所大欲，可得闻与？”王笑而不言。

曰：“为肥甘不足于口与？轻煖(12)不足于体与？抑为采色(13)不足视于目与？声音不足听于耳与？便嬖(14)不足使令于前与？王之诸臣，皆足以供之，而王岂为是哉？”

曰：“然则王之所大欲可知已：欲辟土地，朝秦楚，莅中国，而抚四夷也。以若所为，求若所欲，犹缘木而求鱼也。”

王曰：“若是其甚与？”

曰：“殆有甚焉。(15)缘木求鱼，虽不得鱼，无后灾；以若所为，求若所欲，尽心力而为之，后必有灾。”

曰：“可得闻与？”

曰：“邹人与楚人战，则王以为孰胜？”

曰：“楚人胜。”

曰：“然则小固不可以敌大，寡固不可以敌众，弱固不可以敌强。海内之地，方千里者九，齐集有其一；以一服八，何以异于邹敌楚哉？今王发政施仁，使天下仕者皆欲立于王之朝，耕者皆欲耕于王之野，商贾皆欲藏于王之市，行旅皆欲出于王之途，天下之欲疾其君者皆欲赴愬于王[16]。其若是，孰能御之？”

王曰：“吾惛[17]，不能进于是矣。愿夫子辅吾志，明以教我。我虽不敏，请尝试之。”

曰：“无恒产而有恒心者，惟士为能。若民，则无恒产，因无恒心。苟无恒心，放辟邪侈[18]，无不为已。及陷于罪，然后从而刑之，是罔民[19]也。焉有仁人在位，罔民而可为也？是故明君制民之产，必使仰足以事父母，俯足以畜妻子，乐岁终身饱，凶年免于死亡。然后驱而之善，故民之从之也轻。今也制民之产，仰不足以事父母，俯不足以畜妻子，乐岁终身苦，凶年不免于死亡。此惟救死而恐不赡[20]，奚暇治礼义哉？王欲行之，则盍反其本矣。五亩之宅，树之以桑，五十者可以衣帛矣；鸡豚狗彘之畜，无失其时，七十者可以食肉矣；百亩之田，勿夺其时，八口之家可以无饥矣；谨庠序之教，申之以孝悌之义，颁白者不负戴于道路矣。老者衣帛食肉，黎民不饥不寒，然而不王者，未之有也。”（《梁惠王》上·七）

【注释】

（1）齐桓、晋文之事：齐桓公、晋文公称霸诸侯的事迹。二人先后为春秋时期诸侯盟主，并入春秋五霸。

（2）无以，则王（wàng）乎：不得已，就谈论王天下之道吧。以，通“已”，止的意思。王，统治，称王。

（3）胡龁（hé）：齐宣王的近臣。

（4）衅钟：祭钟。新钟铸成之后，杀牲取血以祭祀。衅，血祭，谓杀生取血涂物以祭。

（5）觳（hú）觫（sù）若：恐惧战栗的样子。若，助词，相当于“然”。

（6）爱：吝惜。

(7)隐：痛，怜悯。

(8)无伤：没有妨害。

(9)他人有心，予忖度之：别人有什么心事，我能揣摩出来。语出《诗经·小雅·巧言》。忖度，思量揣测。

(10)舆薪：一车的薪柴。比喻大而易见的事物。

(11)刑于寡妻，至于兄弟，以御于家邦：(文王)修身能作为妻子的典范，并推广到兄弟的身上，更推扩至治理国家上。出自《诗经·大雅·思齐》。刑，同“型”，典型、模范。寡妻，国君自己谦称为寡人，谦称自己的妻子为寡妻。御，治理。

(12)轻煖：轻软保暖的衣服。煖，同“暖”。

(13)采色：绚丽的颜色。

(14)便嬖(pián bì)：君主左右受宠幸的小臣。

(15)殆有甚焉：恐怕比缘木求鱼更严重。殆，恐怕。有，犹“又”。焉，指缘木求鱼。

(16)天下之欲疾其君者皆欲赴愬(sù)于王：天下凡怨恨他们君王的人都跑来向王诉苦。疾，怨恨。赴，奔赴。愬，同“诉”。

(17)惛：通“昏”，昏乱不明。

(18)放辟邪侈：放肆、乖僻、淫邪、奢侈。

(19)罔民：陷害民众。

(20)不赡：力不能及。赡，足。

【导读】

本章篇幅较长，主要围绕孟子与齐宣王的对话展开，主要有“不忍人之心”、“不为与不能”之辨、推恩、行王道等内容。

首先是以羊易牛的故事，这个故事乍听起来似乎令人费解，孟子却借由精彩的分析切中齐王的心理要害。孟子认为，以羊易牛，不在于以小换大，而在于没有亲眼看到羊即将被杀，与亲眼看到了牛即将被杀的样子的心理差别。亲眼看到了牛即将被杀的样子，触发了人内心的“不忍”，这种“不忍”正是仁心的表现，是行仁政的基础。所谓“君子远庖厨”，说的也不过是这种“不忍”的心理状态与情感。人有此不忍人之心，才能体察他人的苦与痛、喜与忧，而为政者也能因此心而推诸他人之心，行不忍人之政。由此可见孟子用心之深。

其次是为与不为。每一个人都有此仁心，都能本着此仁心行事，如果还没有做，就说我不能做到，这不是能力的问题，而是意愿的问题。不为与不能的区别在哪儿呢？一根羽毛拿不起，是不愿意用力去拿，非不能也；一车柴草看不见，是不愿意用眼睛看，非不能也；执政者的恩惠能够施及动物，却偏偏不能够施及老百姓，是因为执政者不愿意施恩惠的缘故。所以是不愿意做，而不是做不到。假如要一个人把泰山夹在胳膊下跃过北海，这人告诉他人说：“我做不到。”这是真的做不到。但是如果要一个人为老年人折一根树枝，这人告诉他人说：“我做不到。”这是不愿意做，而不是做不到。因此不要拿做不到作为搪塞的借口，行仁政的关键还在于执政者的自觉。要认识到行仁政的必要性，坚信仁心的力量，“举斯心加诸彼”，推扩其仁心，“老吾老，以及人之老；幼吾幼，以及人之幼”，从自己到家人，再推恩到国家，然后足以保四海。这一方面与孔子“己欲立而立人，己欲达而达人”和“己所不欲，勿施于人”的忠恕之道相合，另一方面也符合《大学》里修身、齐家、治国、平天下的人生进修阶梯。

这里需要体会“推恩”这一政治上特有的处理方式。推恩，就是将恩惠层层推扩出去，由己之心到他人之心。齐宣王有不忍人之心，将这一点不忍人之心推扩出去，施惠于百姓，就是不忍人之政，也就是仁政。每一层的统治者都能这样做，如果每一层的官员都能这样做，都能以此为尺度，都能以不忍人之心去想事情、做事情，那么仁政的实现也就不远了。

最后谈的则是如何行仁政以保民。孟子仍旧延续前文所说强调制民之产与教治礼仪。两者并重，但是就施政顺序而言，则是养在教之先。先要制民之产，使民众俯仰无缺，让老百姓过上丰衣足食、安居乐业的生活，让他们不仅能够养家糊口，还有一定的产业。因为“无恒产者无恒心”，如果没有富足安定的生活，民众就容易放肆乖僻而不守规范，社会就容易混乱失序。然后再教民以孝悌礼义，一步步实现其仁政蓝图。

（五）

庄暴[1]见孟子，曰：“暴见于王，王语暴以好乐，暴未有以对也。”

曰：“好乐何如？”

孟子曰：“王之好乐甚，则齐国其庶几乎[2]！”

他日，见于王曰：“王尝语庄子以好乐，有诸？”

王变乎色，曰：“寡人非能好先王之乐也，直[3]好世俗之乐耳。”

曰：“王之好乐甚，则齐其庶几乎！今之乐犹古之乐也。”

曰：“可得闻与？”

曰：“独乐乐，与人乐乐，孰乐[4]？”

曰：“不若与人。”

曰：“与少乐乐，与众乐乐，孰乐？”

曰：“不若与众。”

“臣请为王言乐。今王鼓乐于此，百姓闻王钟鼓之声、管籥[5]之音，举疾首蹙頞[6]而相告曰：‘吾王之好鼓乐，夫何使我至于此极[7]也，父子不相见，兄弟妻子离散。’今王畋猎于此，百姓闻王车马之音，见羽旄[8]之美，举疾首蹙頞而相告曰：‘吾王之好田猎，夫何使我至于此极也？父子不相见，兄弟妻子离散。’此无他，不与民同乐也。

“今王鼓乐于此，百姓闻王钟鼓之声、管籥之音，举欣欣然有喜色而相告曰：‘吾王庶几无疾病与，何以能鼓乐也？’今王田猎于此，百姓闻王车马之音，见羽旄之美，举欣欣然有喜色而相告曰：‘吾王庶几无疾病与，何以能田猎也？’此无他，与民同乐也。今王与百姓同乐，则王矣！”(《梁惠王》下·一)

【注释】

(1)庄暴：齐宣王臣子名。

(2)庶几乎：差不多(有希望)吧。

(3)直：只是。

(4)独乐乐，与人乐乐，孰乐：自己一个人听音乐的快乐，与大家一同听音乐的快乐，哪一种比较快乐？

(5)管籥(yuè)：笙、笛一类的古代管乐器。赵岐注：“管，笙；籥，箫。或曰籥若笛，短而有三孔。”

(6)举疾首蹙(cù)頞(è)：都皱着眉头，感到头痛。举，都。蹙，紧缩。頞，额头。

(7)至于此极：沦落到这样极惨的地步。

(8)羽旄：古时常用鸟羽和旄牛尾为旗饰，故亦为旌旗的代称。

【导读】

本章讨论的核心是与民同乐。

在《梁惠王》下中孟子曾与齐宣王三次讨论过“与民同乐”的问题。一次是在谈到欣赏音乐时，孟子告诉齐宣王，只要能够做到与民同乐，无论是喜爱古典音乐还是流行音乐都是好事而不是坏事。孟子主张古乐、今乐不必强作区分，而应该凡事以民为重，能得民心才能得人和。否则即使演奏高雅的古圣王乐曲，也于事无补，还会引发民怨。

一次是在谈到皇家园林的大小时，孟子告诉齐宣王，如果与民同乐，向老百姓开放，皇家园林再大，如周文王的方圆七十里，老百姓也不会嫌它大。如果不与民同乐，不准老百姓进入，皇家园林再小，如齐宣王的方圆四十里，老百姓也会嫌它大。还有一次孟子不仅说到“为民上而不与民同乐者，亦非也”，还从乐说到忧，指出“乐民之乐者，民亦乐其乐；忧民之忧者，民亦忧其忧。乐以天下，忧以天下，然而不王者，未之有也”。这三次讨论层层递进，完整地展示了孟子政治学说中的民本思想。宋代范仲淹《岳阳楼记》中那传诵千古的名句“先天下之忧而忧，后天下之乐而乐”，正是延续了孟子这里的“乐以天下，忧以天下”的精神。

（六）

齐宣王问曰：“交邻国有道乎？”

孟子对曰：“有。惟仁者为能以大事小，是故汤事葛[1]，文王事昆夷[2]；惟智者为能以小事大，故大王事獯鬻[3]，句践事吴[4]。以大事小者，乐天者也；以小事大者，畏天者也。乐天者保天下，畏天者保其国。诗云：‘畏天之威，于时保之。’[5]”

王曰：“大哉言矣！寡人有疾，寡人好勇。”

对曰：“王请无好小勇。夫抚剑疾视曰，‘彼恶敢当我哉！’此匹夫之勇，敌一人者也。王请大之！诗云：‘王赫斯怒，爰整其旅，以遏徂莒，以笃周祜，以对于天下。’[6]此文王之勇也。文王一怒而安天下之民。《书》[7]曰：‘天降下民，作之君，作之师[8]。惟曰其助上帝，宠之四方[9]。有罪无罪，惟我在，天下曷敢有越厥志？[10]’一人衡行[11]于天下，武王耻之。此武王之勇也。而武王亦一怒而安天下之民。今王亦一怒而安天下之民，民惟恐王之不好勇也。”（《梁惠王》下·三）

【注释】

(1)汤事葛：汤以仁厚对待无道的葛伯。汤，商汤，商朝的创建人。葛，葛伯，葛国的国君。葛国是商紧邻的小国，葛伯放纵无道，不敬祖先，汤先后送牛羊以供祭祀，并且派人帮助耕种。

(2)文王事昆夷：文王礼待西戎。周文王时，西戎来犯，文王修德而不与战。昆夷，周朝初年的西戎国名。

(3)大王事獯(xūn)鬻(yù)：周太王以忍让的方式对待来侵犯的北狄。大王，周文王的祖父，即古公亶(dǎn)父。獯鬻，当时北方的少数民族，周时称猃狁，秦汉称匈奴。

(4)句践事吴：勾践以卑曲侍奉吴国。句，"勾"的古字。勾践，春秋时越国国君。

(5)畏天之威，于时保之：敬畏天命之威严，因此能保持安定。出自《诗经·周颂·我将》，内容为赞颂周文王。

(6)王赫斯怒，爰(yuán)整其旅，以遏徂(cú)莒(jǔ)，以笃周祜(hù)，以对于天下：王大怒，于是整顿他的军队，以阻止莒国前往侵略(阮国的)军队，以增厚周国的福祉，来回报天下众民。出自《诗经·大雅·皇矣》，此诗提到莒国前往侵略阮国，文王发兵前往阻止。赫，怒意。斯，语助词。爰，于是，就。徂，往，到。莒，古国名，在今山东莒县。笃，厚。祜，福。对，回报、报答。

(7)《书》：《尚书》，这里指《尚书·泰誓》，是武王伐纣，渡孟津，诸侯来会师时的誓词。

(8)作之君，作之师：为他们立君、立师。

(9)宠之四方：尊崇于四方。宠，尊崇。

(10)曷敢有越厥志：怎么敢超越他的意志？曷，何、怎么。越，超越。厥，其，代指天或上帝。

(11)一人衡行：独夫横行。一人，指纣王。

【导读】

本章主要探讨两个问题：一是交邻国之道；二是"大勇"。

此前我们看到孟子主要谈论的是内政问题，而这一次齐宣王所问的是“交邻国之道”，即与邻国交往、结盟或征战方面的问题。孟子则引用先王以大国侍奉小国的事例，指出仁者能以大国对待小国，乐行天命，而智者则能以小事大，敬畏天命。乐天者能保有天下，畏天者能保护其国家。大国以天命为乐，顺应天地生万物的好生之德，不欺负弱小；小国则敬畏天命，服从天命，不与大国为敌，以维护自己的生存。用今天的话语来说，就大国要讲仁义，不奉行大国沙文主义和霸权主义，而要和小国友好相处；小国则要设身处地、随时应变，和大国处理好外交关系。这是最好的国家交往之道。

但是这显然不符合齐宣王的预期。战国时期战事频仍，齐宣王所眼见和亲历的国与国之间的问题多半是靠战争来解决的，在“强权就是真理”影响下的齐宣王更希望听到的是能解决实际问题的办法，而孟子则显然反对军事力量的对抗。于是齐宣王说自己“好勇”，言外之意是这个毛病难以克服，恐怕做不到孟子所说的乐行天命。于是孟子就“勇”展开讨论，鼓励齐宣王好大勇，弃小勇。他说的小勇就是我们常说的匹夫之勇，这种匹夫之勇是一种血气之怒，动辄以性命相拼，而大勇则是以理义为准则，为天下众民的利益而使用武力。小勇至多能敌一人，大勇则使天下安定。

历史上不乏逞小勇之人，张飞是小勇，甚至项羽也是小勇，而周武王之勇则是大勇。汉武帝、隋炀帝等穷兵黩武之人，好勇而天下人所弃。从现实生活来看，也不乏其人，在大街上、公共汽车上动辄提劲逞勇的人，包括那些车匪路霸，一言不合就干架，在言语或身手上胜过他人则一副洋洋自得、睥睨他人的样子，其实不过是“小勇”罢了，甚至只是一股戾气。那些挺身而出、见义勇为，维护巩固安全和秩序的人，才是真正的大勇。

（七）

孟子谓齐宣王曰：“王之臣有托其妻子于其友，而之[1]楚游者。

比其反也[2]，则冻馁其妻子，则如之何?”王曰：“弃之。”

曰：“士师[3]不能治士，则如之何?”王曰：“已之。”

曰：“四境之内不治，则如之何?”王顾左右而言他。

孟子曰：“以力假仁者霸，霸必有大国，以德行仁者王，王不待大[4]。汤以七十里，文王以百里。以力服人者，非心服也，力不赡也；以德服人者，中心悦而诚服也，如七十子之服孔子也。诗云：‘自西自东，自南自北，无思不服。’此之谓也。”(《公孙丑》上·三)

【注释】

(1)之：到。

(2)比其反也：等待他回来的时候。比，等到。反，同“返”。

(3)士师：管理官员的职官。

(4)王不待大：统治天下不必是大国。

【导读】

本章谈的是君王之职责与王霸之辨，强调“以德服人”。

孟子在这里有一个重要的提法值得我们关注，就是他认为君与民之间是一种托付关系，就像朋友之间以妻子相托付，官员与其职责相对应，孟子把为政者看成是“受托者”，受托者应当担负起自己的职责，对失职者应该“去之”。换言之，如果一个为政者不能保证人民温饱、安居乐业，则应该交托出民众托付给他的职权，而“去之”。委托与受托实质上是一种权力与责任之间的转让，一个君主在位执政其实是接受了一个委托，有其责任、义务，他所接受的是民众的委托，他具有接受人民委托而来的责任，不能履行则应该被撤弃。这不得不说是孟子对君权制度的一大突破。

在孟子看来，仁和义是最高原则，任何君主都不能背弃和破坏，否则为“一夫”，可以讨伐、流放。所以，他在回答齐宣王“汤放桀，武王伐纣，有诸?”的问题时，就指出：“贼仁者谓之贼，贼义者谓之残，残贼之人谓之一夫。闻诛一夫纣矣，未闻弑君也”(《梁惠王》上)。诛杀桀、纣这样不仁不义，不能保民、养民的君王，不是“弑君”，因为他们已经不是合格的君王，人人得可诛之。换言之，孟子最早确立了对暴君革命的合理论证。他不承认君主个人是神圣不可侵犯的，或者任何一姓王朝是神圣不可动摇的，这样就为人民反抗暴政提供了合法性支持。

接着，孟子又分辨王道与霸道，霸道通过军事实力达成霸业，要达成霸业必须是大国，而王道则是以德政行仁而王天下，不必是大国才可以王天下。商汤、文王所领之地不可谓不小，但是四方百姓都来归附，可见要想真正地得到百姓的认同，必须是以德服人。以德服人，是真正的心悦诚服，以力服人只是迫于一时的力量对比，一旦世易时移，则内心之不服又会重新升起，从而引发争端。为政者还须从根本上行仁政，以德服人，方能保有天下。

（八）

孟子曰：“民为贵，社稷(1)次之，君为轻。是故得乎丘民(2)而为天子，得乎天子为诸侯，得乎诸侯为大夫。诸侯危社稷，则变置。牺牲既成(3)，粢盛(4)既洁，祭祀以时，然而旱干水溢，则变置社稷。”(《尽心》下·一四)

【注释】

(1)社稷：古代帝王、诸侯所祭的土神和谷神，后来用为国家的代称。社，土神；稷，谷神。

(2)丘民：众民，百姓。

(3)牺牲既成：供祭祀、盟誓用的家畜养得很肥美。牛、羊、豕之类，纯色的叫牺，完整的叫牲，肥美为成。

(4)粢盛(zī chéng)：古代盛在祭器内以供祭祀的谷物。粢，祭祀用的谷物。盛，以器装物。

【导读】

本章主旨为民贵君轻。

得民心者为天子，得乎天子之心则为诸侯，得乎诸侯之心则为大夫。诸侯如果危及社稷，就要更换他。天子是诸侯中最尊贵的，但是如果危及社稷也有可能被更换。如果社稷的祭祀做得非常充分完备，但是灾害频发、年成不佳，危及老百姓的生活，那么就要更换社稷之神祭祀。所以老百姓最重要，其次是社稷，最后才是君王。

“民为贵，社稷次之，君为轻”是一段我们非常熟悉的话，孟子在两千多年前就已提出，足见其思想之难能可贵。“民为贵”的思想坚持以民为本，提醒和警告国君，没有民众的拥护和支持，一切的权柄都将成空。

（九）

孟子见齐宣王曰：“所谓故国(1)者，非谓有乔木之谓也，有世臣(2)之谓也。王无亲臣(3)矣。昔者所进，今日不知其亡(4)也。”王曰：“吾何以识其不才而舍之?”曰：“国君任贤，如不得人，将使卑逾尊，疏逾戚(5)，可不慎与？左右皆曰贤，未可也；诸大夫皆曰贤，未可也；国人皆曰贤，然后察之，见贤焉，然后用之。左右皆曰不可，勿听；诸大夫皆曰不可，勿听；国人皆曰不可，然后察之，见不可焉，然后去之。左右皆曰可杀，勿听；诸大夫皆曰可杀，勿听；国人皆曰可杀，然后察之，见可杀焉。然后杀之。故曰因人杀之也。如此，然后可以为民父母。”(《梁惠王》下·七)

【注释】

(1)故国：传世久远、历史悠久的国家。

(2)世臣：累世立功的大臣。

(3)亲臣：君王亲信之臣。

(4)亡：亡失。

(5)卑逾尊，疏逾戚：卑贱的人的职位超过尊贵的人，疏远的人的职位超过亲近的人。逾，超过。戚，亲近。

【导读】

本章主旨在提醒君王要尊贤举能，罢弃小人。

关于尊贤，孟子对齐宣王说，一个国家历史悠久，并不是因为有高大的树木、累世立功的大臣，而是因为能任贤，使得国祚绵长。儒家虽然主张亲亲尊尊，但是选用贤臣必须不以亲疏、尊卑为标准，而是要以是否贤能、是否有才干为准则，即使卑贱者职位超过尊贵者，疏远者职位超过亲近者也没有关系。

那应该怎样去识别贤与不贤呢？左右亲信都说某人好，不可轻信；众位大夫都说某人好，还是不可轻信；全国的人都说某人好，然后去考察他，发现他是真正的贤才，再任用他。左右亲信都说某人不好，不可轻信；众位大夫都说某人不好，还是不可轻信；全国的人都说某人不好，然后去考察他，发现他真不好，再罢免他。同样，如果左右亲信都说某人该杀，不可轻信；众位大夫都说某人该杀，还是不可轻信；全国的人都说某人该杀，然后去考察他，发现他真该杀，再杀掉他。可见旁人的意见不一定公允，作为国君必须有自己的独立判断，且这一判断必须以事实为依据。

在《论语·子路》篇里，孔子就曾指出，即使乡里所有的人都对某人称赞不已，也不如一乡之中的好人喜欢他，坏人厌恶他。因为这样的人不是因迎合他人的意志而获得交口称赞，而是有着自己独立的坚持和判断，别人对他的评价也才显得真实。在《卫灵公》篇里，孔子说“众恶之，必察焉；众好之，必察焉”，指出一面倒的评价实际上不一定可靠。从这里我们可以看到，孟子的选贤说延续了孔子的思想，并且将孔子对一般的人品或人才的识鉴扩展到为国家选贤举能上，“国人皆曰贤，然后察之，见贤焉，然后用之。国人皆曰不可，然后察之，见不可焉，然后去之”，既广泛听取民众的意见，又依据客观的事实，最终做出正确的判断。

（十）

孟子曰：“伯夷，目不视恶色，耳不听恶声。非其君，不事；非其民，不使。治则进，乱则退。横政之所出，横民之所止，不忍居也。思与乡人处，如以朝衣朝冠坐于涂炭(1)也。当纣之时，居北海之滨，以待天下之清也。故闻伯夷之风者，顽夫廉(2)，懦夫有立志。

“伊尹曰：‘何事非君？何使非民？’治亦进，乱亦进，曰：‘天之生斯民也，使先知觉后知，使先觉觉后觉。予，天民之先觉者也。予将以此道觉此民也。’思天下之民匹夫匹妇有不与被尧舜之泽者，若己推而内(3)之沟中，其自任以天下之重也。

“柳下惠不羞污君，不辞小官。进不隐贤，必以其道。遗佚而不怨，阨穷而不悯(4)。与乡人处，由由然(5)不忍去也。‘尔为尔，我为我，虽袒裼裸裎(6)于我侧，尔焉能浼(7)我哉？’故闻柳下惠之风者，鄙夫宽(8)，薄夫敦(9)。

“孔子之去齐，接淅(10)而行。去鲁，曰：‘迟迟吾行也。’去父母国之道也。可以速而速，可以久而久，可以处而处，可以仕而仕，孔子也。”

孟子曰：“伯夷，圣之清者也；伊尹，圣之任者也；柳下惠，圣之和者也；孔子，圣之时者也。孔子之谓集大成。集大成也者，金声(11)而玉振(12)之也。金声也者，始条理也；玉振之也者，终条理也。始条理者，智之事也；终条理者，圣之事也。智，譬则巧也；圣，譬则力也。由(13)射于百步之外也，其至，尔力也；其中，非尔

力也。”(《万章》下·一)

【注释】

(1)涂炭：烂泥和炭火，比喻极困苦的境遇。涂，泥。

(2)顽夫廉：愚顽的人变得有分辨能力。

(3)内：同“纳”，使进入。

(4)阨(è)穷而不悯：困于穷迫之境而不忧。阨，困厄。

(5)由由然：自得、自在之貌。

(6)袒(tǎn)裼(xī)裸裎(chéng)：袒开或脱去上衣，露出身体。袒，脱衣露出上身。裼、裸、裎，均有脱衣露体的意思。

(7)浼(měi)：玷污。

(8)鄙夫宽：狭陋的人变得心胸宽广。

(9)薄夫敦：刻薄的人变得敦厚。

(10)接淅：淘米。淅，洗米水。

(11)金声：指钟发出的声音。

(12)玉振：指玉磬收束的余韵。古代奏乐，先以钋钟起音，结束以玉磬收尾。

(13)由：同“犹”。

【导读】

本章主旨在赞扬孔子是圣之时者，出处有道。

伯夷、伊尹与柳下惠是古代的名士，三人在政治上有三种截然不同的处世态度。三人各有偏颇之处，不可效仿。对于伯夷来说，眼睛从不看丑陋的事物，耳朵从不听邪恶的声音，不是他理想的君主就不去侍奉，不是他理想的百姓就不使唤。天下太平就出来做官，天下混乱就隐退不出。他既不在恶人的朝廷里做官，也不同恶人交谈。因为他觉得在恶人的朝廷里做官，同恶人交谈，是对自己的玷污。因此，诸侯即使有用动听的言辞、高官厚禄来请他的，他也不接受。他的不接受在根本上是不屑于接近他们。见过伯夷风范的人，愚顽的会变得有坚守，懦弱的会变得意志坚定。这就是伯夷的气节，所以是“圣之清者”。

伊尹则以天下为己任，无论什么样的君主和百姓，无论天下太平还是混乱，他都尽一己之力为天下苍生谋福。他说上天厚爱这些百姓，就是要让先知的人来引导后知的人，先觉的人来引导后觉的人。他自认为是这些人中的先知先觉者，因而有责任引导那些后知后觉的人。他认为，有才能的人如果不主动挑起天下的重担，就如同亲自将天下的百姓中推进山沟里，这是极度不负责任的做法。所以伊尹是“圣之任者”。

柳下惠则不认为侍奉坏君主是羞耻的事，也不因为官职小而不做。他到朝廷做官，从不掩藏自己的贤能，始终按自己的原则行事。不被重用也不怨恨，处境穷困也不忧伤。与没有教养的乡下人相处，也照样很自在地不忍离去。他经常说：“你是你，我是我，即使你赤身裸体地在我身旁，你又哪能玷污我呢?”见过柳下惠风范的人，心胸狭窄的会变得宽广起来，刻薄的会变得厚道起来。所以，柳下惠是“圣之和者”。

孔子则是该隐居就隐居，该做官就做官，离开时该快就快，该慢就慢。如果说伯夷是清高的圣人，伊尹是责任感强的圣人，柳下惠是随和的圣人，孔子则是与时偕行的圣人，是集大成者，因为孔子的出处之道是可以仕则仕，不可则去之，始终能与时偕行。其他三位圣人各有一偏，伯夷的偏颇在于容易落于狭隘，伊尹的偏颇在于容易陷于迫促，柳下惠的偏颇在于容易失于不庄重。狭隘、迫促与不庄重，都不是君子应该效仿的。孔子的“圣之时者”才是君子做政治选择的最佳参考标准，既能审时度势，又不曲道以从人。

（十一）

孟子去齐。充虞(1)路问(2)曰：“夫子若有不豫(3)色然。前日虞闻诸夫子曰：‘君子不怨天，不尤人。’”

曰：“彼一时，此一时也。五百年必有王者兴，其间必有名世者。由周而来，七百有余岁矣。以其数则过矣，以其时考之则可矣。夫天，未欲平治天下也；如欲平治天下，当今之世，舍我其谁也？吾何为不豫哉？”（《公孙丑》下·十三）

【注释】

(1) 充虞：孟子弟子。

(2) 路问：于路中间问。

(3) 豫：悦，高兴。

【导读】

本章体现了孟子的忧世之志与乐天之诚，并行而不悖。

孟子同孔子一样，周游数国但并未得到重用，孟子心里是否充满了挫败感，甚至怨怼呢？当他离开齐国时，弟子注意到他似乎有不高兴的样子，这与孟子平日说的“不怨天，不尤人”有些矛盾，因而有此一问。孟子说，这要看具体的情境。在齐国遇到挫折时，心里必然会有一些忧虑，人非圣贤，怎么可能没有自己的情绪呢？但是从长远来看，天命有常，五百年必有圣贤君主兴起，其中必定还有名望很高的辅佐者。从周武王以来，到现在已经七百多年了。从年数来看，已经超过了五百年；从时势来考察，也正应该是时候了。如果上天有好生之德，希望天下太平的话，在当今这个世界上，能够担起这个职责的人，除了我孟子还有谁呢？我为什么不快乐呢？这段话体现了孟子发自内心的责任感和使命感。

这里也反映出孟子的历史观。他认为历史是有兴衰规律的，按照其发展规律，孟子的时代正应该有“王者”兴起了，所以他满怀壮志，同时也有舍我其谁的雄心和魄力。“当今之世，舍我其谁也？”这里，孟子的态度与孔子所说的“天生德于予，桓魋其如予何？”（《论语·述而》）的意味相近，都透露出“以天下为己任”的使命感和抱负。当然，孟子周游列国之后，没有遇到理想中的“王者”和合适的契机，不能施展其治国平天下的才能，也会产生一些惆怅。但总的来看，这点惆怅与忧虑并未动摇他的信念与意志，他依然保持着乐观的态度，期待社会向好的方向发展。

【思考与讨论】

1. 孟子所说的仁政的基础是什么？
2. 孟子的政治思想与孔子的有什么不同？

《中庸》导读

《中庸》概说

关于《中庸》的最早记载见于西汉司马迁的《史记·孔子世家》，司马迁明确说“子思作《中庸》”。《汉书·艺文志》里面记载“《中庸说》二篇”。我们现在看到的《中庸》文本，最早见于《礼记》。汉代的戴圣所编《礼记》，即《小戴礼记》，共四十九篇，其中第三十一篇就是《中庸》。关于《中庸》的注疏，较早期能看到的就是《宋书》记载的南朝的戴颙，曾为《中庸》作注。此外《隋书·经籍志·经部》著录梁武帝有《中庸讲疏》，因此《中庸》单独成篇应该比《大学》要早。到宋代，《中庸》与《大学》一样得到提倡，与《论语》《孟子》并列为“四书”。

子思（公元前483年—前402年）是孔子的孙子。据《史记·孔子世家》记载，孔子的儿子名叫孔鲤，字伯鱼，伯鱼的儿子名叫孔伋，字子思，相传是曾子的弟子，被称为“述圣”。关于《中庸》的作者是子思，《孔丛子》也有记载。《孔丛子·居卫篇》里面就引了子思自己的话，他说他的祖先是孔子，“祖君屈于陈蔡作《春秋》，吾困于宋，可无作乎？”于是他就撰“《中庸》之书四十九篇”。从汉代以后，一直到唐代，都认为子思作《中庸》。孔子去世后，儒家分为八派，子思是其中一派。荀子把子思和孟子看成是一派。从师承关系来看，子思学于孔子的得意弟子曾子，孟子又从学于子思门人；从《中庸》和《孟子》的观点来看，也有相承之处，所以有“思孟学派”的说法。

《中庸》名篇方式不同于《大学》，不是取正文开头的两个字为题，而是撮取文章的中心内容为题。《中庸》是阐发儒家心性哲学、人生修养与境界的重要文章。朱熹认为《中庸》“忧深言切，虑远说详”，“历选前圣之书，所以提挈纲维，开示蕴奥，未有若是之明且尽者也”（《中庸章句序》），并且在《中庸章句》的开头引用程颐的话，强调《中庸》是“孔门传授心法”的著作，“放之则弥六合，卷之则退藏于密”，对《中庸》有很高的评价。《中庸》的确是内容丰富、意义深远，不仅提出了“中庸”作为儒家的最高道德标难，而且以此为基础讨论了一系列的问题，涉及儒家学说的各个方面。所以，《中庸》被视为使人们终身受用的经典，这绝不是偶然的。善于阅读的人要仔细玩味，从中汲取智慧，必将一生受益。

朱熹将《中庸》分为三十三章，其中大致可以分为两个部分，前十八章及第十九章前半部分讲中庸之德与“道”，从第十九章后半部分开始以“诚”为主题。具体而言，首章“天命之谓性，率性之谓道，修道之谓教”阐明立教的基础和本原，随后提到的慎独、未发已发、中和、至诚之道是修养工夫的重要概念，最后要达到成己成物、赞天地之化育的极则。本书节选其中重要段落进行导读。

章节精读

（一）

天命之谓性[1]，率性之谓道[2]，修道之谓教[3]。

道也者，不可须臾[4]离也；可离，非道也。是故君子戒慎乎其所不睹，恐惧乎其所不闻。莫见乎隐，莫显乎微。[5]故君子慎其独也。

喜怒哀乐之未发，谓之中。[6]发而皆中节，谓之和。[7]中也者，天下之大本也。和也者，天下之达道也。[8]致[9]中和，天地位[10]焉，万物育[11]焉。(第一章)

【注释】

(1)天命之谓性：上天所赋予的本性就叫作“性”。命，赋予。

(2)率性之谓道：遵循天赋的本性而行就叫作“道”。率，遵循。

(3)修道之谓教：修明道的准则就叫作“教”。修，修明。

(4)须臾：片刻。

(5)莫见(xiàn)乎隐，莫显乎微：没有比隐暗之处更清楚的，没有比细微之处更显明的。见，通“现”。

(6)喜怒哀乐之未发，谓之中：感情发动前不偏不倚，就叫作“中”。未发，尚未发动。

(7)发而皆中节，谓之和：感情发动后能合乎节度，就叫作“和”。中节，合乎节度、法度。

(8)和也者，天下之达道也：“和”是天下共行的道路。达道，共行的道路，共同遵守的道理。

(9)致：推致，达到。

(10)天地位：天地各安其位。

(11)万物育：万物各遂其生。育，生育。

【导读】

本章旨在阐释中庸之德的本源及其发用。性、道、教的结构阐明了诸如人性的根据、人为什么要修养自身、修养工夫的最终目标以及如何修养等问题。我们将本章分成三个部分来解读。

首先第一段，是阐明“性”是天所赋予的，这是中庸之德的来源，人人都本具这种德性。遵循天所赋予的本性行事，万物都各有其所当行的路，这就叫作“道”。但由于个人气禀不同，对于“道”的领悟参差不齐，因此圣人因其所当行之路而加以品节修订，作为法则颁行于天下，这就是“教”。《中庸》从第一章起，就阐明了这篇文章最重要的一个命题，也就是天道与人道的关系问题，天道是人性的根据，人的修养就是为了上达天道。人的修养层次各有不同，因此有率性之道，也有修道之教，这是针对不同的人的特点来说的，与后文提到的“生而知之”“学而知之”“困而知之”的不同修养方式相呼应。

第二段是强调“道”不离日用以及“慎独”的修养方法。“道”是日用常行之路，是人性中所固有的，片刻都不可以离开，如果可以离开，那就不是“道”了。品德高尚的人在没有人看见的地方也是谨慎的，在没有人听见的地方也是有所戒惧的。越是隐蔽的地方越是明显，越是细微的地方越是显著。所以，品德高尚的人常存敬畏之心，在一人独处暗室的时候尤其如此，通过自觉的戒惧慎独修养工夫将私念杂虑遏制在萌动之初，从而达到无入而不自得、无时无刻不符合“道”。人在独处的时候，或者在幽暗的他人看不见的地方，容易升起一些私心杂念，行为举止也容易失去法度，因而人尤其要在这种情况下做戒慎恐惧的工夫。“慎独”是一门重要的修养工夫，《大学》里面也阐述过“慎其独”的问题，《中庸》则更突出慎独是遵循天赋的本性行事，按道的原则修养自身，才能无时无刻不符合中道。

为什么从性、道、教的天人架构转到了“道”呢？实际上，《中庸》是在告诉我们，我们在实际生活中看似有很多条道路可以选择，人生有多种的可能性，但事实上只有一条路是最好的、最值得走的，这就是遵循天所赋予我们的本性，自然地在生活中呈现出我们人性中最好的一面，过一种有价值、有意义的生活，否则就偏离了正道。这就是所谓“道不可须臾离，可离，非道也”。

接下来讲中和问题，将视角转移到人心上，指出每个人都有喜、怒、哀、乐的情感，当人的情感处于未发之时，符合最根本的道德本质，叫作“中”；当这些情感都发出来以后，符合礼仪和节度，叫作“和”。“中”，是人人都有的本性；“和”，是大家都遵循的原则。达到“中和”的境界，天地便各在其位了，万物便生长繁育了。“中”者，不偏不倚，符合道的本来面目；“和”者，发而中节，是道的发用和体现。从慎独功夫入手，遵循道的原则修养自身，情感未发时不偏不倚，情感流露后无不中节，因而也就时时都能符合道了。天地万物与我本为一体，我之心无不中正，则天地定位、万物发育，都是一体中正之效验。中和问题实际上将天地间所有事都收归于一心之情感中正，由一心之中正与否来解释所有问题，其根据就在于天人合一的设定。

为什么《中庸》的天人架构、天道与人道关系的最后落脚点是人心中的情感呢？这恰恰是符合我们的现实经验的。在现实生活中，决定我们的生活状态、命运选择、人生走向的往往不是那些宏大而空洞的目标，而是一些细节，尤其是当下的情感波动。如果我们不能控制自己的情感，任其肆意地发生发展，很容易将原本向好的方向发展的事情搞砸。相反，如果我们能调节自己的情绪，把握其中的分寸，使情感能恰如其分地表达，并且不断将暂时的情感波动转化为长期的意志、信念，我们就能始终循着天赋的本性实现人生的意义与价值。

总而言之，本章具有全篇总纲的性质，以下章节都围绕该章内容而展开。

【思考与讨论】

1. 说明性、道、教三者的关系。

2. “中”与“和”对现代人有什么启示？你认同这种从“心”出发解决具体事情的方式吗？

（二）

子路问强。子曰：“南方之强与，北方之强与，抑而强与[(1)]？宽柔以教，不报无道[(2)]，南方之强也。君子居之。衽金革[(3)]，死而不厌[(4)]，北方之强也。而强者居之。故君子和而不流，强哉矫[(5)]！中立而不倚，强哉矫！国有道，不变塞[(6)]焉，强哉矫！国无道，至死不变，强哉矫！”

【注释】

(1)抑而强与：还是你认为的强？而，汝也，即你。与，同“欤”。

(2)不报无道：逆来顺受。

(3)衽(rèn)金革：披着铠甲，拿着兵器。衽，衣襟。铠甲兵器加于身，如同衣襟。

(4)厌：厌烦，憎恶。

(5)矫：强健。

(6)不变塞(sè)：碰到阻碍时，不改变志向。塞，堵塞，阻碍。

【导读】

本章孔子通过回答子路问强，阐述符合中庸之道的“强”。

“强”是一般人喜欢、赞赏的品质，但是不同的人欣赏的“强”各有不同。孔子列出了三种“强”：南方之强，宽厚柔和，逆来顺受，涵容忍让；北方之强，身披甲胄，临死不惧，果敢刚劲；君子之强，和而不流，中立不倚，不论环境如何变换，始终不改其志。前两种“强”都囿于气质偏向，或偏于柔弱忍让，或偏于血气之勇，而君子之“强”是能够战胜自己的气质之偏，内心纯然是天道义理，不偏不倚，中和纯粹，因此能始终坚守志向，独立天地而不改。

现实生活中，人们往往容易看到那种停留在表面的“强”。比如物质层面上的富贵、权力、名誉，认为如果人拥有了这些就很“强”；或者是天资聪颖、情商高超、能力卓著，这种人也被认为很“强”；以及体力充沛、身手矫健，不断突破极限，这种人也被认为是“强”。但是，这些层面的“强”都是以自身禀赋为基础达成对他人的优势，从而体现出“强”的一面，因此是有条件的。人们比较难以看到的，是不断地突破、超越自身局限的强者，或者是身残志坚，或者是默默无闻地无私奉献等，这种“强”是真正的“强”，它不借助外在的力量，也不依外在条件而转移，依靠内心强大的力量，获得人们的尊重。

（三）

君子之道，费而隐[(1)]。夫妇之愚，可以与知焉[(2)]；及其至也，虽圣人亦有所不知焉。夫妇之不肖[(3)]，可以能行焉；及其至也，虽圣人亦有所不能焉。天地之大也，人犹有所憾[(4)]。故君子语大，天下莫能载焉[(5)]；语小，天下莫能破焉[(6)]。诗云：“鸢飞戾天，鱼跃于渊。”[(7)]言其上下察[(8)]也。君子之道，造端[(9)]乎夫妇，及其至也，察乎天地。（第十二章）

【注释】

(1)君子之道，费而隐：君子之道广大而隐微。费，广大。隐，隐微。

(2)夫妇之愚，可以与知焉：即使是平凡的夫妇也能知道君子的道。与，参与。

(3)肖：相似。

(4)憾：遗憾。

(5)载：承载。

(6)破：分开。

(7)鸢飞戾天，鱼跃于渊：鸢鸟飞向天空，鱼儿跃出深渊。出自《诗经·大雅·旱麓》。鸢，鸷鸟，属猛禽类，俗称鹞鹰、老鹰。戾，到达。

(8)察：昭著，明显。

(9)造端：开始。

【导读】

本章进一步描述“道”的广大精微与“须臾不可离”。

“道”具有遍在性，体现在不同的地方，连匹夫匹妇，普通男女都可以知道，可以学习和实践。但它最高深的境界，即便是圣人也有弄不清楚、做不到的地方。这就是“道”的莫测性。天地如此大，人们总有达不到的地方。而道至大而无外，整个天下都承载不下它；道至小而无内，小到没有什么东西可以分开它。这是“道”的广大与精微之处。

“道”从普通人发端，人人都可得见，“道”到达极致，则显现于天地之间。《诗经》说“鸢鸟飞向天空，鱼儿跃出深渊。”这是道上下分明、其用昭著的体现。天地万物化育流行、上下昭著，这是道的广大之处，而人莫指其所以然，这是道的隐微之处。“道”就是这样既神秘莫测又近在咫尺，既至大而无外，又至小而无内，既广大又精微，既高明又普通，既生动活泼，又至静无言，实在是难以一言描述得尽。学者要从对道的观察和体悟中，领会存在于天地之间的大道之美。

【思考与讨论】

1. 你有过感悟于天地之美的瞬间吗？你认为这就是“道”吗？

2. 你有于隐微之处体悟“道”的经验吗？谈谈你的感受。

（四）

子曰：“道不远人，人之为道而远人，不可以为道。诗云：‘伐柯伐柯，其则不远。’[(1)]执柯以伐柯，睨[(2)]而视之，犹以为远。故君子以人治人，改而止。忠恕违道不远，施诸己而不愿，亦勿施于人。

“君子之道四，丘未能一焉：所求乎子以事父，未能也；所求乎臣以事君，未能也；所求乎弟以事兄，未能也；所求乎朋友先施之，未能也。庸[(3)]德之行，庸言之谨；有所不足，不敢不勉；有余不敢尽。言顾行，行顾言，君子胡不慥慥[(4)]尔！”（第十三章）

【注释】

（1）伐柯伐柯，其则不远：砍削斧柄，砍削斧柄，斧柄的式样就在眼前。出自《诗经·豳风·伐柯》。伐，砍削。柯，斧柄。则，法则，这里指斧柄的式样。

（2）睨（nì）：斜视。

（3）庸：平常。

（4）慥慥（zào）：忠厚诚实的样子。

【导读】

本章主旨在说明“道不远人”，以及人人应本乎忠恕，求其在己。“道不远人”强调的是人应该从自身修养出发，努力使自身言行举止符合道。如果一个人自己做不到事事符合中道，还苛求他人，就很不应该了。

君子修养自身的工夫就是从基本的道德伦常入手，做好一个儿子应该对父亲做到的，做好一个臣民应该对君王做到的，做好一个弟弟应该对哥哥做到的，做好一个朋友应该先做到的。每天问自己我今天有没有做到这四个方面。如果我自己都做得不够好，就不要对人求全责备，而应该设身处地，将心比心地为他人着想，自己不愿意的事，也不要施加给他人。金无足赤，人无完人，不要说人家，就是自己，不也还有很多应该做到而没有做到的事吗？这就是恕道。

这些看似平常的德行需要努力去实践，平常的言谈也应该尽量谨慎。在德行的实践上有不足的地方，要勉励自己继续努力，言谈有余也不要放肆而无所顾忌。说话符合自己的行为，行为符合自己说过的话，这样的君子才是真正忠厚笃实的。圣贤如孔子，尚且认为自己在上述四个方面的实践还有不足之处，更不要说我们普通人了。我们离“道”还有很远的距离，因此更需要从日常生活中一点一滴的修身做起。

【思考与讨论】

1. 举出历史上苛责于人而自己却做不到的事例。

2. 对“庸德之行，庸言之谨；有所不足，不敢不勉；有余不敢尽”怎么理解？与同学们讨论自己平时是怎么做的并进行反省。

（五）

君子素其位(1)而行，不愿乎其外。素富贵，行乎富贵；素贫贱，行乎贫贱；素夷狄(2)，行乎夷狄；素患难，行乎患难。君子无入而不自得(3)焉。

在上位不陵(4)下，在下位不援(5)上。正己而不求于人，则无怨。上不怨天，下不尤(6)人。故君子居易以俟命(7)，小人行险以徼幸(8)。

子曰："射有似乎君子，失诸正鹄[9]，反求诸其身。"(第十四章)

【注释】

(1)素其位：安于现在所处的地位。素，平素，现在的意思，这里作动词用。

(2)夷狄：泛指当时的少数民族。夷，指东方的部族。狄，指西方的部族。

(3)无入而不自得：无论处于什么情况都能安然自得。入，处于。

(4)陵：欺侮。

(5)援：攀缘，引申为依附权势向上爬。

(6)尤：责备，怪罪。

(7)居易以俟命：居于平安之处等待天命。易，平安，平和。俟，等候。

(8)行险以徼幸：行走于危险的地方企求侥幸得到成功或免去灾难。

(9)正鹄(zhēng gǔ)：箭靶的中心。正、鹄，均指箭靶子。郑玄注："画布曰正，棲皮曰鹄。"画在布上的叫正，画在皮上的叫鹄。

【导读】

本章的主旨是"素其位而行"，居易以俟命。

"素其位而行"接近《大学》所说"知其所止"，知道所当止之地，知道中庸这一至德，就能不论在什么地方，都能做好自己的本分，平静地等待天命，即使遭遇各种意外都能安之若素。因为能安处于其所居之地，所以处于上位，不欺侮在下位的人；处于下位，不攀附在上位的人。始终端正自己而不苛求别人，这样就能在任何情况都能做到安然自得，不会怨天尤人。

在这一点上，君子和小人有非常大的区别。君子总是安然地等待、接受天命，小人却铤而走险妄图获得非分的东西。孔子说："君子立身处世就像射箭一样，射不中，不怪靶子不正，只怪自己箭术不精。”君子的目标，都是在对现状恰如其分地适应和处置后达成的，如果不能达成目标，也只会在自己身上找原因。小人却不这样，总是这山望到那山高，对自身所当止之处没有清醒的认知，总是不满足于自己的职位，不住地奢望向上爬，达不成目标时又不反求诸其身，而是怨天尤人。这种心存妄想，只知道羡慕甚至嫉妒别人，不惜采取一切手段向上爬的人，最终都将遭遇失败。

人能够安于自身目前的处境，不羡慕外在于自身的东西，是因为内心的自足，这种自足是建立在对天道与自我的完整认识上的。懂得天命赋予我的本性是完善而圆满的，任何人都剥夺不了，自我的价值就在于实现本性所具有的可能，任何外在的东西不过是对它的装饰而已，因此不必羡慕他人所拥有的。因为人人本性自足，差别不过是有没有得到实现而已。由于拥有这种完整的自我认识，内心的力量就非常充沛，在任何地方和处境下都能自得于心。怨天尤人者就是认识不到人最重要的力量来自自身，夸大外界环境的作用，为自己的行为找借口。这种人不但不会得到他人的同情，反而会招人厌弃。

（六）

哀公(1)问政。子曰：“文武之政，布在方策(2)。其人(3)存，则其政举；其人亡，则其政息。人道敏政，地道敏树。(4)夫政也者，蒲卢也。(5)故为政在人，取人以身，修身以道，修道以仁。仁者，人也，亲亲为大；义者，宜也，尊贤为大。亲亲之杀(6)，尊贤之等，礼所生也。故君子不可以不修身；思修身，不可以不事亲；思事亲，不可以不知人；思知人，不可以不知天。

“天下之达道五，所以行之者三，曰：君臣也，父子也，夫妇也，昆弟也，朋友之交也，五者，天下之达道也；知、仁、勇三者，天下之达德也。所以行之者一也。或生而知之，或学而知之，或困而知之[7]，及其知之，一也。或安而行之，或利而行之，或勉强[8]而行之，及其成功，一也。”

子曰：“好学近乎知，力行近乎仁，知耻近乎勇。知斯三者，则知所以修身；知所以修身，则知所以治人；知所以治人，则知所以治天下国家矣。

“凡为天下国家有九经[9]，曰：修身也，尊贤也，亲亲也，敬大臣也，体群臣也，子庶民也，来百工也，柔远人也，怀诸侯也。修身，则道立；尊贤，则不惑；亲亲，则诸父昆弟不怨；敬大臣，则不眩[10]；体群臣，则士之报礼重；子庶民，则百姓劝[11]；来百工，则财用足；柔远人，则四方归之；怀诸侯，则天下畏之。

“齐明盛服[12]，非礼不动，所以修身也；去谗远色，贱货而贵德，所以劝贤也；尊其位，重其禄，同其好恶，所以劝亲亲也；官盛任使[13]，所以劝大臣也；忠信重禄，所以劝士也；时使薄敛[14]，所以劝百姓也；日省月试，既禀称事[15]，所以劝百工也；送往迎来，嘉善而矜不能[16]，所以柔远人也；继绝世，举废国[17]，治乱持危，朝聘以时，厚往而薄来，所以怀诸侯也。凡为天下国家有九经，所以行之者一也。

“凡事豫则立，不豫则废；言前定，则不跲[18]；事前定，则不困；行前定，则不疚；道前定，则不穷。在下位，不获乎上，民不可得而治矣；获乎上有道，不信乎朋友，不获乎上矣；信乎朋友有道，不顺乎亲，不信乎朋友矣；顺乎亲有道，反诸身不诚，不顺乎亲矣；诚身有道，不明乎善，不诚乎身矣。

“诚者，天之道也；诚之者，人之道也。诚者，不勉而中，不思而得，从容中道，圣人也；诚之者，择善而固执之者也。

“博学之，审问之，慎思之，明辨之，笃行之。有弗学，学之弗能，弗措[19]也；有弗问，问之弗知，弗措也；有弗思，思之弗得，弗措也；有弗辨，辨之弗明，弗措也；有弗行，行之弗笃，弗措也。

人一能之，己百之；人十能之，己千之。果能此道矣，虽愚必明，虽柔必强。”(第二十章)

【注释】

(1)哀公：春秋时鲁国国君。姓姬，名蒋，“哀”是谥号。

(2)布在方策：记载在典籍上。布，刊布，陈列。方，书写用的木板。策，书写用的竹简。《仪礼·聘礼》：“百名以上书于策，不及百名书于方。”方策，即书册、典籍。

(3)其人：指文王、武王。

(4)人道敏政，地道敏树：人君之道很容易由政治的成效显现出来，地利之道很容易由树木的成长表现出来。敏，迅速。

(5)夫政也者，蒲卢也：施政犹如种植蒲苇一样，极容易见到成效。蒲卢，芦苇，其性柔而具有可塑性。

(6)亲亲之杀(shài)：亲爱自己的亲人有亲疏的差别，即先至亲，再及次一等的亲人，再至远亲。杀，等差。

(7)困而知之：勤勉苦学而后知晓道理。

(8)勉强：尽力而为。

(9)经：常行的法则。

(10)眩：迷惑。

(11)劝：劝勉效忠。

(12)齐(zhāi)明盛服：斋戒清洁，服饰齐整。齐，通“斋”，祭祀前斋戒清净，以示庄敬。盛，整饬使之齐整，以示庄重。

(13)官盛任使：职属众多，足以听任差使。

(14)时使薄敛：选择适当的时间役使百姓，并轻征赋税。

(15)日省(xǐng)月试，既(xì)禀(lǐn)称事：每日视察工作情形，每月考核工作成效，给予的俸禄和工作绩效相当。省，视察、察看。试，考核。既，通“饩”，谷物。禀，通“廪”，谷仓。既禀，指的是供给谷米。称，适合、相当。

(16)嘉善而矜不能：奖励善人，怜恤无才能的人。矜，怜恤。

(17)继绝世，举废国：延续世系已绝的诸侯，振兴政事已废的国家。

(18)跲(jiá)：跌倒。这里指语言窒碍，不通顺。

(19)措：废置。

【导读】

这一章是《中庸》篇幅最长的一章，内容承上启下，非常丰富。此前各章主要是从不同侧面论述中庸之道的普遍性和重要性，这一章则从鲁哀公询问政事引入，借孔子的回答提出了政事与人的修养的密切关系，要践行五达道、三达德，并指出治国的“九经”，即九个必须遵守奉行的常道。最后落到“诚”的问题上来，并提出了天道与人道的差别以及做到“诚”的五个具体方面，自此以后各章，就围绕“诚”的问题展开了。我们重点阐述下面几点问题：

其一，“为政在人”“修身以道”。

首先，第一段谈的是“为政在人”“修身以道”。政事的效果往往取决于为政者的修养，上行才能下效，这是儒家德治思想的根本。荀子说：“君者仪也，民者影也，仪正则影正。”(《荀子·君道》)修身以道，能修身才能事亲，能事亲才能知人，能知人，才有可能上达天道。

其二，五达道。

“五达道”即五伦，五伦是对人际关系的概括性描述。五项伦常关系中，除了因进入现代社会而再无君臣关系外，其他几项关系依然是我们日用常行中不可忽视并需要正确处理的关系。五伦以夫妇为造端，有夫妇然后有父子，有父子然后有兄弟，有夫妇、父子、兄弟然后有朋友、君臣。五伦都对应着其角色伦理，君仁臣忠、夫妇有别、父慈子孝、兄友弟恭、朋友有信，正是由于每个人在自己对应的身份、关系中履行自身的伦理义务，才能达成社会的整体和谐。

其三，三达德。

“智”“仁”“勇”三种德性是修身的根本，贯穿于五种伦常关系的践行中。对于这三种德性，不同的人的认识各有不同，其实践也存在不同。比如说，有的人生来就知道它们，有的人要通过学习才知道它们，有的人要遇到困难后才知道它们，但只要他们最终都知道了，也就是一样的了。又比如说，有的人自觉自愿地去实行它们，有的人为了某种好处才去实行它们，有的人尽力去实行，但只要他们最终都实行起来了，也就是一样的了。孔子说：“好学就接近智，努力实行就接近仁，知道羞耻就接近勇。知道这三点，就知道怎样修养自己，知道怎样修养自己，就知道怎样管理他人，知道怎样管理他人，就知道怎样治理天下和国家了。”当然，接近并不是等于，因此要在好学、力行与知耻三个方面始终坚持不懈地努力，“人一己百”，“人十己千”，方能达到“智”“仁”“勇”的境界。

关于“知耻近乎勇”，“知耻”就是孟子所说的“羞恶之心”，是对自己所犯错误的羞耻与对别人所犯错误的憎恶。这是每个人都具备的，只是很多时候人们由于外界的诱惑或干扰而失去了本有之心。“知耻”是在知道是非正义的前提下以背“义”为耻，有了这一重心理，就会尽量克制自己不去犯错，与自身的欲望、私意做斗争本身就是一种勇敢；另外，一个人只有知道羞耻，才能勇于改正错误，勇于弥补自己的不足，迎头赶上别人，从而免于羞耻。这就是“知耻近乎勇”的道理所在。

其四，九经。

“九经”是中国古代关于治理国家的九条原则，具有鲜明的时代性。具体内容为：端正自身修养就能确立正道，上行下效；尊崇贤人就会重视贤能，远离奸佞；亲爱亲族就能和亲睦族，不致产生怨恨；敬重大臣就足以使之听候差使，不会遇事无措；体恤群臣，官员就会竭力报效；爱民如子，老百姓就会忠心耿耿；招纳工匠，按劳付酬，财物就会充足；优待远客，嘉奖有才能的人，救济有困难的人，四方百姓就会归顺；安抚诸侯，天下的人就都会敬畏了。为政者从“修身”入手，重视“尊贤”“亲亲”，乃至“敬大臣”“体群臣”“子庶民”“来百工”“柔远人”

以及“怀诸侯”的做法，在现代社会无论对治国理政还是安邦睦邻也都有借鉴意义。

其五，诚。

“诚者，天之道也；诚之者，人之道也。”“诚”有形上、形下两义，形上之义是就形成宇宙万物的作用而言，是天道；形下义则是就君子修身以体现诚道而言，是人道。圣人不用勉力而行就能中正不偏，不用思虑就能有所得，从容符合中道，完全地体现天道之“诚”，因而是“诚者”。普通人则效法天道，努力修养达到“诚”，因而是“诚之者”。

这里的“诚者”“诚之者”，我们可以借助“有我之境”与“无我之境”来理解。王国维说：“有我之境，以我观物，故物我皆着我之色彩。无我之境，以物观物，故不知何者为我，何者为物。”(《人间词话》)“诚者”不用勉力而行，如实呈现，不知何者为我，何者为物，而自然符合天道；“诚之者”则勉力行之，力求上达天道，所达之处都是我自身努力积累所至。虽然这里并没有贬低“诚之者”的有我之境，但是二者确实存在差异，而最佳的境界是臻入天道的无我之境。

要达到“诚”，《中庸》提出“博学、审问、慎思、明辨、笃行”，成为后世学者尊崇的典范。“择善固执”是对“善”的目标的执着追求，这里的“固执”并非贬义，因为通过“学、问、思、辨”从而达到对“善”的全面认识，不至于产生偏颇。在此前提下，“固执”就有意义，行也变得更有力量。“人一能之，己百之；人十能之，己千之”的态度，都是执着、不懈努力的体现。“弗得弗措”同样体现出不懈追求的精神，《荀子·劝学》指出“锲而舍之，朽木不折；锲而不舍，金石可镂”，举凡学习、工作、生活的方方面面，坚持这样的精神与态度，有什么样的困难不能克服，有什么样的成就不能取得呢？

【思考与讨论】

1. 人的认知能力与实践之间有什么关联？本章是如何区分的？

2. 谈谈你对“博学之，审问之，慎思之，明辨之，笃行之”的理解。

（七）

自诚明[1]，谓之性；自明诚[2]，谓之教。诚则明矣，明则诚矣。（第二十一章）

【注释】

(1) 自诚明：由诚到明，这是生而知之的圣人修养方式，由其本性的自然发用所致，诚则无不明。

(2) 自明诚：由明到诚，这是由学至于明，进而达到诚的境界，这是学而知之的贤人修养方式，需要圣人的教化和引导。

【导读】

本章区分出“自诚明”与“自明诚”两种修养方式。

“诚”的本义是真实不妄，这里“诚”作为一种境界，是本来之性的完满显现，天命之性本来自足完满，遵循其自然发用，所致则无不明，这就是“自诚明”。由“诚”到“明”，这种境界只有生而知之的圣人才可以达到。由“明”到“诚”，则是先明白“善”的道理，然后通过学习达到“诚”的境界，这是学而知之的贤人修养方式。“明”是道理上的明白清楚，“明”则知；“诚”则灵，“诚”更接近一种“悟”。宋明理学中不同学者对这两种修养方式的取向存在差异，如朱熹就更肯定“自明诚”，通过格物、致知与主敬、涵养一步一步达到“诚”的境界，王阳明及其后学就更认同“自诚明”，先立其大者，领悟良知之在我，然后循良知之发用而体现在具体的学、问、思、辨、行中，《中庸》第二十七章“尊德性而道中庸”也有这一意涵。

（八）

唯天下至诚，为能尽其性；能尽其性，则能尽人之性；能尽人之性，则能尽物之性；能尽物之性，则可以赞[(1)]天地之化育；可以赞天地之化育，则可以与天地参[(2)]矣。（第二十二章）

【注释】

(1)赞：辅佐，帮助。

(2)参：即“三”，人与天地并立为三。

【导读】

本章阐述“至诚”的效验。

至诚的人能充分发挥他的本性；能充分发挥他的本性，就能充分发挥众人的本性；能充分发挥众人的本性，就能充分发挥万物的本性；能充分发挥万物的本性，就可以辅佐天地化育万物，可以与天地并列为三了。唯有圣人才可以做到“至诚”，“至诚”则与天合一，天之所命无不在我，天地万物之性，巨细精粗，无毫发不能穷尽也。这就是自“诚”而“明”之事。

（九）

其次[(1)]致曲[(2)]。曲能有诚，诚则形[(3)]，形则著[(4)]，著则明，明则动，动则变，变则化；唯天下至诚为能化。（第二十三章）

【注释】

(1)其次：次一等的人，即次于“自诚明”的圣人的人，也就是贤人。

(2)致曲：致力于某一方面。曲，一偏，一方面。

(3)形：显露，表现。

(4)著：明显，显著。

【导读】

本章阐述“自明诚”之人及其效验。比圣人次一等的贤人致力于某一方面，推至极处也能达到“诚”。达到了“诚”就会表现出来，表现出来就会逐渐显著，显著了就会发扬光大，发扬光大就会感动他人，感动他人就会引起转变，引起转变最终能化育万物。只有至诚之人才能化育万物。

这一章相对于上一章而言，上一章说的是天生至诚的圣人，这一章说的是比圣人次一等的贤人。换句话说，圣人是“自诚明”，贤人则是“自明诚”，即通过后天学而至于诚的人。贤人从致力于某一方面开始，不断推求极致，通过“形、著、明、动、变、化”的阶段，同样可以一步一步地达到圣人的境界，化育万物，与天地并列为三。说到底，条条道路通罗马，只要努力奋斗，最终都可以修成正果。

【思考与讨论】

1. “自诚明”与“自明诚”的区别是什么？与同学们一起思考在具体的生活和学习中，有什么事体现出这两种差别。

2. 历史上有什么“自诚明”与“自明诚”的事例？请列举一到两个。

（十）

诚者，自成(1)也；而道，自道(2)也。诚者，物之终始(3)；不诚，无物。是故君子诚之为贵(4)。诚者，非自成己而已也，所以成物也。成己，仁也；成物，知也。性之德(5)也，合外内之道也，故时措之宜也(6)。(第二十五章)

【注释】

(1)自成：自我成就。

(2)自道：自我引导。

(3)诚者，物之终始：诚贯通事物的始终。

(4)诚之为贵：以诚其自身为最重要的事。诚，作动词。之，代指诚本身。

(5)性之德：人性本有的德性，指仁、智二种德性。

(6)故时措之宜也：因此时时施行都能合宜。措，举措、施行。

【导读】

本章强调“诚”的重要性。“诚”贯通事物始终，“诚”者合内外之道，以成己、成物为自身的德性。

就“诚”的形上意义而言，“诚”是天道的作用，贯通事物始终，没有天道的发用就没有万物，因此不“诚”则无物。《中庸》强调天道与人道的贯通，“诚”又是天人相通的关键。人能通过修养自身而达到至诚，从而实现人与天的沟通，因此君子要以达到至诚为最重要之事。达到至诚，并不只是为了成就自己，同时也是为了成就万事万物，因为天地万物与人本为一体，成己成物都是人分内之事。成己是道德实践的基础，成物是德性的外化。成己，是内圣工夫，是仁的体现；成物，是外王事业，是智的完成。仁与智是人本有的德性，人能充分发挥本有之仁智的德性，实现成己成物的统一，就是融合内外之道的法则，因此时时事事皆能得其宜。历史上儒家士人一直以成己成物、内圣外王为己任，体现出崇高的道德品质和热忱的社会关怀。

【思考与讨论】

1. 什么是成己？什么是成物？为什么成己与成物一定要结合起来？

2. 请结合具体事例谈谈你对“诚”的理解。

（十一）

故至诚无息，不息则久。久则征[1]，征则悠远，悠远则博厚，博厚则高明。博厚所以载物也，高明所以覆物也，悠久所以成物也。博厚配地，高明配天，悠久无疆。如此者，不见而章[2]，不动而变，无为而成。

天地之道，可一言而尽也：“其为物不贰[3]，则其生物不测。”天地之道：博也，厚也，高也，明也，悠也，久也。今夫天，斯昭昭之多，及其无穷也，日月星辰系焉，万物覆焉。今夫地，一撮土之多，及其广厚，载华岳而不重，振河海而不泄[4]，万物载焉。今夫山，一卷石之多，及其广大，草木生之，禽兽居之，宝藏兴焉。今夫水，一勺之多，及其不测，鼋[5]、鼍[6]、蛟、龙、鱼、鳖生焉，货财殖焉。诗云：“维天之命，於穆不已。”[7]盖曰天之所以为天也。“於乎不显？[8]文王之德之纯。”盖曰文王之所以为文也，纯亦不已。（第二十六章）

【注释】

(1)征：征验，显露于外。

(2)不见而章：不显现而彰明。

(3)不贰：专一，即诚。贰，不专一，怀有二心。

(4)振河海而不泄：约束容纳众多的江河湖海也不会泄漏。振，整收、约束。

(5)鼋(yuán)：大鳖。

(6)鼍(tuó)：扬子鳄，也称鼍龙、猪婆龙。

(7)维天之命，於(wū)穆不已：天之命多么深远，无穷无尽。出自《诗·周颂·维天之命》。维，语气词。於，叹词。穆，深远。

(8)於乎不显：怎么会不显耀呢？出自《诗·周颂·维天之命》。

“不”通“丕”，即大。

【导读】

本章继续阐发天道至诚及其显现，并引用《诗经》赞叹天道至诚以及文王之德，感发人效法天道至诚。

至诚是没有止息的，没有止息就会保持长久，保持长久就会有所显现，有所显现就会悠远，悠远就会广博深厚，广博深厚就会高大光明。广博深厚就能承载万物，高大光明则能覆盖万物，悠远长久就能生成万物。广博深厚可以与地相比，高大光明可以与天相比，悠远长久则是永无止境。达到这样的境界，不显现也会彰明，不活动也会改变，无所作为也会有所成就。这就是至诚的体现。

天地的法则，可以用一个“诚”字来囊括：诚本身专一不二，所以化育万物，不可胜数。地的法则，就是广博、深厚、高大、光明、悠远、长久。今天我们所说的大，原本不过是由一点一点的光聚积起来的，可等到它无边无际时，日月星辰都靠要它维系，世界万物都被它覆盖。今天我们所说的地，原本不过是由一撮一撮的土聚积起来的，可等到它广博深厚时，承载像华山那样的崇山峻岭也不觉得重，容纳那众多的江河湖海也不会泄漏，世间万物都由它承载了。今天我们所说的山，原本不过是由拳头大的石块聚积起来的，可等到它高大无比时，草木在上面生长，禽兽在上面居住，宝藏在里面储藏。今天我们所说的水，原本不过是一勺一勺聚积起来的，可等到它浩瀚无涯时，蛟龙鱼鳖等都在里面生长，珍珠珊瑚等有价值的东西都在里面繁殖。这大概就是天之所以为天的原因，多么深远无穷！文王之所以被称为“文”王，是因为他的品德至诚无二、显赫光明，我们普通人也应该效法他。本章用铺排的方式描绘天地之大、万物之繁，让人仅仅从文字中就能遥想天道高远辽阔，进而在感叹人之渺小之余，奋发有为而崇天。

（十二）

大哉！圣人之道！洋洋[1]乎，发育万物，峻极于天。优优[2]大哉！礼仪三百，威仪三千，待其人而后行。故曰："苟不至德，至道不凝[3]焉。"故君子尊德性而道问学，致广大而尽精微，极高明而道中庸。温故而知新，敦厚以崇礼。是故，居上不骄，为下不倍。国有道，其言足以兴；国无道，其默足以容。诗曰"既明且哲，以保其身"[4]，其此之谓与！（第二十七章）

【注释】

(1)洋洋：盛大。

(2)优优：多，博。

(3)凝：成，形成。

(4)既明且哲，以保其身：既明智又通达事理，可以保全自身。出自《诗经·小雅·烝民》。哲，智慧，指通达事理。

【导读】

本章继续盛赞圣人之德，并提出修养方法与君子出处两个重要命题。

首先是修养方法，"君子尊德性而道问学，致广大而尽精微，极高明而道中庸。温故而知新，敦厚以崇礼"。有志于道的人应该尊崇所受天命之性而追求知识学问，既要达到广博境界而又钻研精微之处，既高明至极而又奉行中庸之道，温习已有的知识从而获得新知识，并诚朴笃实地崇奉礼节。朱熹认为，这五句"大小相资，首尾相应"，最得圣贤精神，要求学者尽心尽意地研习。这五句中前三句最重要，成为后世学者追求学问规模及修养境界的最高目标。具体来说，就是在内涵上要注重德性与学问的齐头并进，在面向上要注重广大与精微并重，在格调上要注重高明与中庸的结合。这实在是一种了不得的境界。

其次是出处问题。儒家士人注重主观修养，而圣人之道的实现还有赖于客观现实方面的条件。客观现实条件具备当然就可以大行其道，客观现实条件不具备又应该怎样做呢？“国有道其言足以兴，国无道其默足以容”，上接孔子之“天下有道则见，无道则隐”(《论语·泰伯》)，下启孟子之“穷则独善其身，达则兼善天下”(《孟子·尽心上》)，都是对于现实政治的一种主动选择与适应。反过来说，也就是一种安身立命、进退自如的艺术。因此，最后引用《诗经》“既明且哲，以保其身”，指出明哲保身，方能进退自如，不失其道。当然，这些说起来容易，做起来却很难，要做到明哲保身，看似平常却艰辛。所以唐代大诗人白居易说：“明哲保身，进退始终，不失其道，自非贤达，孰能兼之？”(《杜佑致仕制》)宋代陆游更是直截了当地感叹道：“信乎明哲保身之难也！”(《跋范文正公书》)可见，从认知到实践之间有一段很长的距离。

【思考与讨论】

1. 怎么理解“尊德性而道问学，致广大而尽精微，极高明而道中庸”？这句话对我们有什么启示？

2. “明哲保身”与我们今天讲的“一味退让”“不作为”的区别是什么吗？

(十三)

唯天下至诚，为能经纶[1]天下之大经[2]，立天下之大本，知天地之化育。夫焉有所倚？肫肫[3]其仁，渊渊[4]其渊，浩浩其天。苟不固聪明圣知达天德者，其孰能知之？(第三十二章)

【注释】

(1)经纶：整理牵引丝线，这里引申为经纬天下、治国理政。经，织物的纵线。纶，粗丝线。

（2）经：常则。

（3）肫（zhūn）肫：诚恳。肫，诚挚。

（4）渊渊：深广，深邃。

【导读】

本章继续阐释“至诚”为经纬天下、治国理政的常则，是立天下之大本，能知天下之化育。只有圣人能弘致其德，极诚无妄，因此于天地万物、人伦日用之理无不明。《中庸》阐扬圣人与天道的极致，至此而无以复加。本章为《中庸》第三十二章，再次强调“诚”的重要性及“至诚”境界，最后一章则反复引用《诗经》，强调在生活中实践“诚”。

附录

附录一

史记·孔子世家

司马迁

（一）

孔子生鲁昌平乡陬邑。先宋人也，曰孔防叔。防叔生伯夏，伯夏生叔梁纥。纥与颜氏女[11]野合[2]而生孔子，祷于尼丘得孔子。鲁襄公二十二年而孔子生。生而首上圩顶[3]，故因名曰丘云。字仲尼[4]，姓孔氏。

丘生而叔梁纥死，葬于防山。防山在鲁东，由是孔子疑其父墓处，母讳之也[5]。孔子为儿嬉戏，常陈俎豆[6]，设礼容。孔子母死，乃殡五父之衢[7]，盖其慎也。郰[8]人輓[9]父之母诲孔子父墓，然后往合葬于防焉。

孔子要绖[10]，季氏飨士，孔子与往。阳虎绌[11]曰："季氏飨士，非敢飨子也。"孔子由是退。

孔子年十七，鲁大夫孟釐子病且死，诫其嗣懿子曰："孔丘，圣人之后，灭于宋。其祖弗父何始有宋而嗣让厉公。及正考父佐戴、武、宣公，三命兹益恭，故鼎铭云：'一命而偻[12]，再命而伛，三命而俯，循墙而走，亦莫敢余侮。饘[13]于是，粥于是，以餬余口。'其恭如是。吾闻圣人之后，虽不当世，必有达者。今孔丘年少好礼，其达者欤？吾即没，若必师之。"及釐子卒，懿子与鲁人南宫敬叔往学礼焉。是岁，季武子卒，平子立。

【注释】

(1)颜氏女：据《礼记·檀弓》说，名征在。

(2)野合：据《索隐》《正义》解释，叔梁纥与征在成婚时已超过六十四岁，而征在岁数尚小，二人年龄相差悬殊，此种婚姻在当时不合礼法，故谓野合。

(3)圩(wéi)顶：形容人头顶四周高，中间低，呈“凹”字形。圩，低洼地区防水护田的堤。以圩所围的田也叫圩。

(4)仲尼：古人有名也有字，且义常相关联，因叔梁纥曾祷于尼丘山，故子名丘，字仲尼。仲，排行老二之意，孔子有异母兄名孟皮。

(5)母讳之也：一说云叔梁纥去世时，征在少寡，在当时社会，她不便送葬，故不知叔梁纥坟地所在，所以无法告诉孔子其父的墓地在何处。

(6)俎豆：古代祭祀时盛祭品的器皿。

(7)五父之衢：路名，鲁城内的街道。

(8)郰(zōu)：鲁地，孔子乡邑。在今山东曲阜东南。同“鄹”。

(9)輓(wǎn)：车运，运输。

(10)要绖(dié)：古代丧服中的麻腰带。要，通“腰”。绖，古代丧服所用的麻带，扎在头上的称首绖，缠在腰间的称腰绖。

(11)绌：通“黜”，排除，贬退。

(12)偻：曲背，引申为弯腰鞠躬。

(13)饘(zhān)：稠粥。

(二)

孔子贫且贱。及长，尝为季氏史(1)，料量平(2)；尝为司职吏(3)而畜蕃息(4)。由是为司空(5)。已而去鲁，斥乎齐，逐乎宋、卫，困于陈、蔡之间，于是反鲁。孔子长九尺有六寸，人皆谓之“长人”而异之。鲁复善待，由是反鲁。

鲁南宫敬叔言鲁君曰：“请与孔子适周。”鲁君与之一乘车，两马，一竖子(6)俱，适周问礼，盖见老子云。辞去，而老子送之曰：“吾闻富贵者送人以财，仁人者送人以言。吾不能富贵，窃仁人之号，送子以言，曰：‘聪明深察而近于死者，好议人者也。博辩广大危其身者，发人之恶者也。为人子者毋以有己，为人臣者毋以有己。’”孔子自周反于鲁，弟子稍益进焉。

是时也，晋平公淫，六卿擅权，东伐诸侯；楚灵王兵强，陵轹(7)中国(8)；齐大而近于鲁。鲁小弱，附于楚则晋怒；附于晋则楚来伐；不备(9)于齐，齐师侵鲁。

鲁昭公之二十年，而孔子盖年三十矣。齐景公与晏婴来适鲁，景公问孔子曰：“昔秦穆公国小处辟(10)，其霸何也?”对曰：“秦，国虽小，其志大；处虽辟，行中正。身举(11)五羖(12)，爵之大夫，起累绁(13)之中，与语三日，授之以政。以此取之，虽王可也，霸小矣。”景公说。

孔子年三十五，而季平子与郈昭伯因斗鸡故得罪鲁昭公(14)，昭公率师击平子，平子与孟氏、叔孙氏三家共攻昭公，昭公师败，奔于齐，齐处昭公乾侯(15)。其后顷之，鲁乱。孔子适齐，为高昭子家臣，欲以通乎景公。与齐太师语乐，闻《韶》(16)音，学之，三月不知肉味，齐人称之。

【注释】

(1)季氏史：索引作“委吏”，赵岐曰：“委吏，主委积仓库之吏。”

(2)料量平：计算、称量公平。料，计算、估量。量，量具，也指称量。平，公平，准确。

(3)司职使：管理牧场的小官吏。

(4)畜蕃息：牲畜繁衍孳息。

(5)司空：官名。周代主管建筑工程、制造车服器械、监督的官，为六卿之一。

(6)竖子：童仆。

(7)陵轹：同“凌轹”，欺压。

(8)中国：指中原地区。

(9)备：防备。

(10)辟：同“僻”，偏僻。

(11)身举：亲自推荐。

(12)五羖(gǔ)：指五羖大夫百里奚。百里奚原为虞国人，晋虞，为晋所俘，作为陪嫁臣随秦穆公夫人即晋公子夷吾的姐姐入秦，后逃离秦国，在宛地被楚国人捉住，秦穆公以贤，用五张羊皮把他赎回，任为大夫，故云。事详见卷五《秦本纪》。羖，黑色公羊。

(13)累绁(xiè)：同“缧绁”，绑人用的绳索，引申为拘禁。

(14)因斗鸡故得罪鲁昭公：据《左传·昭公二十五年》记载，季平子与郈昭伯因鸡斗仇，郈昭伯就劝鲁昭公讨伐季平子。郈(hòu)，古邑名，春秋鲁叔孙氏邑，在今山东东平东南。

(15)乾侯：春秋时乾侯之邑，在相州成安县东南。

(16)《韶》：古代乐曲名，相传为虞舜所作。

(三)

景公问政孔子，孔子曰：“君君，臣臣，父父，子子。”景公曰：“善哉！信如君不君，臣不臣，父不父，子不子，虽有粟，吾岂得而食诸！”他日又复问政于孔子，孔子曰：“政在节财。”景公说，将欲以尼谿田封孔子。晏婴进曰：“夫儒者滑稽[(1)]而不可轨法[(2)]；倨傲自顺，不可以为下；崇丧遂哀，破产厚葬，不可以为俗；游说乞贷，不可以为国。自大贤之息，周室既衰，礼乐缺有间。今孔子盛容饰，繁登降之礼，趋[3]详之节，累世不能殚其学，当年不能究其礼。君欲用之以移齐俗，非所以先细民[4]也。”后景公敬见孔子，不问其礼。异日，景公止孔子曰：“奉子以季氏，吾不能。”以季、孟之间待之。齐齐大夫欲害孔子，孔子闻之。景公曰：“吾老矣，弗能用也。”孔子遂行，反乎鲁。

孔子年四十二，鲁昭卒于乾侯，定公立。定公立五年，夏，季平子卒，桓子嗣立。季桓子穿井得土缶[5]，中若羊，问仲尼云“得狗”。仲尼曰：“以丘所闻，羊也。丘闻之，木石之怪夔[6]、罔阆[7]，水之怪龙、罔象[8]，土之怪坟羊[9]。”

吴伐越，堕[10]会稽，得骨节专车[11]。吴使使问仲尼：“骨何者最大？”仲尼曰：“禹致群神于会稽山，防风氏后至，禹杀而戮之，其节专车，此为大矣。”吴客曰：“谁为神？”仲尼曰：“山川之神足以纲纪天下，其实为神，社稷为公侯，皆属于王者。”客曰：“防风何守？”仲尼曰：“汪罔氏之君守封、禺之山，为釐姓。在虞、夏、商为汪罔[12]，于周为长翟，今谓之大人。”客曰：“人长几何？”仲尼曰：“僬侥氏[13]三尺，短之至也。长者不过十之[14]，数之极也。”于是吴客曰：“善哉圣人！”

【注释】

(1)滑稽：谓能言善辩，巧嘴滑舌。

(2)轨法：遵守法规。

(3)趋：小步快走，表示恭敬。

(4)细民：小民，百姓。

(5)缶：一种肚大口小的瓦器。

(6)夔：古代传说中的一种龙形动物，只有一足。

(7)罔阆：同“罔两”，古代传说中的山精怪。

(8)罔象：古代传话中的水精怪。

(9)坟羊：一种雌雄未成的怪羊。

(10)堕：同“隳”，毁坏。

(11)骨节专车：一节骨头有一辆车长。专，擅。

(12)汪罔：上古部落名。

(13)僬侥氏：古代传说中的矮人。《列子·汤问》：“从中州以东四十里，得僬侥国，人长一尺五寸。”

(14)十之：十倍，指三尺的十倍，即三丈。

（四）

桓子嬖臣[(1)]曰仲梁怀，与阳虎有隙。阳虎欲逐怀，公山不狃止之。其秋，怀益骄，阳虎执怀。桓子怒，阳虎因桓子，与盟而醳[(2)]之。阳虎由此益轻季氏。季氏亦僭于公室，陪臣[(3)]执国政，是以鲁自大夫以下皆僭离于正道。故孔子不仕，退而修《诗》《书》《礼》《乐》，弟子弥众，至自远方，莫不受业焉。

定公八年，公山不狃得意于季氏，因阳虎为乱，欲废三桓[(4)]之適[(5)]，更立其庶孽[(6)]阳虎素所善者，遂执季桓子。桓子诈之，得脱。定公九年，阳虎不胜，奔于齐。是时孔子年五十。

公山不狃以费[(7)]畔[(8)]季氏，使人召孔子。孔子循道弥久，温温无所试，莫能己用，曰：“盖周文、武起丰、镐而王，今费虽小，傥[(9)]庶几[(10)]乎！”欲往。子路不说，止孔子。孔子曰：“夫召我者岂徒哉？如用我，为东周乎！”然亦卒不行。

其后定公以孔子为中都宰，一年，四方皆则[(11)]之。由中都宰为司空，由司空为大司寇。

定公十年春，及齐平。夏，齐大夫黎鉏言于景公曰：“鲁用孔丘，势危齐。”乃使使告鲁为好会，会于夹谷。鲁定公且以乘车好往。孔子摄相事，曰：“臣闻有文事者必有武备，有武事者必有文备。古者诸侯出疆，必具官以从。请具左右司马。”定公曰：“诺。”具左右司马会齐侯夹谷，为坛[12]位，土阶三等，以会遇之礼相见，揖让而登。献酬之礼毕，齐有司趋而进曰：“请奏四方之乐[13]。”景公曰：“诺。”于是旍[14]旄羽袚[15]矛戟剑拨鼓噪而至。孔子趋而进，历阶而登，不尽一等，举袂而言曰：“吾两君为好会，夷狄之乐何为于此！请命有司！”有司却之，不去，则左右视晏子与景公。景公心怍[16]，麾[17]而去之。有顷，齐有司趋而进曰：“请奏宫中之乐。”景公曰：“诺。”优倡[18]侏儒为戏而前。孔子趋而进，历阶而登[19]，不尽一等[20]，曰：“匹夫而营惑诸侯者罪当诛！请命有司！”有司加法焉，手足异处。景公惧而动，知义不若，归而大恐，告群臣曰：“鲁以君子之道辅君，而子独以夷狄之道教寡人，使得罪于鲁君，为之奈何？”有司进对曰：“君子有过则谢以质，小人有过则谢以文。若悼[21]之，则谢以质。”于是齐侯乃归所侵鲁之郓、汶阳、龟阴之田以谢过。

【注释】

(1)嬖(bì)臣：宠幸之臣。

(2)醳(shì)：通“释”，释放。

(3)陪臣：诸侯国的大夫，对天子自称陪臣。此指季氏。

(4)三桓：指季孙氏、孟孙氏、叔孙氏，因都是鲁桓公之后，故称“三桓”。

(5)適(dí)：同“嫡”。指正妻所生的儿子，为法定继承人。

(6)庶孽：妾所生的儿子。

(7)费(bì)：古地名，鲁邑，在山东费县。

(8)畔：通“叛”，反叛。

(9)傥：或许。

(10)庶几：差不多。

(11)则：效法。

(12)坛：以土所筑的高台，用于祭祀、朝会及盟誓等。

(13)四方之乐：指边地少数民族的舞乐。

(14)旍(jīng)：同“旌”，古代一种用五色羽毛装饰的旗子，用以指挥或开道。

(15)袯(bó)：一种粗糙的衣服。

(16)怍：惭愧。

(17)麾：指挥。

(18)优倡：表演乐舞的艺人。

(19)历阶而登：指一步一阶地往台上走。按照古代礼法规定，登台阶时每上一级，要等双足取齐，然后才能登另一级台阶。如一只脚踏上第一级，另一只脚直接踏上第二级，就叫作“历阶”。孔子因紧急，不顾忌礼节，就历阶而登了。

(20)不尽一等：还有一级台阶没有上。

(21)悼：痛心，悔愧。

(五)

定公十三年夏，孔子言于定公曰：“臣无藏甲，大夫毋百雉(1)之城。”使仲由为季氏宰，将堕三都。于是叔孙氏先堕郈。季氏将堕费，公山不狃、叔孙辄率费人袭鲁。公与三子入于季氏之宫，登武子(2)之台。费人攻之，弗克，入及公侧。孔子命申句须、乐颀下伐之，费人北。国人追之，败诸姑蔑。二子奔齐，遂堕费。将堕成(3)，公敛处父谓孟孙曰：“堕成，齐人必至于北门。且成，孟氏之保鄣(4)，无成是无孟氏也。我将弗堕。”十二月，公围成，弗克。

定公十四年，孔子年五十六，由大司寇行摄相事，有喜色。人曰：“闻君子祸至不惧，福至不喜。”孔子曰：“有是言也。不曰‘乐以责下人’乎?”于是诛鲁大夫乱政者少正卯。与闻国政三月，粥[5]羔豚者弗饰贾[6]；男女行者别于涂[7]；涂不拾遗；四方之客至乎邑者，不求有司，皆予之以归[8]。

齐人闻而惧，曰：“孔子为政必霸，霸则吾地近焉，我之为先并矣。盍致地焉?”黎鉏曰：“请先尝沮[9]之；沮之而不可则致地，庸迟乎!”于是选齐国中女子好者八十人，皆衣文衣而舞《康乐》，文马三十驷[10]，遗鲁君。陈女乐文马于鲁城南高门外。季桓子微服往观再三，将受，乃语鲁君为周道游，往观终日，怠于政事。子路曰：“夫子可以行矣。”孔子曰：“鲁今且郊，如致膰[11]乎大夫，则吾犹可以止。”桓子卒受齐女乐，三日不听政；郊，又不致膰俎于大夫。孔子遂行，宿乎屯。而师己送。曰：“夫子则非罪。”孔子曰：“吾歌可夫?”歌曰：“彼妇之口，可以出走；彼妇之谒，可以死败。善优哉游哉，维以卒岁!”师己反，桓子曰：“孔子亦何言?”师己以实告。桓子喟然叹曰：“夫子罪我以群婢故也夫!”

孔子遂适卫，主于子路妻兄颜浊邹家。卫灵公问孔子：“居鲁得禄几何?”对曰：“奉[12]粟六万。”卫人亦致粟六万。居顷之，或谮孔子于卫灵公，灵公使公孙余假一出一入[13]。孔子恐获罪焉，居十月，去卫。

【注释】

(1)雉：古代计算城墙面积的单位，长三丈高一丈为一雉。

(2)武子：指季孙宿。

(3)成：孟孙氏属地。

(4)鄣：同“障”。

(5)粥：同“鬻”，卖。

(6)贾：同“价”。

(7)涂：同“途”，道路。

(8)《索隐》云："《家语》作'皆如归'"，都有宾至如归之感。

(9)沮：阻挠。

(10)驷：古时一车驾四匹马，驷马为一乘。

(11)膰：祭祀用的烤肉。祭祀结束之后将所用烤肉分送大臣是当时的礼节，表示对大臣的尊重。

(12)奉：同"俸"，俸禄。《索隐》云：若六万石似太多，当是六万斗。《正义》认为是六万小斗，相当于约二千石。

(13)一出一入：指兵仗出入，以示威胁。

(六)

将适陈，过匡，颜刻为仆，以策指之曰："昔吾入此，由彼缺[1]也。"匡人闻之，以为鲁之阳虎，阳虎尝暴[2]匡人，匡人于是遂止孔子。孔子状类阳虎，拘焉五日。颜渊后，子曰："吾以汝为死矣。"颜渊曰："子在，回何敢死！"匡人拘孔子益急，弟子惧。孔子曰："文王既没，文不在兹乎？天之将丧斯文也，后死者不得与于斯文也；天之未丧斯文也，匡人如予何！"孔子使从者为甯武子臣于卫，然后得去。

去即过蒲[3]，月余，反乎卫，主蘧伯玉家。灵公夫人有南子者，使人谓孔子曰："四方之君子不辱[4]欲与寡君为兄弟者，必见寡小君[5]。寡小君愿见。"孔子辞谢，不得已而见之。夫人在絺帷[6]中。孔子入门，北面稽首[7]。夫人自帷中再拜，环佩玉声璆[8]然。孔子曰："吾乡[9]为弗见，见之礼答焉。"子路不说。孔子矢[10]之曰："予所不[11]者，天厌之！天厌之！"居卫月余，灵公与夫人同车，宦者雍渠参乘[12]，出，使孔子为次乘，招摇市过之。孔子曰："吾未见好德如好色者也"。于是丑之，去卫，过曹。是岁，鲁定公卒。

孔子去曹适宋，与弟子习礼大树下。宋司马桓魋欲杀孔子，拔其树。孔子去。弟子曰："可以速矣。"孔子曰："天生德于予，桓魋其如予何！"

孔子适郑，与弟子相失，孔子独立郭(13)东门。郑人或谓子贡曰："东门有人，其颡(14)似尧，其项类皋陶，其肩类子产，然自要(15)以下不及禹三寸，累累(16)若丧家之狗。"子贡以实告孔子。孔子欣然笑曰："形状，末(17)也。而谓似丧家之狗，然哉！然哉！"

【注释】

(1)缺：缺口。

(2)暴：残害。

(3)蒲：地名，在滑州匡城县北十五里。

(4)不辱：不以为辱。

(5)寡小君：对他国称国夫人的谦辞。此指南子。

(6)絺(chī)帷：细葛布帐子。

(7)稽首：古代九拜中最恭敬的一种礼节，叩头至地。

(8)璆(qiú)：美玉。此指美玉相碰发出的声音。

(9)乡：同"向"，向来，一向。

(10)矢：发誓。

(11)不：《论语·雍也》中作"否"。

(12)参乘：古代乘车，御者居中，尊者居左，参乘居右，是陪乘。

(13)郭：外城。

(14)颡：额。

(15)要：同"腰"。

(16)累累：颓丧的样子。

(17)末：不重要。

（七）

孔子遂至陈，主于司城贞子家。岁余，吴王夫差伐陈，取三邑而去。赵鞅伐朝歌。楚围蔡，蔡迁于吴。吴败越王句[1]践会稽。

有隼[2]集于陈廷而死，楛[3]矢贯之，石砮[4]，矢长尺有咫[5]。陈湣公使使问仲尼。仲尼曰："隼来远矣，此肃慎之矢也。昔武王克商，通道九夷百蛮，使名以方贿[6]来贡，使无忘职业。于是肃慎[7]贡楛矢石砮，长尺有咫。先王欲昭其令德[8]，以肃慎矢分大姬[9]，配虞胡公而封诸陈。分同姓以珍玉，展[10]亲；分异姓以远方职，使无忘服。故分陈以肃慎矢。"试求之故府[11]，果得之。

孔子居陈三岁，会晋、楚争强，更伐陈，及吴侵陈，陈常被寇[12]。孔子曰："归与归与！吾党之小子狂简[13]，进取不忘其初。"于是孔子去陈。

过蒲，会公叔氏以蒲畔，蒲人止孔子。弟子有公良孺者，以私车五乘从孔子。其为人长贤，有勇力，谓曰："吾昔从夫子遇难于匡，今又遇难于此，命也已。吾与夫子再罹难，宁斗而死。"斗甚疾。蒲人惧，谓孔子曰："苟毋适卫，吾出[14]子。"与之盟，出孔子东门。孔子遂适卫。子贡曰："盟可负邪？"孔子曰："要[15]盟也，神不听。"

卫灵公闻孔子来，喜，郊迎。问曰："蒲可伐乎？"对曰："可。"灵公曰："吾大夫以为不可。今蒲，卫之所以待晋、楚也[16]，以卫伐之，无乃不可乎？"孔子曰："男子有死之志，妇人有保西河之志。吾所伐者不过四五人[17]。"灵公曰："善。"然不伐蒲。

灵公老，怠于政，不用孔子。孔子喟然叹曰："苟有用我者，期月而已，三年有成。"孔子行。

【注释】

(1)句：同"勾"。

(2)隼(sǔn)：鹰类中最小者，飞速善袭，又叫鹘。

(3)楛(hù)：木名。

(4)砮(nǔ)：用石头制作的箭镞。

(5)咫：长度单位，周制八寸。

(6)方贿：指地方特产。

(7)肃慎：其地在夫余国东北。

(8)令德：美德。

(9)大姬：周武王长女。

(10)展：重视。

(11)故府：旧府。

(12)被寇：指遭受侵犯。

(13)狂简：志大而疏略于事。

(14)出：释放。

(15)要：要挟，胁迫。

(16)之所以待晋、楚也：卫在濮州，蒲在滑州，在卫国的西边。韩魏及楚从西向东伐，要经过蒲然后才到达卫。

(17)四五人：指与公叔氏一道反叛的人。

(八)

佛肸为中牟宰。赵简子攻范、中行，伐中牟。佛肸畔，使人召孔子。孔子欲往。子路曰："由闻诸夫子：'身亲为不善者，君子不入也'。今佛肸亲以中牟畔，子欲往，如之何?"孔子曰："有是言也。不曰坚乎，磨而不磷[1]；不曰白乎，涅而不淄[2]。我岂匏瓜[3]也哉，焉能系而不食?"

孔子击磬。有荷蒉[4]而过门者，曰："有心哉，击磬乎！硁硁[5]乎莫己知也夫而已矣！"

孔子学鼓琴师襄子，十日不进。师襄子曰："可以益矣。"孔子曰："已习其曲矣，未得数[6]也。"有间，[7]曰："已习其数，可以益矣。"孔子曰："丘未得其志也。"有间，曰："已习其志，可以益矣。"

孔子曰："丘未得为人也。"有间，有所穆[8]然深思焉，有所然高望而远志焉。曰："丘得为人，黯[9]然而黑，几然[10]而长，眼如望羊[11]，如王四国，非文王其谁能为此也！"师襄子辟[12]席再拜，曰："师盖云《文王操》[13]也。"

孔子既不得用于卫，将西见赵简子。至于河而闻窦鸣犊、舜华之死也，临河而叹曰："美哉水，洋洋乎！丘之不济此，命也夫！"子贡趋而进曰："敢问何谓也？"孔子曰："窦鸣犊、舜华，晋国之贤大夫也。赵简子未得志之时，须此两人而后从政；及已得志，杀之乃从政。丘闻之也，刳胎[14]杀夭则麒麟不至郊，竭泽涸渔则蛟龙[15]不合阴阳，覆巢毁卵则凤皇[16]翔。何则？君子讳伤类也。夫鸟兽之于不义也尚知辟之，而况乎丘哉！"乃还息乎陬乡，作为《陬操》[17]以哀之。而反乎卫，入主蘧伯玉家。

他日，灵公问兵陈[18]。孔子曰："俎豆之事[19]则尝闻之，军旅之事未之学也。"明日，与孔子语，见蜚[20]雁，仰视之，色不在孔子。孔子遂行，复如[21]陈。

【注释】

(1)磷：薄。

(2)涅而不淄：染也不变黑。涅，一种古代用作黑色染料的矿物。此处作动词用，印染。淄，黑色。

(3)匏(páo)瓜：葫芦的一种。这里孔子代指中看不中吃的事物或人。

(4)荷蒉(kuì)：荷，扛、担。蒉，用草编的盛土器具。

(5)硁(kēng)硁：象声词。击石声。

(6)数：技艺、技巧。

(7)有间：过了一段时间。

(8)穆：通"默"，沉默。

(9)黯：黑。

(10)几然：身长的样子。

(11)望羊：又作“望洋”，仰视、远视。

(12)辟：同“避”。

(13)文王操：相传为周文王所作的琴曲名。

(14)刳胎：剖腹取胎。

(15)蛟龙：古代传说中能兴云致雨、调和阴阳之气的一种动物。

(16)凤皇：也作“凤凰”。

(17)《陬操》：琴曲名。

(18)兵陈：指军队列陈作战的方法。陈，同“阵”。

(19)俎豆之事：指祭祀之事。

(20)蜚，同“飞”。

(21)如：往，到。

（九）

夏，卫灵公卒，立孙辄，是为卫出公。六月，赵鞅内[(1)]太子蒯聩于戚。阳虎使太子絻[(2)]，八人衰绖[(3)]，伪自卫迎者，哭而入，遂居焉。冬，蔡迁于州来。是岁鲁哀公三年，而孔子年六十矣。齐助卫围戚，以卫太子蒯聩在故也。

夏，鲁桓、釐[(4)]庙燔，南宫敬叔救火。孔子在陈，闻之，曰：“灾必于桓、釐庙乎?”已而果然。

秋，季桓子病，辇[(5)]而见鲁城，喟然叹曰：“昔此国几兴矣，以吾获罪于孔子，故不兴也。”顾谓其嗣康子曰：“我即死，若[(6)]必相鲁；相鲁，必召仲尼。”后数日，桓子卒，康子代立。已葬，欲召仲尼。公之鱼曰：“昔吾先君用之不终，终为诸侯笑。今又用之，不能终，是再为诸侯笑。”康子曰：“则谁召而可?”曰：“必召冉求。”于是使使召冉求。冉求将行，孔子曰："鲁人召求，非小用之，将大用之也。"是日，孔子曰："归乎归乎！吾党之小子狂简，斐然成章，吾不知所以裁之。"子赣知孔子思归，送冉求，因诫曰"即用，以孔子为招"云。

冉求既去，明年，孔子自陈迁于蔡。蔡昭公将如吴，吴召之也。前昭公欺臣迁州来，后将往，大夫惧复迁，公孙翩射杀昭公。楚侵蔡。秋，齐景公卒。

明年，孔子自蔡如叶。叶公问政，孔子曰："政在来远附迩(7)。"他日，叶公问孔子于子路，子路不对。孔子闻之，曰："由，尔何不对曰'其为人也，学道不倦，诲人不厌，发愤忘食，乐以忘忧，不知老之将至'云尔。"

去叶，反于蔡。长沮、桀溺耦(8)而耕，孔子以为隐者，使子路问津(9)焉。长沮曰："彼执舆者为谁？"子路曰："为孔丘。"曰："是鲁孔丘与？"曰："然。"曰："是知津矣。"桀溺谓子路曰："子为谁？"曰："为仲由。"曰："子，孔丘之徒与？"曰："然。"桀溺曰："悠悠者天下皆是也，而谁以易之？且与从辟人之士(10)，岂若从辟世之士(11)哉？"耰(12)而不辍。子路以告孔子，孔子怃然(13)曰："鸟兽不可与同群。天下有道，丘不与易也。"

【注释】

(1)内：同"纳"，接纳。

(2)絻(wèn)：古代的一种丧服。

(3)衰绖(cuī dié)：衰，同"缞"，古代一种用粗麻布制成的孝服。绖，古代丧服上的麻布带子。

(4)釐：指鲁僖公。釐，同"僖"。

(5)辇：乘车。

(6)若：你。

(7)迩：近。

(8)耦(ǒu)：古代两个人各执一耜(一种农具)配合并耕的耕作方式。

(9)津：渡口。

(10)辟人之士：长沮、桀溺认为孔子是辟人之士。

(11)辟世之士：指隐士。

(12)耰(yōu)：农具名。这里作动词，用耰击碎土块，覆盖种子。

(13)怃(wǔ)然：怅然失意貌。

(十)

他日，子路行，遇荷蓧(1)丈人，曰："子见夫子乎?"丈人曰："四体不勤，五谷不分，孰为夫子！"植其杖而芸(2)。子路以告，孔子曰："隐者也。"复往，则亡(3)。

孔子迁于蔡三岁，吴伐陈。楚救陈，军(4)于城父。闻孔子在陈蔡之间，楚使人聘孔子。孔子将往拜礼，陈、蔡大夫谋曰："孔子贤者，所刺讥皆中诸侯之疾(5)。今者久留陈、蔡之间，诸大夫所设行皆非仲尼之意。今楚，大国也，来聘孔子。孔子用于楚，则陈、蔡用事(6)大夫危矣。"于是乃相与发徒役(7)围孔子于野。不得行，绝粮。从者病，莫能兴(8)。孔子讲诵弦歌不衰。子路愠见曰："君子亦有穷(9)乎?"孔子曰："君子固穷，小人穷斯滥(10)矣。"

子贡色作(11)。孔子曰："赐，尔以予为多学而识之者与?"曰："然。非与?"孔子曰："非也。予一以贯之。"

孔子知弟子有愠心，乃召子路而问曰："《诗》云：'匪兕匪虎，率彼旷野。'(12)吾道非邪？吾何为于此?"子路曰："意者(13)吾未仁邪？人之不我信也。意者吾未知邪？人之不我行也。"孔子曰："有是乎！由，譬使仁者而必信，安有伯夷、叔齐？使知者而必行，安有王子比干?"

子路出，子贡入见。孔子曰："赐，《诗》云：'匪兕匪虎，率彼旷野'。吾道非邪？吾何为于此?"子贡曰："夫子之道至大也，故天下莫能容夫子。夫子盍少(14)贬焉?"孔子曰："赐，良农能稼而不能为穑(15)，良工能巧而不能为顺。君子能修道，纲而纪之，统而理之，而不能为容。今尔不修尔道而求为容。赐，而志不远矣!"

子贡出，颜回入见。孔子曰："回，《诗》云：'匪兕匪虎，率彼旷野。'吾道非邪？吾何为于此?"颜回曰："夫子之道至大，故天下莫能容。虽然，夫子推而行之，不容何病(16)？不容然后见君子！夫道之不修也，是吾丑(17)也；夫道既已大修而不用，是有国者(18)之丑也。不容何病？不容然后见君子!"孔子欣然而笑曰："有是哉颜氏之子！使尔多财，吾为尔宰。"

于是使子贡至楚。楚昭王兴师(19)迎孔子，然后得免。

【注释】

(1)蓧(diào)：古代耘田用的竹器。

(2)植其杖而芸：拄着拐杖去除草。植，拄。芸，同"耘"，除草。

(3)亡：外出，不在(家)。

(4)军：军队临时驻扎。

(5)所刺讥皆中诸侯之疾：所抨击讽刺的都切中诸侯的弊病。刺，指责。讥，讽刺。疾，弊病。

(6)用事：当权。

(7)徒役：服劳役的人。

(8)兴：站起。

(9)穷：走投无路、困厄。

(10)滥：溢也，过度，没有节制。引申指没有操守，胡作非为。

(11)色作：脸变色。

(12)匪兕匪虎，率彼旷野：出自《诗经·小雅·何草不黄》。匪，同“非”。兕(sì)，古代兽名，皮厚，可以制甲。率，行走。

(13)意者：想来大概是。

(14)少：稍微。

(15)能稼而不能为穑：稼，耕种。穑，收获。

(16)病：忧，患。

(17)丑：耻辱。

(18)有国者：即国君。

(19)兴师：调动军队。

(十一)

昭王将以书社[(1)]地七百里封孔子。楚令尹子西曰：“王之使使诸侯[(2)]有如子贡者乎?”曰：“无有。”“王之辅相有如颜回者乎?”曰：“无有。”“王之将率[(3)]有如子路者乎?”曰：“无有。”“王之官尹有如宰予者乎?”曰：“无有。”“且楚之祖封于周，号为子男五十里[(4)]。今孔丘述三五之法[(5)]，明周召[(6)]之业，王若用之，则楚安得世世堂堂[(7)]方数千里乎！夫文王在丰，武王在镐，百里之君卒王天下。今孔丘得据土壤，贤弟子为佐，非楚之福也。”昭王乃止。其秋，楚昭王卒于城父。

楚狂接舆歌而过孔子，曰：“凤兮凤兮，何德之衰！往者不可谏兮，来者犹可追也！已而[(8)]已而，今之从政者殆[(9)]而！”孔子下[(10)]，欲与之言。趋而去，弗得与之言。

于是孔子自楚反乎卫。是岁也，孔子年六十三，而鲁哀公六年也。

其明年，吴与鲁会缯[(11)]，征百牢[(12)]。太宰嚭召季康子。康子使子贡往，然后得已。

孔子曰："鲁、卫之政，兄弟也[13]。"是时，卫君辄父不得立，在外，诸侯数以为让。而孔子弟子多仕于卫，卫欲得孔子为政，子路曰："卫君待子而为政，子将奚先?"孔子曰："必也正名乎!"子路曰："有是哉，子之迂也！何其正也?"孔子曰："野[14]哉由也！夫名不正则言不顺，言不顺则事不成，事不成则礼乐不兴，礼乐不兴则刑罚不中，刑罚不中则民无所错[15]手足矣。夫君子为之必可名，言之必可行。君子于其言，无所苟[16]而已矣。"

【注释】

(1)书社：《索隐》云："古者二十五家为里，里则各立社，则书社者，书其社之人名于籍。"也就是对里社的人名登记户籍。

(2)使使诸侯：派往诸侯国的使臣。

(3)率：同"帅"。

(4)号为子男五十里：周初分封诸侯，分公、侯、伯、子、男五等爵位，其中子、男封地各为五十里。

(5)三五之法：三皇五帝的治国方法。

(6)周召：周指周公旦，召指召公奭。

(7)世世堂堂：即世世代代。

(8)已而：算了吧。已，止。

(9)殆：危险。

(10)下：下车。

(11)缯(zēng)：古国名。姒姓，相传为夏禹后裔。春秋时为莒国所灭。故城在今山东省枣庄市东。

(12)牢：指祭祀用的牲畜，牛羊猪。按周礼，上公九牢，侯伯七牢，子、男五牢。吴征百牢，是不懂礼的缘故。

(13)兄弟也：鲁是周公之后，卫是康叔之后，周公与康叔是兄弟，所以鲁、卫是兄弟之国。

(14)野：不懂礼。

(15)错：通“措”。

(16)苟：苟且随便。

(十二)

其明年，冉有为季氏将师，与齐战于郎[(1)]，克之。季康子曰："子之于军旅，学之乎？性之乎？"冉有曰："学之于孔子。"季康子曰："孔子何如人哉？"对曰："用之有名，播之百姓，质[(2)]诸鬼神而无憾。求之至于此道，虽累[(3)]千社，夫子不利也。"康子曰："我欲召之，可乎？"对曰："欲召之，则毋以小人固之，则可矣。"而卫孔文子将攻太叔，问策于仲尼。仲尼辞不知，退而命载而行，曰："鸟能择木，木岂能择鸟乎？"文子固止。会季康子逐公华，公宾、公林，以币[(4)]迎孔子，孔子归鲁。

孔子之去鲁凡十四岁而反乎鲁。

鲁哀公问政，地曰："政在选臣。"季康子问政，曰："举直错诸枉，则枉者直。"康子患盗，孔子曰："苟子之不欲，虽赏之不窃。"然鲁终不能用孔，孔子亦不求仕。

孔子之时，周室微而礼乐废，《诗》《书》缺。追迹三代之礼，序《书传》，上纪唐、虞之际，下至秦缪[(5)]，编次其事。曰："夏礼吾能言之，杞[(6)]不足征也。殷礼吾能言之，宋不足征也。足，则吾能征之矣。"观殷、夏所损益，曰："后虽百世可知也，以一文一质。周监[(7)]二代，郁郁[(8)]乎文哉。吾从周。"故《书传》《礼记》自孔氏。

孔子语鲁大[(9)]师："乐其可知也。始作翕如[(10)]，纵之纯如，皦如[(11)]，绎如[(12)]也，以成。""吾自卫反鲁，然后乐正[(13)]，《雅》《颂》各得其所。"

古者《诗》三千余篇，及至孔子，去其重，取可施于礼义，上采契、后稷，中述殷、周之盛，至幽、厉之缺，始于衽席[(14)]，故曰：

“《关雎》之乱[15]以为《风》始，《鹿鸣》为《小雅》始，《文王》为《大雅》始，《清庙》为《颂》始。”三百五篇孔子皆弦歌之，以求合《韶》《武》《雅》《颂》之音。礼乐自此可得而述，以备王道，成六艺。

【注释】

(1)郎：地名，在徐州滕县西五十三里。

(2)质：对质。

(3)累千社：累，累计得到。社，二十五家为一社。

(4)币：缯帛，古代常用作祭祀或馈赠的礼品。

(5)缪：通“穆”。

(6)杞：西周初年分封的一个诸侯国。

(7)监：通“鉴”，借鉴。

(8)郁郁：文采盛貌。

(9)大：同“太”。

(10)翕如：配合一致。

(11)皦如：清晰。

(12)绎如：连续不断。

(13)乐正：即“正乐”，整理那些错乱的乐曲。

(14)衽席：本指床席，这里指男女情爱。

(15)乱：古代乐曲的最后一章。

（十三）

孔子晚而喜《易》，序《彖》《系》《象》《说卦》《文言》[1]。读《易》，韦编三绝[2]。曰：“假[3]我数年，若是，我于《易》则彬彬[4]矣。”

孔子以《诗》《书》《乐》教，弟子盖三千焉，身通六艺者七十有二人。如颜浊邹之徒，颇受业者甚众。

孔子以四教：文，行，忠，信。绝四：毋意，毋必，毋固，毋我。所慎：斋，战，疾。子罕言利，与命，与仁。不愤不启。举一隅不以三隅反，则弗复也。

其于乡党，恂恂(5)似不能言者。其于宗庙朝廷，辩辩(6)言，唯谨尔。朝，与上大夫言，訚訚如(7)也；与下大夫言，侃侃(8)如也。

入公门鞠躬如也；趋(9)进，翼如(10)也。君召使傧(11)，色勃如(12)也。君命召，不俟(13)驾行矣。

鱼馁(14)，肉败，割不正，不食。席不正，不坐。食于有丧者之侧，未尝饱也。

是日哭，则不歌。见齐衰(15)、瞽者(16)，虽童子必变(17)。

"三人行，必得我师。""德之不修，学之不讲，闻义不能徙，不善不能改，是吾忧也。"使人歌，善，则使复之，然后和之。

子不语：怪，力，乱，神。

子贡曰："夫子文章，可得闻也。夫子言天道与性命，弗可得闻也已。"颜渊喟然叹曰："仰之弥高，钻之弥坚。瞻之在前，忽焉在后。夫子循循然善诱人，博我以文，约我以礼，欲罢不能。既竭我才，如有所立卓尔。虽欲从之，蔑由也已。"达巷党人(童子)曰："大哉孔子，博学而无所成名。"子闻之曰："我何执？执御乎？执射乎？我执御矣。"牢曰："子云：'不试(18)，故艺。'"

【注释】

(1)解说《周易》的文字称为《易传》，共十篇，故也称《十翼》，这就是《上彖》《下彖》《上象》《下象》《系辞上》《系辞下》《文言》《序卦》《说卦》《杂卦》。《彖》，即《彖辞》，《易传》中说明各卦基本观念的篇名。《系》，即《系辞》，《易传》中总论《易》理的篇名。《象》，即《象辞》，《易传》中解释爻辞语句的篇名。《说卦》，《易传》中解释八卦性质和象征的篇名。《文言》，《易传》中解释《乾》《坤》两卦卦辞的篇名。

(2)韦编三绝：用熟牛皮绳把竹简编联起来，比喻读书勤奋。韦，熟牛皮条。三绝，多次断开。

(3)假：借。

(4)彬彬：文质兼备，兼通文辞和义理。

(5)恂(xún)：温顺恭谨的样子。

(6)辩辩：《论语》作“便便”，言语明白流畅。

(7)訚(yín)訚如：说话和悦而又能辨明是非的样子。

(8)侃侃：和乐的样子。

(9)趋：小步快走，表示恭敬。

(10)翼如：形容姿态端好，如鸟类展翅之状。

(11)傧：导引宾客或以礼迎宾。

(12)勃如：脸变色(庄重)。

(13)俟：等待。

(14)馁：鱼腐烂。

(15)齐衰(zī cuī)：丧服名，为五服之一。服用粗麻布制成，以其缉边缝齐，故称“齐衰”。服期有三年的，为继母、慈母；有一年的，为“齐衰期”，如孙为祖父母，夫为妻；有五月的，如为曾祖父母；有三月的，如为高祖父母。

(16)瞽者：眼盲者。

(17)变：指改变脸色表示同情。

(18)试：指被世所用。

(十四)

鲁哀公十四年春，狩大野。叔孙氏车子鉏商[(1)]获兽，以为不祥，仲尼视之，曰：“麟也。”取之。曰：“河不出图，洛不出书，吾已矣夫！”颜渊死，孔子曰：“天丧予！”及西狩见麟，曰：“吾道穷矣[(2)]！”

喟然叹曰："莫知我夫!"子贡曰："何为莫知子?"子曰："不怨天，不尤人，下学而上达，知我者其天乎!"

"不降其志，不辱其身，伯夷、叔齐乎?"谓"柳下惠、少连降志辱身矣"。谓"虞中、夷逸隐居放言(3)，行中(4)清，废(5)中权"。"我则异于是，无可无不可。"

子曰："弗乎弗乎，君子病没世而名不称焉。吾道不行矣，吾何以自见于后世哉?"乃因史记作《春秋》，上至隐公，下讫哀公十四年，十二公。据鲁(6)，亲周(7)，故殷(8)，运之三代。约其文辞而指(9)博。故吴、楚之君自称王，而《春秋》贬之曰"子"；践土之会实召周天子，而《春秋》讳之曰"天王狩于河阳"。推此类以绳(10)当世。贬损之义，后有王者而开之。《春秋》之义行，则天下乱臣贼子惧焉。

孔子在位听讼，文辞有可与人共者，弗独有也。至于为《春秋》，笔则笔，削则削，子夏之徒不能赞一辞。弟子受《春秋》，孔子曰："后世知丘者以《春秋》，而罪丘者亦以《春秋》。"

明岁，子路死于卫。孔子病，子贡请见。孔子方(11)负杖逍遥于门，曰："赐，汝来何其晚也?"孔子因叹，歌曰："太山(12)坏乎!梁柱摧乎!哲人萎(13)乎!"因以涕(14)下。谓子贡曰："天下无道久矣，莫能宗予。夏人殡于东阶，周人于西阶，殷人两柱间。昨暮予梦坐奠(15)两柱之间，予始殷人也。"后七日卒。

【注释】

(1)车子鉏商：车子，驾车的人，其人名鉏商。

(2)吾道穷矣：麟在古代被视为祥瑞之兽，孔子见麟死，认为是不祥之兆，所以哀叹他的政治主张不可能实现了。

(3)放言：不复言世务。放，置也。

(4)中：符合。

(5)废：自我废弃，不追求功名利禄。

(6)据鲁：以鲁国为中心记述。

(7)亲周：指奉周王室为正统。

(8)故殷：将殷朝的旧制作借鉴。

(9)指：同“旨”，宗旨。

(10)绳：纠正。

(11)方：正。

(12)太山：即泰山。

(13)萎：枯槁。这里指人的死亡。

(14)涕：眼泪。

(15)坐奠：坐着受人祭奠。

(十五)

孔子年七十三，以鲁哀公十六年四月己丑卒。

哀公诔[(1)]之曰：“旻天不吊，不慭[(2)]遗一老，俾[(3)]屏余一人以在位，茕茕[(4)]余在疚。呜呼哀哉！尼父，毋自律[(5)]！”子贡：“君其不没于鲁乎！夫子之言曰：‘礼失则昏，名失则愆。失志为昏，失所为愆[(6)]。’生不能用，死而诔之，非礼也。称‘余一人’，非名也。”

孔子葬鲁城北泗上，弟子皆服三年。三年心丧毕，相诀[(7)]而去，则哭，各复尽哀。或复留。唯子赣庐于冢上，凡六年，然后去。弟子及鲁人往从冢而家者百有余室，因命曰孔里。鲁世世相传以岁时奉祠孔子冢，而诸儒亦讲礼乡饮大射于孔子冢。孔子冢大一顷。故所居堂弟子内，后世因庙藏孔子衣冠琴车书，至于汉二百余年不绝。高皇帝过鲁，以太牢[(8)]祠焉。诸侯卿相至，常先谒然后从政。

孔子生鲤，字伯鱼。伯鱼年五十，先孔子死。

伯鱼生伋，字子思，年六十二。尝困于宋。子思作《中庸》。

子思生白，字子上，年四十七。子上生求，字子家，年四十五。子家生箕，字子京，年四十六。子京生穿，字子高，年五十一。子高生子慎，年五十七，尝为魏相。

子慎生鲋，年五十七，为陈王涉博士，死于陈下。

鲋弟子襄，年五十七。尝为惠皇帝博士，迁为长沙守。长九尺六寸。

子襄生忠，年五十七。忠生武，武生延年及安国。安国为今皇帝(9)博士，至临淮太守，蚤(10)卒。安国生卬，卬生驩。

太史公曰：《诗》有之："高山仰止，景行行止。"(11)虽不能至，然心向往之。余读孔氏书，想见其为人。适鲁，观仲尼庙堂、车服、礼器，诸生以时习礼其家，余祗(12)回留之不能去云。天下君王至于贤人众矣，当时则荣，没则已焉。孔子布衣，传十余世，学者宗之。自天子王侯，中国言六艺者折中(13)于夫子，可谓至圣矣！

【注释】

(1)诔(lěi)：古代列述死者德行，表示哀悼并以之定谥(多用于上对下)。

(2)憖(yìn)：愿意。

(3)俾：使。

(4)茕(qióng)茕：孤独无依的样子。

(5)毋自律：没有可以作为自己学习的楷模的人了。毋，通"无"。律，效法。

(6)愆(qiān)：过失错误。

(7)诀：告别。

(8)太牢：牛、羊、猪三牲俱备的祭祀。

(9)今皇帝：指汉武帝刘彻。

(10)蚤：通"早"。

(11)高山仰止，景行行止：出自《诗经·小雅·车辖》。景行，大道。

(12)祗(zhī)：敬。

(13)折中：以(孔子)为正。

附录二

大学章句序

朱　熹

《大学》之书，古之大学所以教人之法也。盖自天降生民，则既莫不与之以仁义礼智之性矣。然其气质之禀或不能齐，是以不能皆有以知其性之所有而全之也。一有聪明睿智能尽其性者出于其间，则天必命之以为亿兆之君师，使之治而教之，以复其性。此伏羲、神农、黄帝、尧、舜，所以继天立极，而司徒之职、典乐之官所由设也。

三代之隆，其法寖备，然后王宫、国都以及闾巷，莫不有学。人生八岁，则自王公以下，至于庶人之子弟，皆入小学，而教之以洒扫、应对、进退之节，礼乐、射御、书数之文；及其十有五年，则自天子之元子、众子，以至公、卿、大夫、元士之适子，与凡民之俊秀，皆入大学，而教之以穷理、正心、修己、治人之道。此又学校之教、大小之节所以分也。

夫以学校之设，其广如此，教之之术，其次第节目之详又如此，而其所以为教，则又皆本之人君躬行心得之余，不待求之民生日用彝伦之外，是以当世之人无不学。其学焉者，无不有以知其性分之所固有，职分之所当为，而各俛焉以尽其力。此古昔盛时所以治隆于上，俗美于下，而非后世之所能及也！

及周之衰，贤圣之君不作，学校之政不修，教化陵夷，风俗颓败，时则有若孔子之圣，而不得君师之位以行其政教，于是独取先王之法，诵而传之以诏后世。若曲礼、少仪、内则、弟子职诸篇，固小学之支流余裔，而此篇者，则因小学之成功，以著大学之明法，外有以极其规模之大，而内有以尽其节目之详者也。三千之徒，盖莫不闻其说，而曾氏之传独得其宗，于是作为传义，以发其意。及孟子没而其传泯焉，则其书虽存，而知者鲜矣！

自是以来，俗儒记诵词章之习，其功倍于小学而无用；异端虚无寂灭之教，其高过于大学而无实。其他权谋术数，一切以就功名之说，与夫百家众技之流，所以惑世诬民、充塞仁义者，又纷然杂出乎其间。使其君子不幸而不得闻大道之要，其小人不幸而不得蒙至治之泽，晦盲否塞，反覆沉痼，以及五季之衰，而坏乱极矣！

天运循环，无往不复。宋德隆盛，治教休明。于是河南程氏两夫子出，而有以接乎孟氏之传。实始尊信此篇而表章之，既又为之次其简编，发其归趣，然后古者大学教人之法、圣经贤传之指，粲然复明于世。虽以熹之不敏，亦幸私淑而与有闻焉。顾其为书犹颇放失，是以忘其固陋，采而辑之，间亦窃附己意，补其阙略，以俟后之君子。极知僭逾，无所逃罪，然于国家化民成俗之意、学者修己治人之方，则未必无小补云。

淳熙己酉二月甲子，新安朱熹序

附录三

中庸章句序

朱　熹

中庸何为而作也？子思子忧道学之失其传而作也。盖自上古圣神继天立极，而道统之传有自来矣。其见于经，则“允执厥中”者，尧之所以授舜也；“人心惟危，道心惟微，惟精惟一，允执厥中”者，舜之所以授禹也。尧之一言，至矣，尽矣！而舜复益之以三言者，则所以明夫尧之一言，必如是而后可庶几也。

盖尝论之：心之虚灵知觉，一而已矣，而以为有人心、道心之异者，则以其或生于形气之私，或原于性命之正，而所以为知觉者不同，是以或危殆而不安，或微妙而难见耳。然人莫不有是形，故虽上智不能无人心，亦莫不有是性，故虽下愚不能无道心。二者杂于方寸之间，而不知所以治之，则危者愈危，微者愈微，而天理之公卒无以胜夫人欲之私矣。精则察夫二者之间而不杂也，一则守其本心之正而不离也。从事于斯，无少闲断，必使道心常为一身之主，而人心每听命焉，则危者安、微者着，而动静云为自无过不及之差矣。

夫尧、舜、禹，天下之大圣也。以天下相传，天下之大事也。以天下之大圣，行天下之大事，而其授受之际，丁宁告戒，不过如此。则天下之理，岂有以加于此哉？自是以来，圣圣相承：若成汤、文、武之为君，皋陶、伊、傅、周、召之为臣，既皆以此而接夫道统之传，若吾夫子，则虽不得其位，而所以继往圣、开来学，其功反有贤于尧舜者。然当是时，见而知之者，惟颜氏、曾氏之传得其宗。及曾氏之再传，而复得夫子之孙子思，则去圣远而异端起矣。子思惧夫愈久而愈失其真也，于是推本尧舜以来相传之意，质以平日所闻父师之言，更互演绎，作为此书，以诏后之学者。盖其忧之也深，故其言之也切；其虑之也远，故其说之也详。其曰"天命率性"，则道心之谓也；其曰"择善固执"，则精一之谓也；其曰"君子时中"，则执中之谓也。世之相后，千有余年，而其言之不异，如合符节。历选前圣之书，所以提挈纲维、开示蕴奥，未有若是之明且尽者也。自是而又再传以得孟氏，为能推明是书，以承先圣之统，及其没而遂失其传焉。则吾道之所寄不越乎言语文字之闲，而异端之说日新月盛，以至于老佛之徒出，则弥近理而大乱真矣。然而尚幸此书之不泯，故程夫子兄弟者出，得有所考，以续夫千载不传之绪；得有所据，以斥夫二家似是之非。盖子思之功于是为大，而微程夫子，则亦莫能因其语而得其心也。惜乎！其所以为说者不传，而凡石氏之所辑录，仅出于其门人之所记，是以大义虽明，而微言未析。至其门人所自为说，则虽颇详尽而多所发明，然倍其师说而淫于老佛者，亦有之矣。

熹自蚤岁即尝受读而窃疑之，沈潜反复，盖亦有年，一旦恍然似有以得其要领者，然后乃敢会众说而折其中，既为定着章句一篇，以俟后之君子。而一二同志复取石氏书，删其繁乱，名以辑略，且记所尝论辩取舍之意，别为或问，以附其后。然后此书之旨，支分节解、脉络贯通、详略相因、巨细毕举，而凡诸说之同异得失，亦得以曲畅旁通，而各极其趣。虽于道统之传，不敢妄议，然初学之士，或有取焉，则亦庶乎行远升高之一助云尔。

淳熙己酉春三月戊申，新安朱熹序

附录四

读论语孟子法

程子曰："学者当以论语孟子为本。论语孟子既治，则六经可不治而明矣。读书者当观圣人所以作经之意，与圣人所以用心，圣人之所以至于圣人，而吾之所以未至者，所以未得者。句句而求之，昼诵而味之，中夜而思之，平其心，易其气，阙其疑，则圣人之意可见矣。"

程子曰："凡看文字，须先晓其文义，然后可以求其意。未有不晓文义而见意者也。"

程子曰："学者须将论语中诸弟子问处便作自己问，圣人答处便作今日耳闻，自然有得。虽孔孟复生，不过以此教人。若能于语孟中深求玩味，将来涵养成甚生气质！"

程子曰："凡看语孟，且须熟读玩味。须将圣人言语切己，不可只作一场话说。人只看得二书切己，终身尽多也。"

程子曰："论孟只剩读着，便自意足。学者须是玩味。若以语言解着，意便不足。"

或问："且将论孟紧要处看，如何？"程子曰："固是好，但终是不浃洽耳。"

程子曰："孔子言语句句是自然，孟子言语句句是事实。"

程子曰："学者先读论语孟子，如尺度权衡相似，以此去量度事物，自然见得长短轻重。"

程子曰："读论语孟子而不知道，所谓'虽多，亦奚以为'。"